L'écriture de presse :
l'art d'informer

Tableau: *Puerto Vallarta*
        Œuvre de **Léon Bellefleur**

Né à Montréal en 1910, Léon Bellefleur rêve très tôt d'étudier les beaux-arts, mais sa famille le pousse vers l'enseignement : il sera professeur, et ce pendant 25 ans. Il n'abandonne pas pour autant ses projets de devenir peintre et, dans ses moments de loisir, il dessine sur le motif ou brosse des pochades.

En 1950, il expose au Musée des beaux-arts puis chez Agnès Lefort, en Europe et à São Paulo. Sentant sa carrière lancée, il abandonne l'enseignement et part à Paris en 1954. En 1966, il rentre au Québec ; il continue à dessiner et à peindre, à exposer et à voyager.

Dès 1968, on lui rend hommage en présentant une rétrospective de ses œuvres dans trois musées ; en 1977, il reçoit le Grand Prix du Québec.

> «Léon Bellefleur est l'une de ces rares personnes qui semblent connaître le secret de jouvence : à quatre-vingts ans, il conserve l'œil vif et l'esprit enjoué de sa jeunesse, et demeure toujours fidèle à son émouvant *Plaidoyer pour l'Enfant* de 1947, profession de sa foi et programme de sa carrière. »

Guy Robert, écrivain d'art

Line Ross

L'écriture de presse :
l'art d'informer

gaëtan morin
éditeur

Montréal □ Paris □ Casablanca

Montréal, Gaëtan Morin Éditeur ltée
171, boul. de Mortagne, Boucherville (Québec), Canada J4B 6G4. Tél.: (514) 449-2369

Paris, Gaëtan Morin Éditeur, Europe
27 bis, avenue de Lowendal, 75015 Paris, France. Tél.: 01.45.66.08.05

Casablanca, Gaëtan Morin Éditeur – Maghreb S.A.
Rond-point des sports, angle rue Point du jour, Racine, 20000 Casablanca, Maroc. Tél.: 212 (2) 49.02.17

Révision linguistique : Madeleine Dufresne

Imprimé au Canada

Dépôt légal 3e trimestre 1990 – Bibliothèque nationale du Québec – Bibliothèque nationale du Canada

3 4 5 6 7 8 9 0 1 2   G M E 9 0   6 5 4 3 2 1 0 9 8 7

L'écriture de presse : l'art d'informer

News should be more than what we did not know yesterday and are likely to forget tomorrow.
R.Z. Sheppard, *Time*, 3 avril 1989

TABLE DES MATIÈRES

INTRODUCTION

Avant que d'écrire, apprenez à penser.

Boileau

*Bien écrire, c'est tout à la fois bien penser,
bien sentir et bien rendre.*

Buffon

*Ceux-là furent des cuistres qui préten-
dirent donner des règles pour écrire.*

Anatole France

L'ÉCRITURE PUBLIQUE D'INFORMATION :
SAVOIR ET FAIRE SAVOIR,
COMPRENDRE ET FAIRE COMPRENDRE

Tout ce qui grouille, scribouille et grenouille. Ainsi de Gaulle, qui ne l'aimait guère, décrivait-il un jour la gent journalistique.

C'est plus généralement – et plus respectueusement! – à tous ceux qui par leur métier ou leurs engagements écrivent ou écriront un jour pour informer un public quelconque que je propose ces pages.

Il y sera question, donc, d'écriture publique d'information. Écriture d'information: on s'en tiendra à la façon de transmettre à un public de l'information valable dans un langage approprié. Cette habileté minimale est aussi fonda- mentale et, en ce sens, elle concerne toutes les formes d'écriture. Toutefois, on n'abordera directement ni l'écriture d'opinion («militante») ni l'écriture d'expression (artistique ou littéraire).

Écriture publique. Trois chapitres de ce texte portent sur des règles propres au journalisme écrit et, dans les autres chapitres, la plupart des exemples et applications renvoient à l'écriture de presse – l'écriture de base, celle de la nouvelle. C'est dire que je m'adresse surtout aux aspirants ou apprentis jour- nalistes, tout en espérant que des journalistes en exercice saisiront l'occasion de se rafraîchir la mémoire, et la pratique. Je n'en prétends pas moins traiter d'écriture publique d'information, en général. C'est qu'à mon avis, quiconque connaît son sujet et maîtrise l'écriture de la nouvelle peut, avec quelques adap- tations, bien informer n'importe quel public par l'entremise de n'importe quel média écrit.

Nombreux sont les métiers et les circonstances qui amènent à communi- quer avec un public, grand ou petit, général ou spécialisé, pour l'informer. Une telle activité concerne tous les métiers issus de la «révolution des communi- cations», et tous ceux que James Carey appelle «les courtiers en symboles» (agents d'information, attachés de presse, relationnistes, conseillers en communication, vulgarisateurs, traducteurs, etc.). Sont aussi concernés le chef de service qui transmet par écrit de l'information à ses subordonnés, le technicien qui rédige des rapports pour ses clients ou employeurs, le chercheur qui veut faire partager ses trouvailles à un public non initié, le militant qui cherche à diffuser ses informations au-delà du cercle restreint des sympathisants, etc.

Plus généralement, les médias de masse forment aujourd'hui la première place publique. Directement ou par l'intermédiaire de «scribes» patentés, d'innombrables personnes veulent y avoir accès: politiciens en quête d'électeurs et de légitimité, annonceurs en quête de clients, entreprises en quête d'images favorables, associations et institutions en quête de soutien public. Ils y arriveront plus facilement s'ils savent écrire pour un public. (Je laisse de côté l'information électronique, en soulignant seulement qu'elle commence aussi par l'écrit et que dans «rédaction électronique», il y a déjà «rédaction».)

En somme, malgré l'accent mis sur l'écriture de presse et sur la nouvelle, c'est peut-être «tout ce qui scribouille» que ce texte intéressera...

Deux «grands commandements» régissent l'écriture publique d'information. D'abord, **écrire pour dire quelque chose, et quelque chose que l'on connaît parfaitement.** Pour bien informer, il faut être soi-même bien informé et savoir exactement ce qu'on a à dire. Sur ce point, je ferai confiance à mes lecteurs. Laissant à d'autres le soin de décrire les démarches et méthodes par lesquelles on traque l'information, je me limiterai à la façon d'organiser, de mettre en forme et d'exprimer une information que je suppose déjà acquise.

Ensuite, **écrire pour son lecteur,** c'est-à-dire pour être lu d'abord, pour être compris ensuite.

L'écriture qui nous intéresse est essentiellement un instrument pour communiquer avec le lecteur et pour l'informer. Elle suppose que l'auteur s'efface devant l'information à transmettre. Il n'écrit pas pour étaler la richesse de son vocabulaire, la virtuosité de sa syntaxe ou l'ampleur de son génie. Il écrit pour informer, un point, c'est tout. C'est-à-dire, avec un peu de chance, pour accroître le stock de connaissances de son lecteur et, à terme, lui faciliter la compréhension du monde qui l'entoure.

Si les deux «grands commandements» n'étaient aussi difficiles à appliquer qu'ils sont faciles à énoncer, le livre pourrait s'arrêter là, car tout serait dit! Qu'est-ce en effet qu'une bonne écriture d'information? C'est celle qui propose de la bonne information dans le bon langage. De la bonne information: complète, exacte, précise et pertinente. Dans le bon langage: clair, attrayant et approprié au public visé.

Cela dit, encore faut-il que son texte se rende jusqu'au lecteur, encore faut-il être publié. La plupart des médias exigent, pour publier un texte, qu'il se conforme aux us et coutumes du milieu, qu'il «fasse professionnel». Dans une nouvelle, par exemple, on doit citer ses sources, s'abstenir de tout commentaire, respecter un certain ordre de présentation des informations et la forme conventionnelle du *lead*. Ajoutons donc une troisième règle d'or: **adapter son écriture au genre rédactionnel choisi et au type de média concerné.**

Un contexte de concurrence

Producteur d'écriture publique d'information, vous vous trouvez presque toujours dans une situation de concurrence féroce. Concurrence pour un espace dans les médias, qui rejettent une énorme partie de ce qu'ils reçoivent ou se procurent. Concurrence pour un bon traitement en ce qui concerne l'«écriture périphérique» et la mise en valeur de votre *papier* par les médias (surface allouée, bon emplacement et embellissements typographiques). Concurrence enfin pour l'attention du lecteur. En effet, celui-ci ne consacre en moyenne qu'une vingtaine de minutes à un quotidien, alors qu'une lecture intégrale exigerait de deux à cinq heures, voire davantage (le *New York Times* du dimanche peut occuper quelqu'un pendant plusieurs jours!). Bref, le lecteur lit vite et il lit très sélectivement.

Aussi, seuls des textes bien faits ont des chances de trouver un public assez large, de le satisfaire et de bien l'informer. C'est donc à la production de textes d'information bien faits que ces pages ont l'ambition, ou la prétention, de contribuer. **Être publié, être lu, être compris,** voilà l'objectif. **Être utile,** aussi. Sans reprendre le refrain bien connu sur le rôle central de l'information en démocratie, je rappellerai que l'information est un pouvoir et un enjeu, et que ceux qui s'expriment sur la place publique ou en contrôlent l'accès portent, du fait même, une responsabilité sociale. Il leur incombe de fournir une information qui soit compréhensible, et qui fasse comprendre.

Un contexte d'industrie culturelle

D'aucuns estiment qu'on ne peut atteindre un tel objectif dans le cadre de notre «presse marchande». Ses structures (propriété, concentration...) et sa stratégie (profit, marketing-lecteurs, marketing-annonceurs...) empêcheraient la production d'une information aussi apte à éclairer le citoyen qu'à satisfaire le consommateur.

Les règles mêmes de la pratique professionnelle du journalisme feraient obstacle à une bonne information, ainsi définie. Les grands principes qui inspirent ces règles – objectivité, neutralité, impartialité – ne seraient qu'illusion et camouflage des visées économiques et idéologiques (hégémoniques) des entreprises de presse.

L'objectivité? Impossible car il n'existe pas de «simples faits», qu'on pourrait se contenter de «rapporter». Impensable, car la réalité est quelque chose qui se définit socialement, à travers des rapports de pouvoir. Illusoire, car toute perception passe par une lorgnette personnelle ou institutionnelle. Neutralité et impartialité? Elles ne s'appliquent qu'à l'intérieur des limites étroites de l'*opinable*, de l'acceptable, comme les définissent les diverses élites, dont la presse elle-même. Sont acceptables: les conservateurs, les libéraux, le Parti civique et le Rassemblement populaire (après quelque temps et quelques changements). Sont inacceptables: les radicaux et les extrémistes. Quoiqu'elle égratigne et à l'occasion assassine des individus, la presse est donc au service des pouvoirs et des institutions dominantes.

Depuis des lustres, patrons de presse, journalistes, chercheurs et autres individus s'affrontent sur ces questions, les positions s'échelonnant d'une conception léniniste de l'information à une approche néo-libérale.

Si important et passionnant qu'il soit, je ne prétends pas trancher le débat, ni même le résumer. Il faudrait un autre livre! J'en aborderai, sommairement, un seul aspect, avant de plonger dans le vif du sujet: la bonne écriture d'information, y compris la bonne écriture de presse, dans notre contexte.

Professionnalisme, conservatisme?

Une des questions soulevées par ce débat intéresse directement mon propos. Les normes en vigueur dans la pratique journalistique (que je vais tenter d'exposer), surtout dans la mesure où elles découlent de la prétention à l'objectivité, conduisent-elles nécessairement à une information conservatrice, comme certains le pensent?

L'information est passée du statut de bien public à celui de bien économique. Les entreprises de presse qui ont remplacé les éditeurs de journaux d'opinion subissent et imposent des contraintes, politiques et idéologiques notamment. Il faut reconnaître que ces contraintes établissent pour une large part le cadre dans lequel journalistes et rédacteurs doivent travailler, en s'y soumettant ou en le contournant.

Parmi ceux qui aspirent à des changements sociaux, certains s'en tiennent donc aux médias «alternatifs», pour garder à leurs messages toute leur vigueur ou éviter de les voir déformés ou «récupérés». D'autres préfèrent utiliser les «libertés intersticielles du système» (la marge de manœuvre qu'il laisse!) pour tenter de rejoindre et d'influencer un plus grand nombre de personnes. Les deux démarches, à mon avis, ont leur utilité. La seconde implique qu'on respecte les mœurs journalistiques régnantes, faute de quoi on n'a guère de chances d'être publié et pas plus de toucher ses lecteurs.

La plupart d'entre eux ont en effet acquis des habitudes de lecture qui leur font trouver suspect, sinon risible, tout article qui s'écarte de la norme, par exemple en fondant ou confondant information et prise de position. N'oublions pas que l'information la plus suivie par nos concitoyens et la plus crédible pour eux est celle des téléjournaux; c'est pourtant la plus étroitement surveillée, celle qui peut le moins se permettre d'écarts par rapport au «professionnalisme». (La plus pauvre aussi: dans les vingt ou trente minutes que dure un bulletin d'information, on ne pourrait lire deux pages d'un quotidien.)

D'autre part, il convient de distinguer normes professionnelles et politique rédactionnelle (celle-ci n'entre pas dans mon propos). Ainsi, le vedettariat et le sensationnalisme qui contribuent à transformer le social en spectacle et les citoyens en spectateurs se retrouvent à des degrés bien différents dans des médias pourtant également «professionnels». Ils relèvent de choix politiques et économiques et non du professionnalisme. Plus généralement, on peut exprimer aussi bien le blanc que le noir dans un style également journalistique.

Une autre distinction s'impose: la différence entre la norme professionnelle et la pratique quotidienne du journalisme. La première est constamment bafouée par la seconde! Une bonne part de l'information qu'on nous sert est fade, mal fagotée, inapte à éclairer le public. Ce n'est pas, le plus souvent, parce qu'elle respecte les règles de l'écriture de presse mais au contraire parce qu'elle s'en écarte[1]. En les suivant mieux, on intéresserait davantage et on informerait mieux.

Il me semble, en résumé, qu'on peut adopter un style «professionnel» sans faire le jeu du conservatisme, et qu'on doit le faire dès lors qu'on veut rejoindre un large public.

---

1. Plusieurs des articles de presse utilisés dans ce livre illustrent parfaitement ce qu'il ne faut pas faire. Dans tous les cas, j'ai fait disparaître la signature. Je me sers de ces textes pour illustrer mon propos, non pour déclencher une guerre avec les auteurs des textes critiqués ni fonder un club d'admiration mutuelle avec ceux des textes louangés.

Le contenu du livre

La première partie est axée sur l'écriture d'information, en général. L'écriture, c'est bien plus que la rédaction! Aussi ai-je consacré un chapitre à chacune de ses étapes.

Savoir: comment s'assurer qu'on a toutes les données nécessaires à une information complète, exacte et précise?

Choisir: comment identifier, puis hiérarchiser, les informations importantes et intéressantes pour son média et son public? Quels critères peuvent guider cette opération cruciale?

Organiser: comment établir un plan qui donnera un texte structuré, logique, et donc globalement lisible et compréhensible?

Rédiger: dans quel langage présenter l'information à son public? Comment produire de la prose à la fois attrayante et intelligible pour son public?

Une seconde partie traite de normes propres à l'écriture de presse et en particulier à l'information «rapportée» – par opposition à l'information «expliquée» ou «commentée», pour reprendre une distinction classique dans la presse nord-américaine. Je vise donc surtout ici des genres rédactionnels comme le compte rendu, la brève, la nouvelle, le reportage et, au premier chef, la dépêche d'agence, qui doit porter au plus haut degré le style «professionnel» et notamment la distinction entre «rapportage» et commentaire[2].

Un chapitre a trait à l'écriture du *lead*, l'attaque d'une nouvelle qui, dans notre contexte, obéit à des lois assez strictes et dont la maîtrise est considérée comme une habileté fondamentale du métier de journaliste.

Un autre chapitre porte sur des **conventions** et des «recettes» à respecter si on veut «faire professionnel».

La rédaction du **communiqué** de presse, moyen le plus simple et le plus fréquemment employé pour accéder, par l'entremise des médias, à la place publique, fait l'objet du dernier chapitre.

On verra que la structure même du livre introduit quelque redondance. Ainsi, le choix d'un *lead* dépend du choix du plan de l'article, et inversement. On pourrait donc les traiter ensemble, mais on risquerait alors, me semble-t-il, d'embrouiller les choses et de ne pas accorder à chaque sujet sa juste part. En les abordant séparément, toutefois, on risque des redites. J'ai préféré ce second risque, me fiant à l'adage qui veut que la répétition soit l'âme de l'enseignement. Cependant, j'ai voulu éviter de radoter. Dans chaque chapitre, je tiens, en gros, pour acquis que le lecteur a parcouru les chapitres précédents. Bref, le livre ne suit pas la mode du «modulaire», ou alors très partiellement.

Un art, pas une science

On peut à l'occasion et sans déchoir violer la plupart des règles proposées dans les pages qui suivent. En effet, contrairement au français correct, régi par des normes mille fois codifiées, la bonne écriture publique d'information relève

---

2. D'autres genres, comme la critique, la chronique d'opinion, le commentaire, l'analyse, l'éditorial, voire le grand reportage, échappent, plus ou moins, aux règles du «rapportage». Quant à l'information sportive, elle constitue un genre en soi. Potins, ragots et états d'âme y côtoient la «vraie nouvelle», et la distinction entre reportage, commentaire et même éditorial y disparaît souvent. L'objectif est moins d'informer que de mettre en scène le spectacle sportif et de stimuler la partisanerie.

autant de l'invention que de la prescription. C'est pourquoi ce livre fourmille de locutions du genre *en règle générale, dans la plupart des cas, sauf exception, le plus souvent*, etc. Et le lecteur est invité à ajouter celles que j'ai omises pour ne pas le lasser.

Même l'écriture de presse, la partie la plus standardisée de l'écriture d'information, n'est guère codifiée. S'ils ont à juger un article, des journalistes chevronnés arriveront aux mêmes conclusions... en gros et dans la plupart des cas. Dans la plupart des cas aussi, ils seraient bien en peine de fonder leur jugement sur des normes explicites. «Ceci est important, cela, sans intérêt. Ceci se fait, cela ne se fait pas.» Pourquoi? «C'est évident»... On est dans le domaine de l'art, ou de l'artisanat, pas de la science. On peut donc parfois se permettre des écarts.

Mais attention! «non codifié» ne signifie pas «non codifiable». Les règles appliquées «par instinct» – en l'occurrence par socialisation professionnelle – n'en sont pas moins des règles, dont l'énonciation peut rendre de bons et loyaux services.

D'autre part, il faut bien voir que fantaisie et licence ne convainquent que si on sent, en aval, une maîtrise parfaite des règles de l'art. Dans un texte mal écrit, la «licence poétique» ne sera jamais qu'une faute de plus.

Le débutant en écriture publique d'information a donc tout intérêt à suivre à la lettre mes ordonnances, quitte à s'en éloigner, de temps à autre, quand il aura acquis expérience et jugement en la matière.

Faites ce que je dis et non ce que j'ai fait. (Casimir Delavigne)

Ce texte respecte-t-il les règles qu'il énonce? Je l'espère! Mais pas toujours, car ces règles ont trait en général à l'écriture pour un très grand public et, très souvent, au reportage. Or tel n'est pas mon public cible, et j'essaie de transmettre une information «pédagogique», et non journalistique. On trouvera donc parfois des choses qui dépareraient une nouvelle du *Soleil*. Par exemple, des phrases un peu longues, ou sans verbe, deux ou trois locutions latines, quelques mots recherchés – je crois même avoir glissé quelque part un «adjuvant à l'intelligibilité»!

C'est – vous assuré-je – qu'un livre écrit comme une nouvelle lasserait vite le lecteur, que l'adaptation au public et au média est aussi une règle d'or. Si donc vous écrivez dans un média d'information pour un vaste public, faites ce que je dis mais pas toujours ce que je fais[3]...

---

3. La matière du livre est présentée selon un ordre logique: savoir, choisir, organiser, rédiger... Les enseignants qui l'utilisent comme manuel sont invités à bouleverser cet ordre selon les besoins de leurs étudiants, par exemple à aborder les principes généraux d'écriture (chapitre IV) avant de traiter du plan (chapitre III), etc.

Chapitre I
Savoir

On ne peut dire que ce qu'on sait.
On ne peut expliquer que ce qu'on comprend.
On ne peut expliquer clairement que ce qu'on comprend parfaitement.

VIVE L'ÉTAPISME!

La production d'une nouvelle comporte plusieurs étapes. Il n'en faut négliger aucune, sous peine d'obtenir un texte de qualité douteuse. Distinguons les moments suivants, dont les deux premiers font l'objet de ce court chapitre:

- collecte et vérification de l'information;
- maîtrise de l'information;
- sélection et hiérarchisation de l'information;
- établissement d'un plan;
- rédaction.

Dans la pratique, le journaliste aguerri court-circuite souvent certaines étapes, surtout s'il traite de sujets simples à la matière peu abondante. Elles n'en demeurent pas moins différentes et le débutant a tout avantage à les parcourir successivement. Pourtant, coincé, sinon paniqué, par des délais courts, il cède souvent à la tentation de court-circuiter les étapes. Il s'attelle à la rédaction avant de maîtriser parfaitement son information, d'avoir distingué l'essentiel de l'accessoire ou établi le plan de son texte. Mal lui en prend! Il verra qu'il s'agit là de fausses économies. Elles conduisent à rejeter avec hargne un brouillon (et retour à la case zéro), ou à rédiger une nouvelle chaotique et cahoteuse, ardue pour le lecteur et peu glorieuse pour l'auteur.

L'enseignement m'a appris qu'il faut répéter et marteler que le temps «perdu» aux étapes précédentes est dix fois gagné au moment de la rédaction. Il m'a appris aussi que, le plus souvent, ce beau discours tombe d'abord à plat: hanté par une heure de tombée qui rompt avec ses habitudes de production, le débutant, s'il veut bien vous croire, n'ose vous suivre. Il ne se convainc de l'avantage de mettre la charrue derrière les bœufs qu'après avoir commis ses propres erreurs.

Je suggère donc au lecteur non initié de faire ses premières armes en écriture de presse en produisant une nouvelle de la façon suivante:

- choisir comme matière première un communiqué de presse touffu et confus (assez typique, quoi);
- le parcourir rapidement, en soulignant au fur et à mesure ce qui «frappe»;
- rédiger sur-le-champ la nouvelle.

Le résultat sera catastrophique mais le débutant y gagnera une salutaire conviction: **la rédaction n'est que la dernière étape de l'écriture...**

LA COLLECTE ET LA VÉRIFICATION DE L'INFORMATION

> *Le plus beau mec du monde ne peut donner que ce qu'il a.*

La collecte et la vérification de l'information constituent le premier moment et le fondement du travail journalistique. Il s'agit de s'informer pour pouvoir ensuite informer, de savoir afin de faire savoir. *La plus belle plume du monde...*

Cette étape n'intéresse pas directement mon propos, l'*écriture* publique d'information. Je tiendrai donc pour acquis que mon lecteur «sait savoir», qu'il dispose d'informations crédibles, suffisantes et vérifiées.

Rappelons seulement que maîtriser la démarche journalistique signifie, dans un premier temps, pouvoir:

- s'adapter aux rythmes, aux ressources et aux exigences des **médias**;
- identifier les **sujets** valables d'un point de vue journalistique, compte tenu du média et du public visés;
- reconnaître et trouver des **sources** vivantes et documentaires à la fois crédibles pour les médias et le public, et fiables par rapport au sujet traité (participants aux événements, témoins directs, experts *ad hoc*, documents incontestables, etc.);
- interroger ces sources d'une façon efficace, c'est-à-dire susceptible de produire des **informations** exactes, précises et complètes (méthodes adéquates pour interviewer les personnes, pour effectuer la synthèse et l'interprétation des documents comme des événements auxquels on assiste);
- **vérifier** systématiquement ses informations et en évaluer la validité.

Une virgule peut damner un journaliste

En écriture publique d'information, les petites erreurs font les grands échecs. Un nom mal orthographié, une notation fausse, et c'est tout le texte qui perd sa crédibilité. S'il relève une inexactitude ou une imprécision, le lecteur se méfie aussitôt de tout ce que lui raconte le journaliste. Quoi! il ne sait même pas le nom exact du maire et il prétend expliquer ce qui se passe au conseil municipal? Il confond le syndicat local et la centrale syndicale et il voudrait nous éclairer sur les négociations en cours? Il s'embrouille dans les dates et les déclarations et il faudrait ajouter foi à son reportage? À d'autres! On peut aussi compter que les acteurs qui s'estiment malmenés s'empresseront de tirer parti de telles bévues.

La valeur de l'information dépend en partie de tels éléments – on se gardera bien de les appeler des «détails» puisque ce sont eux qui font qu'une nouvelle est, ou n'est pas, exacte et précise.

On s'assurera donc à cette étape qu'on a bien identifié :

- les acteurs de la nouvelle ;
- la façon dont leur nom s'écrit ;
- leurs fonctions et leurs titres précis ;
- les noms et les sigles des organisations ou organismes auxquels ils se rattachent ;
- la nature de ces organisations ou organismes ;
- les dates ;
- le niveau où se situe l'action ;
- etc.

Si on a le moindre doute sur les heures et les dates, les adresses et les lieux, il faut s'en occuper immédiatement. Remettre à plus tard, au moment de la rédaction, ne peut que rendre l'écriture plus difficile. On risque alors de devoir interrompre le fil de ses idées à tout moment pour vérifier des points de détail. On peut aussi avoir sous-estimé le temps nécessaire à l'opération et se retrouver à l'heure de tombée avec une nouvelle mal vérifiée ou mal fagotée.

Un expert en témoignage

Ces aspects plutôt techniques ne suffisent pas à assurer une information de qualité. Il faut encore que l'informateur soit capable d'une observation attentive et raisonnée.

On le sait par les enquêtes policières, vraies ou romancées : il faut prendre avec un bon grain de sel la plupart des témoignages. Pour l'un, «C'était un grand blond avec une chaussure noire, et il était seul.» ; pour l'autre, «C'était un petit brun avec une chaussette rouge, et un complice l'attendait.»

Le bon informateur, sorte d'observateur professionnel, a su devenir un expert en témoignage. Voilà qui est plus facile à dire qu'à faire, et qui exige plus que de la bonne foi. En effet, l'informateur public, contrairement au témoin que la police interroge, est prévenu et averti. Il devrait donc, selon le proverbe, en valoir deux. Pourtant, les amateurs produiront sur un même événement les histoires les plus différentes, et souvent les plus étonnantes. Et cela, même en travaillant dans des conditions idéales pour vérifier des informations, par exemple, à partir de textes écrits (discours, communiqués, dossiers de presse...).

Ainsi des étudiants m'ont-ils appris que le pdg de la plus grosse agence de relations publiques du Québec, président de l'association provinciale des relationnistes, etc., avait déclaré lors d'une conférence publique : «Les relationnistes sont dangereux, plus que bien d'autres professionnels.»

Quelle nouvelle, si c'était vrai ! En fait, M. Beauregard, dans le communiqué dont disposaient les étudiants, expliquait que son métier, comme la médecine, le droit et d'autres professions, peut affecter le public et devrait par conséquent faire l'objet d'une surveillance publique (premier pas, comme il se gardait bien de le dire, vers un statut de corporation professionnelle qu'il était plus habile de ne pas réclamer ouvertement à ce moment). «Par exemple, ajoutait-il, un relationniste qui répandrait de fausses informations dans le public, c'est plus dangereux qu'un avocat qui fixe des tarifs trop élevés.» C'est cet exemple qui s'est transformé en la nouvelle aussi fausse que percutante du paragraphe précédent.

Si on travaille non plus à partir d'écrits mais «en direct», sans filet, alors les interprétations les plus farfelues foisonnent. Faire suivre une conférence de presse par des débutants et comparer ensuite l'original aux différentes versions d'une déclaration s'avère toujours un exercice fructueux. Chacun y découvre à quel point, même dans un contexte de recherche explicite de «l'objectivité», l'être humain bricole, trie, sélectionne, tord et distord le réel. On prend ainsi conscience de la façon légère, négligente, «irresponsable» en quelque sorte, dont on perçoit habituellement gens et événements.

La crainte de l'erreur s'installe alors, et c'est le commencement de la sagesse. Disons plus positivement: l'obsession de l'exactitude et de la précision se développe.

Ce n'est là qu'un des ingrédients d'une information fiable. Il en est au moins deux autres qu'aucune règle, aucune recette ne sauraient remplacer: le jugement personnel et la connaissance du milieu que l'on couvre – et plus généralement de la société. Tel qui exerce son jugement – qui «se sert de sa tête» – n'affirmera pas sans broncher que M. Beauregard dénonce violemment les relationnistes (ou que mère Teresa prône l'avortement). Dans le doute, il effectuera plutôt les vérifications et corrections qui s'imposent.

D'autre part, l'événement sans contexte, comme le texte sans contexte, est un être de pure raison. La connaissance des structures, institutions, tendances, débats de la société, etc., éclaire les événements, jusqu'aux plus simples. Même pour couvrir convenablement les «chiens écrasés», il faut savoir quelque chose des gens de la région, de certaines lois, des différents corps policiers, etc. Si on attend, pour distinguer le chef du Gouvernement du chef de l'État, d'être promu chroniqueur parlementaire, la promotion se fera attendre longtemps! Et, tôt ou tard, on écrira des sottises.

Lorsqu'ils rendent compte d'un événement, les journalistes en donnent en général des versions relativement proches, surtout quant aux «faits». Ce n'est pas qu'ils échappent à l'humaine condition! Eux aussi sélectionnent, trient, bricolent...

Si les journalistes s'avèrent des témoins plus habiles, c'est en partie parce que leur bricolage, leur «construction de la réalité», est pour une part collective. Les journalistes d'un même *beat* (couvrant un même secteur d'activité) se côtoient, se connaissent, échangent faits, évaluations et interprétations, et se forgent ainsi une vision plus ou moins commune des événements et de leur contexte. C'est le cas, par exemple, pour l'estimation des foules lors de manifestations culturelles ou politiques; chacun retient un chiffre qui se situe quelque part entre celui de la police et celui des organisateurs, sa propre évaluation et celle de ses collègues. Mais, à la longue, la définition collective du plausible, du probable et du publiable, qui donne force et légitimité aux écrits individuels, déborde largement de telles appréciations. La concurrence entre médias d'information existe, la fraternité et la sous-culture journalistiques aussi.

Ensuite et surtout, si les journalistes sont des experts en témoignage, c'est qu'ils connaissent en général le secteur d'activité qu'ils couvrent, qu'ils sont des observateurs plus attentifs, pratiquant systématiquement l'art du doute, de la question et de la vérification.

Le patron qui commet des fautes de français, cela n'existe pas: il n'y a que des secrétaires qui font des fautes de frappe. De même, peu d'acteurs sociaux admettront avoir gaffé. Ils préfèrent dénoncer les journalistes qui ont «mal rapporté leurs propos». Dans un tel contexte, la véritable erreur d'un journaliste lui retombera douloureusement sur le nez. Son erreur, il la commet sur la place publique. Elle suscite réponses, attaques, démentis, accusations d'incompétence, dérision, etc. Elle entache sa réputation professionnelle. Elle lui attire les quolibets des collègues et les foudres de la rédaction. Celle-ci déteste publier démentis, rectificatifs et excuses. Elle fuit les procès en diffamation comme l'ours polaire les Tropiques, sachant qu'elle y risque, autant que ses sous, sa crédibilité[1].

Voilà bien de quoi faire naître une salutaire prudence (sinon une regrettable pusillanimité)!

La déontologie aussi

Autre raison – et pas la moindre! – pour vénérer l'information exacte: la responsabilité sociale du journaliste et du média.

Certaines erreurs, de fait ou de jugement, n'auront guère d'autre conséquence que de déclencher le rire. Ainsi, pour le chef du *pupitre* du *Soleil* qui, appliquant avec zèle la politique de couleur locale du journal, titra (en manchette!) à la mort de Grace Kelly: *Mary Lamontagne perd une amie*. L'auteur de la trouvaille et la rédaction reçurent nombre d'appels moqueurs et furent les seuls à ne pas la trouver drôle[2].

Dans l'attaque, cependant, la presse, internationale ou locale, est un outil de démolition puissant et dangereux. Elle peut ruiner en deux mots des carrières, des réputations, des vies, affaiblir des associations, des mouvements, des entreprises... Par conséquent, autant il faut avoir le courage d'attaquer lorsque cela s'impose, autant il faut d'abord s'assurer de la qualité de ses munitions.

Lorsqu'il s'agit des gens bien placés, qui ont les moyens de contre-attaquer, c'est affaire de prudence autant que de déontologie. Les autres, y compris les «marginaux», ont un droit aussi strict à un traitement juste et à la présomption d'innocence. Cela vaut pour les Hell's Angels ou les «petits voyous de la CECO» (Commission d'enquête sur le crime organisé), sur lesquels une certaine presse a publié plus de ragots que d'informations.

Ce n'est pas la qualité sociale des acteurs mais la qualité de l'information publiée sur eux qui distingue journalisme et jaunisme.

Toutes ces excellentes raisons, et bien d'autres, font que l'informateur public doit, à l'étape de la collecte de l'information, accumuler des données exactes, précises, vérifiées, et assez abondantes pour permettre de cerner correctement l'événement ou les événements en cause.

---

1. Deux cas célèbres illustrent bien ce risque: la poursuite du général Westmoreland contre CBS et celle de Sharon contre *Time*. Dans les deux cas, le public a pu constater que ces respectables médias étaient montés au front avec des munitions mouillées (quel que soit par ailleurs le fondement réel des accusations portées).

2. Mary Lamontagne: femme du maire de Québec à ce moment.

SAVOIR MIEUX : LA MAÎTRISE DE L'INFORMATION

Pourquoi établir une différence entre recueillir de l'information, en la vérifiant, en s'assurant qu'elle est valable, et maîtriser l'information ? Y a-t-il bien là deux moments différents de la démarche journalistique ? Admettons tout de suite que ces deux étapes se déroulent souvent simultanément. Reconnaissons même qu'à l'occasion elles se confondent. Mais pas toujours, il s'en faut de beaucoup.

Nous arrivons ici à l'instant où le journaliste, qui a à sa disposition un certain nombre d'informations fiables, va en tirer une nouvelle. Il sait, et se prépare à faire savoir.

Comprendre

Pour bien faire comprendre, le journaliste doit marquer une pause, se demander ce qu'il sait exactement et s'il le sait bien. Il doit faire le ménage dans ses informations et mettre de l'ordre dans sa tête. Il doit dépasser l'accumulation d'informations ponctuelles pour arriver, à partir d'elles, à dresser un **tableau significatif** de ce qui se passe. À défaut de quoi, il pourra livrer à son lecteur des morceaux d'actualité, des bribes d'information, des *bits* comme diraient les informaticiens. Rien de tout cela ne suffit à bien informer, c'est-à-dire à faire comprendre. D'où la nécessité de revenir, dans une perspective synthétique, sur l'ensemble des informations qu'on a recueillies ou reçues. De les revoir en se demandant d'abord si toutes les données sont **claires**, si des choses ne demeurent pas ambiguës, incertaines, voire incompréhensibles – auquel cas on effectue les recherches et vérifications qui s'imposent. A-t-on, par exemple, bien saisi le sens de telle déclaration obscure d'un dirigeant ? Est-on certain d'avoir bien assimilé les explications techniques ou scientifiques indispensables pour s'y retrouver soi-même dans l'événement ?

On cherchera ensuite à identifier les **liens** entre les éléments d'information, les convergences et les contradictions, les données fortes et les informations à prendre avec un grain de sel. S'il y a lieu, on rafraîchit aussi sa mémoire des événements antérieurs pour s'assurer qu'on saisit bien l'enchaînement des faits. Attention aux dates !

Bref, on se donne une idée claire de la nouvelle qu'on a à transmettre, sachant que seul ce qui se conçoit bien peut s'énoncer clairement.

Le journaliste qui a recueilli lui-même et avec soin ses informations devrait franchir vite cette étape. Normalement, en effet, il a comparé divers documents, confronté les témoins ou acteurs de la nouvelle, il a donné libre cours à son obsession de la précision, à sa manie de la question et du doute, à son «mauvais esprit» (Demers, 1982), tout au long de son enquête.

Toutefois, le journaliste devra, avant même d'aborder la rédaction, faire l'effort de synthétiser et de clarifier une dernière fois l'information dont il dispose. Et s'il s'agit de matériaux abondants et divers, voire contradictoires, ce travail de synthèse deviendra un moment-clé de la production d'une nouvelle informative et intelligible.

Simplifier

Lorsque l'information porte sur un sujet ardu et complexe, on cherchera, dans un premier temps, à la simplifier. On s'en donnera une version réduite, «vulgarisée» – qu'il faudra ensuite dépasser. Comparaisons et analogies sont ici d'un grand secours.

Le passage de Mack Laing, que j'ai intitulé «Le bonbon et le poison», illustre parfaitement ce processus. Une analogie enfantine fournit un fil directeur, et ce fil directeur permet ensuite de suivre l'information dans toute sa complexité.

Dans ce cas, le journaliste a eu de la chance: c'est son informateur qui a trouvé l'astuce. N'hésitez jamais, en conclut Laing, à avouer, voire à exagérer votre ignorance, pour amener les sources à simplifier les choses pour vous. Quand cela s'avère impossible, cherchez vous-même un fil directeur.

Le bonbon et le poison

Il avait un nom difficile, ce Wlatszlaw Szybalsky, qui avait quitté la Pologne depuis quelques mois à peine pour travailler dans ce célèbre laboratoire de recherche sur le cancer.

La semaine suivante, il allait faire état de ses travaux sur un agent chimique appelé le 5-fluorouracil, lors d'une importante rencontre scientifique. Il accepta de nous accorder un entretien.

Lui: Vous connaissez la biochimie?
Nous: Euh... un peu (c'était beaucoup dire).
Lui: Vous connaissez le 5-fluorouracil?
Nous: Bien, non.

Il se mit à lire des bouts du résumé de sa conférence. La terminologie était aussi lourde que son accent.

Lui: Vous comprenez?
Nous: (haletants) Je comprends qu'un certain agent chimique a un certain effet sur un certain type de cellule chez une souris.

Une lueur d'espoir éclaira son regard. Il se remit à réciter à partir de son texte.

Lui: Vous comprenez maintenant?
Nous: Non. J'ai bien peur qu'il va vous falloir me traiter comme un moron. Comme quelqu'un de très stupide.

Il y eut une longue pause.

Lui: Bonbon, vous comprenez? Machin sucré? Bonbon?
Nous: Oui.
Lui: Poison, vous connaissez? Machin mauvais? Vous tuer?
Nous: (un peu inquiets) Oui, euh, oui.
Lui: Bien. Voilà. Prenez bonbon, mettez poison dedans, donnez bonbon à cellule cancéreuse. Cellule cancéreuse a faim. Cellule cancéreuse aime bonbon. Cellule cancéreuse mange bonbon. Cellule cancéreuse meurt. Vous comprenez?

Bien sûr que oui. Il ne restait plus qu'à donner leurs noms véritables au poison, au bonbon, à la variété de souris et au type de cancer.

Après quoi on pourrait introduire les informations complémentaires: le nombre de souris et de cellules utilisées, le taux de mortalité des cellules, les méthodes pour «enrober» le poison, les théories expliquant pourquoi cet agent chimique agit et les autres pas, les recherches à poursuivre, les sources de financement, et deux ou trois choses sur ce fascinant Polonais.

Extrait de Mack Laing, «Covering Science: a Batch of Useful Tips», Content, septembre-octobre 1986 (ma traduction). Cet article est tiré du livre de Mack Laing, Adlai J. Amor et Paul M. Icamina, Science Writing in Asia: the Craft and the Issues.

Ordonner

Une autre façon «d'injecter» de la clarté dans ses informations, c'est de les ranger, d'y faire le ménage: distinguer les acteurs, les rôles, les secteurs d'activité, les niveaux et les dates, et séparer le bon grain de l'ivraie – entendez les clopinettes des faits centraux.

La manière dont on lit ses documents ou ses notes, à cette étape de la maîtrise de l'information, importe beaucoup. Une **double lecture** s'impose. On parcourt d'abord rapidement le texte, sans s'arrêter aux points passionnants ou aux difficultés, sans souligner, sans prendre de notes. Cela donne une vue d'ensemble, évite que les pâquerettes ne cachent le champ, ou l'arbre, la forêt. Une fois le paysage brossé, on l'explore plus en détail: on relit en identifiant les choses et les gens importants de la nouvelle et en réglant les problèmes ponctuels d'intelligibilité. Ensuite, si la matière l'exige, on fait le **ménage**. Et la matière l'exige souvent!

Lisez attentivement ces extraits d'un communiqué sur la santé dans l'industrie du vêtement.

EFFETS À LONG TERME DE LA RÉMUNÉRATION À LA PIÈCE SUR LA SANTÉ CHEZ LES OPÉRATRICES DE L'INDUSTRIE DU VÊTEMENT

Québec, le 1er décembre 1986. – Trois chercheurs du Groupe interdisciplinaire de recherche sur l'organisation, la santé et la sécurité du travail (GIROSST) de l'Université Laval ont rendu public, aujourd'hui, un rapport [...].

[...]

Résultats: des effets manifestes

1. L'incapacité permanente constitue la mesure la plus significative et la plus importante de cette étude. Une incapacité permanente sévère interdit à la personne d'aller travailler ou de tenir maison en raison de son état de santé. Les anciennes opératrices du vêtement, ayant quitté l'industrie depuis cinq ans ou moins, présentent six fois plus de cas d'incapacité sévère que les femmes canadiennes provenant d'autres secteurs d'emploi et ayant quitté le marché du travail depuis cinq ans ou moins également.

2. Parmi les anciennes opératrices du vêtement, celles qui ont été rémunérées à la pièce pendant la majeure partie de leur vie active présentent deux fois plus de cas d'incapacité sévère que celles qui ont été rémunérées à l'heure.

3. Les opératrices encore actives dans l'industrie du vêtement présentent une fréquence de symptômes aigus d'anxiété et de dépression 1,7 fois supérieure à celle des femmes canadiennes provenant d'autres secteurs d'emploi. Les opératrices qui effectuent un travail répétitif et qui sont rémunérées à la pièce présentent trois fois plus de symptômes d'anxiété et de dépression que les autres catégories d'opératrices présentement au travail. Le travail répétitif et morcelé paraît associé de façon non équivoque à la fréquence de ces symptômes, beaucoup plus que le mode de rémunération qui n'a pas un effet aussi clair.

4. La fréquence des consultations médicales est plus élevée chez les opératrices du vêtement encore actives que chez les travailleuses provenant d'autres secteurs d'emploi. Toutefois cette surconsommation ne paraît pas associée au mode de rémunération ou au travail morcelé et affecte toutes les catégories d'opératrices.

[...]

Ce texte ne présente aucune difficulté particulière. On pourra quand même en faire de la bouillie pour les chats si on ne se donne pas la peine de distinguer les roses des éléphants, en l'occurrence:

- les types de travailleuses (actives / anciennes);
- les secteurs d'emploi (vêtement / autres);

- les «variables explicatives» (secteur d'emploi / mode de rémunération / travail morcelé);
- les effets (a) incapacité / b) anxiété et dépression / c) fréquence des consultations médicales.

Par contre, si on a d'abord identifié ces champs et ces oppositions, on perçoit immédiatement que toutes les données n'ont pas la même portée. On saisit que, selon le cas, les informations:

- concernent les Canadiennes encore *actives*, comparant celles du vêtement à celles d'autres *secteurs* quant aux effets (b) et (c): 1,7 fois plus d'*anxiété* et de dépression (en 3), visites chez le *médecin* plus fréquentes (en 4);
- comparent les *ex*-travailleuses de cette industrie aux ex-travailleuses d'autres *secteurs*, quant à l'effet (c): six fois plus d'*incapacité* permanente grave (en 1);
- établissent, pour les travailleuses *actives* du *vêtement* seulement, l'effet du mode de *rémunération* et du type de *travail*, quant aux effets (b) (en 3, 2e partie);
- posent la même question pour les *ex*-travailleuses du *vêtement* seulement, quant à l'effet (a) (en 2).

Rien de bien compliqué, mais impossible de fabriquer avec ces informations une nouvelle claire et exacte si on n'a pas d'abord établi ces distinctions et ces niveaux.

Maintenant, armez-vous de courage et lisez la nouvelle sur les deux Montréalais soupçonnés de meurtre et d'enlèvement.

Saguenay-Lac-St-Jean: deux Montréalais soupçonnés de meurtre et d'enlèvement

♦ **La Sûreté du Québec détient deux Montréalais, un homme de 22 ans et son père, âgé de 51 ans, soupçonnés de meurtre et d'enlèvement dans la région de Jonquière, au Saguenay-Lac-St-Jean.**

par

Les événements s'articulent autour d'une querelle familiale mettant en scène la mère d'une fillette de huit mois et son ami de coeur, un homme de 23 ans, le père illégitime ainsi que le père naturel du bébé, un Montréalais de 22 ans.

Insatisfait de la situation, le père naturel du poupon aurait quitté Montréal cette semaine pour se rendre au Lac-Saint-Jean. Jeudi matin, la disparition du compagnon de la mère, M. Pierre Grenier, a été signalée à la police. Ses parents, qui l'avaient vu partir vers son chalet du lac Kénogami, s'inquiétaient de son absence.

Au moment où la police entamait des recherches pour retrouver le disparu, le père légitime du bébé se présentait au domicile de son ex-femme, dans la rue Dumans, à Jonquière, dans le but de reprendre son enfant. Le suspect, accompagné du grand-père de la fillette, aurait menacé les occupants de la maison avec une barre de fer.

Puis, les intrus se seraient enfuis en automobile en direction Rivière-du-Loup, leur ville natale. Entre-temps, vers 13h, hier, le corps de M. Grenier était découvert au fond du lac Kénogami par les plongeurs de la Sûreté du Québec, qui en ont profité pour secourir un riverain parti à la dérive sur son quai flottant. Une autopsie sera pratiquée, aujourd'hui, par le coroner Michel Miron.

La police croit que ces deux crimes sont reliés et tente présentement d'éclaircir les mobiles et l'emploi du temps des deux Montréalais. Les limiers ignorent toujours ce qui s'est passé au chalet de M. Grenier.

Quant au bébé, il a été récupéré sain et sauf par la police de Rivière-du-Loup, vers 23h jeudi, à la suite d'une surveillance aux abords du domicile de ses grands-parents. La fillette a été remise à sa mère.

L'enquête sur le meurtre a été confiée à l'Escouade des crimes majeurs de la Sûreté du Québec tandis que la sûreté municipale de Jonquière devra éclaircir les circonstances de l'enlèvement. ●

Le Soleil, 7 novembre 1987

Vous demandez-vous aussi si le chalet de M. Grenier se trouve rue Dumans à Jonquière, si «le bébé» et «la fillette» désignent la même personne, si elle a un, deux ou trois pères, si le «père naturel» est le légitime ou l'illégitime, si le grand-père fait partie ou non des «grands-parents», et plus généralement qui diable a fait quoi, où et quand?

À la énième lecture, on finit par comprendre qu'il y a dans cette nouvelle une dizaine d'acteurs, et non cinquante-deux, comme on l'avait d'abord cru:

1. une femme de Jonquière;
2. sa fille de huit mois, *la fillette* ou *le bébé*;
3. son ex-mari, *le père naturel*, alias *le père légitime*, alias *le suspect*;
4. le père de ce père, *le grand-père de la fillette*, à ne pas confondre avec *les grands-parents*: lui est de Montréal, eux de Rivière-du-Loup;
5. M. Grenier, victime, *le disparu* retrouvé au fond du lac Kénogami; *le père illégitime de 23 ans* (je crois), *le compagnon de la mère, son ami de cœur*;
6. la SQ, sous trois appellations: Sûreté du Québec / plongeurs de la SQ / Escouade des crimes majeurs de la SQ;
7. la sûreté municipale de Jonquière;
8. la police de Rivière-du-Loup;
9. un quidam à la dérive, qui n'a rien à voir dans tout ça.

Dans une nouvelle aussi «surpeuplée», il fallait avant toute chose dresser cette liste et distinguer les gens, événements et lieux qui se rattachent au meurtre présumé, de ceux qui entourent l'enlèvement.

Il y a gros à parier que l'auteure ne l'a pas fait et que, si elle s'était donné cette peine, elle aurait produit (comme à son habitude) une nouvelle intelligible. Elle aurait, notamment, évité de multiplier les appellations différentes pour une même personne, pour contrer les risques de confusion, et abandonné le quidam à la dérive sur son quai, étant donné qu'il y a déjà assez de monde dans cette nouvelle.

Le collage ne passera pas!

Souvent, le journaliste construit sa nouvelle avec des informations qui lui sont fournies par des sources extérieures qui visent à se substituer en quelque sorte à lui, par exemple à partir de dépêches d'agences ou de communiqués de presse.

Escamoter l'étape de la compréhension, de la clarification pour soi-même, devient alors particulièrement périlleux.

De telles sources séduisent par leur facilité. Contrairement aux discours, aux rapports et à la plupart des autres textes, ces matériaux sont conçus pour faire la nouvelle. Ils se présentent comme du «tout rédigé». Le paresseux, l'incompétent, et très souvent le débutant, tombent aussitôt dans le piège: il n'y a plus qu'à jouer de la colle et des ciseaux, qu'à recopier des morceaux (bien) choisis. Voilà bien une des plus sûres façons de courir à la catastrophe journalistique!

Je vois ainsi régulièrement des apprentis journalistes, étudiants de niveau universitaire, recopier pieusement, parfois en commettant des erreurs qui les rendent encore plus obscurs, des phrases ou des paragraphes auxquels ils ne comprennent pas un traître mot! Plus de la moitié d'un groupe, qui avait à faire une nouvelle traitant de «moratoire» et de plan «quinquennal», m'a interrogée sur le sens de ces mots... après la remise des copies.

On imagine le résultat de telles pratiques au bout du processus, c'est-à-dire dans la tête des pauvres lecteurs, dont la majorité sont aussi intelligents mais moins informés que les auteurs des nouvelles qu'ils lisent. Morale: ne jamais tenter d'expliquer à son public ce qu'on ne comprend pas soi-même!

Cela signifie qu'on doit maîtriser parfaitement son sujet avant d'écrire. Cela implique également qu'**on ne laisse pas les sources écrire à sa place**, ne serait-ce que parce qu'un extrait fort clair dans son propre contexte peut virer à la devinette si on l'en isole.

De plus, le mauvais esprit, dont Demers (1982) nous dit avec raison qu'il constitue un ingrédient de base de la compétence journalistique, nous interdit de considérer le contenu de la plupart des communiqués comme de l'information «innocente», prête à consommer – et donc de jouer bêtement des ciseaux. Il nous impose au contraire d'y voir la marque de l'acteur social qui l'émet, d'y reconnaître un geste stratégique. Il n'appartient pas au journaliste de contrer délibérément cette stratégie. Son rôle n'est pas davantage de s'y soumettre, car il est journaliste et non relationniste. La question à se poser n'est donc pas: «Que sélectionner dans ce que dit ma source?» mais bien: «Y a-t-il là matière à nouvelle?», «Quelle nouvelle puis-je, le cas échéant, fabriquer (moi-même!) avec cela?»

En d'autres termes, lorsqu'on part de communiqués pour fabriquer une nouvelle, l'étape de la maîtrise de l'information consiste notamment à garder ses distances par rapport aux sources, et en premier lieu à ne pas leur abandonner le travail de rédaction. Cette maîtrise oblige parfois aussi à revenir à des démarches qui relèvent de la collecte (vérification des informations et recherche d'éléments additionnels). C'est plus rarement le cas si on part de dépêches d'agence, faites par d'autres professionnels. On n'échappe pas toutefois à la nécessité de faire un effort de compréhension et de synthèse, qu'il s'agisse de fondre plusieurs dépêches en une seule nouvelle ou tout simplement de modifier une dépêche en fonction des exigences de son propre média. Encore une fois, on ne peut bien rendre que ce qu'on a bien compris.

Le collage d'extraits de dépêches et surtout de communiqués comporte aussi de beaux risques du point de vue de la rédaction comme telle, de l'écriture... La langue de ces écrits fût-elle belle et simple, le collage ne permettra pas pour autant d'obtenir un texte coulant et logique, puisque les extraits sélectionnés n'ont pas été conçus pour s'enchaîner les uns aux autres. Or seul un texte bien lié et bien organisé peut se lire facilement et être clair.

De plus, hélas, trois fois hélas! certaines dépêches et bon nombre de communiqués multiplient les ambiguïtés, quand ils n'utilisent pas un français qu'on ne peut reproduire sans se déshonorer. Pour comble, il arrive que ces textes combinent les horreurs d'une langue fautive avec celles d'une langue de bois, d'un jargon technique ou idéologique aussi laid et lourd qu'obscur pour le commun des mortels. Dès lors, on ne peut pas décemment faire à son lecteur le coup des morceaux choisis!

On n'en sort pas: il faudra faire sa propre nouvelle, c'est-à-dire, entre autres choses, la rédiger soi-même, et par conséquent comprendre d'abord parfaitement l'information dont on dispose.

Cela fait, on peut se dire qu'on sait et qu'on comprend. On est prêt à faire des choix dans la masse des informations maîtrisées, à se rappeler qu'informer, c'est choisir.

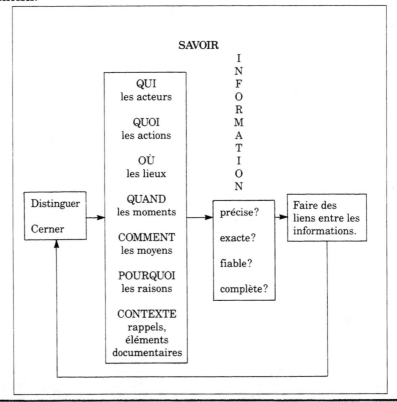

RAPPELS

- Pour chaque information à livrer, se demander sur quoi on se fonde pour écrire cela, très ex-ac-te-ment cela.
  Exactitude! Précision! Fiabilité!

- En écriture d'information publique, les erreurs de détail font les échecs de taille.
  Précision! Exactitude!

- Accumuler des bribes d'information ne suffit pas à bien informer: à faire comprendre. Dresser de l'événement un tableau significatif. Des rapports entre les informations! Des liens!

- Identifier, distinguer, cerner les acteurs, les actions, les lieux, les moments, les raisons et les moyens.
  De l'ordre! Le ménage!

EXERCICES

I. Si vous survivez à son *lead*, parcourez cette nouvelle du *Devoir* sur l'OPC.

L'OPC dément avoir été impliqué dans le recours collectif perdu d'avance

par

Contrairement aux prétentions du juge Ivan Bisaillon, le président de l'Office de protection du consommateur, M. Gilles Moreau, a nié hier que son organisme ait été impliqué dans une requête pour l'exercice d'un recours collectif intentée contre la compagnie Ultramar au nom de plusieurs Montréalais n'ayant pu bénéficier de rabais promis au moment de la signature de contrats pour l'achat d'huile à chauffage avant 1986.

En rejetant la requête de M. Marcel Laroche, le juge de la Cour supérieure avait blâmé « l'OPC et ses avocats pour s'être servis de M. Laroche comme pion pour entamer une procédure que l'organisme savait perdue d'avance ».

Le juge, selon M. Moreau, a erronément identifié dans son jugement Me Réal Leblanc (représentant M. Laroche) comme étant un avocat de l'OPC, alors que celui-ci n'a aucun lien avec l'organisme.

M. Moreau rappelle qu'en 1986, des poursuites intentées, à la suite d'une longue enquête de l'OPC, ont conduit à l'amende trois compagnies pétrolières (Gulf, Ultramar et Texaco) en rapport avec des pratiques déloyales concernant le prix de vente du mazout. Le président précise que c'est strictement dans le cadre de cette enquête en mars 1985 qu'un enquêteur de l'OPC, M. Marc-André Aubry, a interviewé M. Laroche et a obtenu sa déclaration. « Il n'a jamais revu M. Laroche par la suite et il n'a jamais été question de recours collectif », insiste M. Moreau. Le juge Bi-

saillon affirmait pour sa part que la démarche de M. Laroche, vu son manque d'appui aux allégués de la requête, semblait lui avoir été suggérée par M. Aubry.

C'est à la suite de ces condamnations que l'avocat de pratique privée, Me Leblanc, avait demandé à l'OPC la liste des plaignants. Bien que ceux-ci furent très nombreux, l'OPC n'accepta que de lui donner le nom des consommateurs apparaisant dans les chefs d'accusation, dont celui de M. Laroche, qui référait à une pratique de Gulf.

Par après, poursuit M. Moreau, des avocats impliqués dans des recours collectifs demandaient assistance à l'OPC, à la suite d'un refus du Fonds d'aide aux recours collectifs d'accorder des avances d'argent pour intenter ces procédures. Les avocats, qui auraient souhaité obtenir de l'OPC un affidavit indiquant le nombre de consommateurs impliqués et les montant d'argent en jeu, ont essuyé un refus, d'affirmer M. Moreau. « C'est subséquemment, note-t-il, qu'un des enquêteurs au dossier, M. Marcel Robichaud, fut assigné par la Cour supérieure, où il rendit le même témoignage que devant la Cour des sessions de la paix, (où les trois pétrolières ont été condamnées à l'amende) ».

Le président de l'organisme gouvernemental regrette beaucoup les propos, inexacts, selon lui, du juge Bisaillon, et surtout leur diffusion, « d'autant plus, conclut-il, que l'OPC n'était impliqué d'aucune façon dans la demande de M. Laroche devant la Cour supérieure ».

Le Devoir, 22 janvier 1988

Que d'acteurs, que d'événements, que de machins! On peut tous les conserver et produire une nouvelle tout à fait lisible. Il suffit de faire d'abord le ménage dans les informations.

Faites l'exercice suivant. Sur une feuille, de façon très aérée, identifiez: les acteurs, les actions, les lieux, les moments. Puis reliez par des traits les bons acteurs aux bonnes actions, etc. Racontez maintenant «l'histoire» à un proche. S'il s'y perd, vous avez mal fait le ménage; recommencez.

II. Lisez le communiqué sur les polluants atmosphériques.

GOUVERNEMENT DU QUÉBEC
MINISTÈRE DE L'ÉNERGIE ET DES RESSOURCES
CABINET DU MINISTRE DÉLÉGUÉ AUX FORÊTS

UNE PREMIÈRE STATION QUÉBÉCOISE DE MESURE DES POLLUANTS ATMOSPHÉRIQUES EN MILIEU FORESTIER

QUÉBEC, LE 13 OCTOBRE 1987 – LE MINISTRE DÉLÉGUÉ AUX FORÊTS, MONSIEUR ALBERT CÔTÉ, A INAUGURÉ AUJOURD'HUI À DUCHESNAY, PRÈS DE QUÉBEC, LA PREMIÈRE STATION QUÉBÉCOISE DE MESURE DES POLLUANTS ATMOSPHÉRIQUES EN MILIEU FORESTIER, EN PRÉSENCE DU MINISTRE DE L'ENVIRONNEMENT, MONSIEUR CLIFFORD LINCOLN, ET DU MINISTRE DE L'AGRICULTURE, DES PÊCHERIES ET DE L'ALIMENTATION, MONSIEUR MICHEL PAGÉ. LORS DE LA CÉRÉMONIE, LES TROIS MINISTRES ONT EXPRIMÉ LEUR VOLONTÉ D'ACCENTUER LEUR COLLABORATION POUR RECHERCHER ET MIEUX COMPRENDRE LES LIENS ENTRE LA POLLUTION ATMOSPHÉRIQUE ET LE DÉPÉRISSEMENT.

LA POLLUTION ATMOSPHÉRIQUE PRÉOCCUPE LES TROIS MINISTÈRES. LE PHÉNOMÈNE DU DÉPÉRISSEMENT NE CESSE DE PROGRESSER ET IL S'ÉTEND NON SEULEMENT AUX FORÊTS FEUILLUES MAIS ÉGALEMENT AUX RÉSINEUX. EN OUTRE, DES ÉTUDES PONCTUELLES MENÉES EN 1985 ET 1986 PAR LE MINISTÈRE DE L'AGRICULTURE, DES PÊCHERIES ET DE L'ALIMENTATION ET PAR LE MINISTÈRE DE L'ENVIRONNEMENT ONT PERMIS DE CONSTATER QUE LES CONCENTRATIONS D'OZONE ATTEIGNENT À L'OCCASION DES NIVEAUX DOMMAGEABLES AUX PRODUCTIONS AGRICOLES DANS LA VALLÉE DU SAINT-LAURENT. DES PERTES AGRICOLES IMPORTANTES SONT NOTAMMENT ATTRIBUABLES À CE POLLUANT.

LA STATION DE MESURE DE DUCHESNAY, LA PREMIÈRE DU GENRE AU CANADA, REPRÉSENTE UN JALON IMPORTANT POUR TENTER D'ÉTABLIR LES EFFETS DES POLLUANTS ATMOSPHÉRIQUES SUR LA DYNAMIQUE, LA CROISSANCE ET LA PRODUCTIVITÉ DES ÉCOSYSTÈMES FORESTIERS. ÉQUIPÉE D'INSTRUMENTS MÉTÉOROLOGIQUES ET D'APPAREILS PERFECTIONNÉS, LA STATION MESURE, DE FAÇON CONTINUE, LA TENEUR EN OXYDES D'AZOTE, EN DIOXYDE DE SOUFRE ET EN OZONE DE L'AIR AU-DESSUS DU COUVERT FORESTIER AINSI QUE LES POLLUANTS PARTICULAIRES ET LES DÉPÔTS HUMIDES. ELLE EST JUMELÉE À UNE PLACE D'ÉTUDE PERMANENTE AU SOL OÙ L'ON SUIT DE TRÈS PRÈS L'ÉTAT DE SANTÉ DE CHAQUE ARBRE, LEUR CROISSANCE ET LEURS BESOINS EN SUBSTANCES NUTRITIVES, EN ÉTROITE RELATION AVEC LA PRÉSENCE DES POLLUANTS ATMOSPHÉRIQUES.

UNE SECONDE STATION DE MESURE DU MÊME TYPE EST PRÉSENTEMENT EN VOIE D'IMPLANTATION À TINGWICK. ADMINISTRÉE PAR LE MINISTÈRE DE L'AGRICULTURE, DES PÊCHERIES ET DE L'ALIMENTATION, ELLE PERMETTRA D'ÉVALUER DE FAÇON PLUS PRÉCISE LES DOMMAGES CAUSÉS PAR LA POLLUTION AUX PRODUCTIONS AGRICOLES. LA STATION FOURNIRA ÉGALEMENT DES DONNÉES AU MINISTÈRE DE L'ÉNERGIE ET DES RESSOURCES, QUI Y ÉTABLIRA UN SITE D'OBSERVATION AU SOL POUR SUIVRE LA CROISSANCE ET L'ÉTAT DE SANTÉ DES ARBRES. MONSIEUR MICHEL PAGÉ A INDIQUÉ LORS DE LA CONFÉRENCE DE PRESSE QUE SON MINISTÈRE ÉVALUE LA POSSIBILITÉ D'ÉTABLIR D'AUTRES SITES D'OBSERVATION EN MILIEU RURAL.

POUR SA PART, LE MINISTÈRE DE L'ÉNERGIE ET DES RESSOURCES ÉTABLIRA AU COURS DES TROIS PROCHAINES ANNÉES UN RÉSEAU DE PLACES D'ÉTUDES PERMANENTES AU SOL QUI LUI PERMETTRA D'ÉVALUER LES PERTES DE CROISSANCE ET LA PRODUCTIVITÉ DES ÉCOSYSTÈMES FORESTIERS. DÉJÀ, SIX PLACES D'ÉTUDE ONT ÉTÉ IMPLANTÉES AU COURS DE L'ÉTÉ. MONSIEUR ALBERT CÔTÉ SOUHAITE QUE CES PLACES D'ÉTUDES SOIENT RELIÉES DANS UN PROCHE AVENIR À UN RÉSEAU DE MESURE DES POLLUANTS ATMOSPHÉRIQUES AFIN QU'ON PUISSE FAIRE LA PREUVE SCIENTIFIQUE DU LIEN ENTRE LA POLLUTION ATMOSPHÉRIQUE ET LE DÉPÉRISSEMENT DES FORÊTS.

LE MINISTÈRE DE L'ENVIRONNEMENT COLLABORE DEPUIS PLUSIEURS ANNÉES DÉJÀ AVEC LE MINISTÈRE DE L'ÉNERGIE ET DES RESSOURCES ET LE MINISTÈRE DE L'AGRICULTURE, DES PÊCHERIES ET DE L'ALIMENTATION, AUX RECHERCHES SUR LE PHÉNOMÈNE DU DÉPÉRISSEMENT DES FORÊTS ET LES LIENS ENTRE CE PHÉNOMÈNE ET LA POLLUTION ATMOSPHÉRIQUE. CETTE COLLABORATION S'EFFECTUE NOTAMMENT

EN ASSURANT UNE EXPERTISE SCIENTIFIQUE ET TECHNIQUE DANS LE DOMAINE DE LA SURVEILLANCE DES CONDITIONS AMBIANTES DU MILIEU. LE MINISTÈRE EXPLOITE ÉGALEMENT UN RÉSEAU DE 42 STATIONS DE MESURE DE L'ACIDITÉ DES PRÉCIPITATIONS SUR L'ENSEMBLE DU TERRITOIRE DU QUÉBEC.

DÉJÀ LES PREMIÈRES ANALYSES FOURNIES PAR LA STATION DE DUCHESNAY MONTRENT UN TAUX ÉLEVÉ D'ACIDITÉ DES PRÉCIPITATIONS. AINSI, LE PH MOYEN POUR L'ENSEMBLE DES ÉVÉNEMENTS PLUVIEUX AU COURS DE LA PÉRIODE ESTIVALE A ÉTÉ DE 4,3. ON A MÊME RELEVÉ LE 18 AOÛT UN PH DE 3,8, CE QUI REPRÉSENTE UN NIVEAU D'ACIDITÉ 55 FOIS PLUS ÉLEVÉ QUE LA NORMALE.

PAR AILLEURS, L'OZONE A ATTEINT EN JUILLET UN MAXIMUM DE 55 PPS PENDANT QUELQUES HEURES. MÊME SI LES CONCENTRATIONS SONT CONSIDÉRÉES COMME FAIBLES, DES EFFETS ONT DÉJÀ ÉTÉ OBSERVÉS SUR LES ÉRABLES À SUCRE LORSQUE CES DERNIERS SONT EXPOSÉS À DES CONCENTRATIONS SEMBLABLES PENDANT PLUS DE 24 HEURES.

-30-

Dressez une liste des principaux éléments à distinguer dans ce texte.

SOLUTIONS

Acteurs

- Albert Côté, ministre délégué aux Forêts, dont le cabinet est rattaché au ministère de l'Énergie et des Ressources (MERQ);
- Clifford Lincoln, ministre de l'Environnement (MEQ);
- Michel Pagé, ministre de l'Agriculture, des Pêcheries et de l'Alimentation (MAPAQ).

Objectif

- Établir des liens entre pollution de l'air et dépérissement des forêts et des productions agricoles.

Pollution de l'air

- Ozone;
- Acidité;
- Particules.

Victimes de la pollution

- Agriculture;
- Forêts:
  - de feuillus (depuis longtemps);
  - de résineux (nouveau).

Lieux de mesure

- De la pollution: des stations
  - Duchesnay (ouvre)... MERQ;
  - Tingwick (bientôt)... MAPAQ;
  - 42 stations (acidité)... MEQ.
- Des effets sur agriculture et forêts: des places au sol
  - Tingwick (à venir)... MERQ;
  - Duchesnay;
  - réseau, forêts, 6 places déjà, MERQ.

Résultats

- Généraux:
  - dépérissement s'étend des feuillus aux résineux;
  - ozone cause pertes agricoles dans la vallée du Saint-Laurent;
  - à Duchesnay, premières analyses:
    - acidité élevée des pluies, 55 fois la normale le 18 août;
    - ozone: concentrations faibles mais assez pour nuire aux érables si elles duraient.

communiqué

Gouvernement du Québec
Ministère
de l'Environnement

Cabinet du ministre

POUR PUBLICATION IMMÉDIATE
TELBEC CODE 01

VOLS MILITAIRES À BASSE ALTITUDE EFFECTUÉS AU QUÉBEC

(Sainte-Foy, le 20 octobre 1986). Le ministre de l'Environnement, M. Clifford Lincoln, a rendu publique aujourd'hui la lettre qu'il a récemment envoyée à Messieurs Tom McMillan et Perrin Beatty, respectivement ministres de l'Environnement et de la Défense nationale du Canada, au sujet de l'accroissement des vols militaires à basse altitude. Elle a été déposée par un représentant du ministère de l'Environnement lors de la réunion publique tenue à Montréal par la Commission fédérale d'évaluation environnementale sur le projet de Goose Bay.

Dans cette lettre, M. Lincoln déplore que le gouvernement fédéral n'ait pas proposé au Québec de procéder à une évaluation environnementale conjointe de ce projet.

Dans le passé, le gouvernement fédéral a déjà accepté que certains de ses projets soient soumis à une telle procédure conjointe, mettant à profit l'expérience que le Québec a acquise en ce domaine. Ce changement d'attitude de la part du gouvernement fédéral est regrettable et il se manifeste également dans le cas des projets d'agrandissement de la piste de l'aéroport de Saint-Jean et d'aménagement d'un champ de tir à l'Assomption.

M. Lincoln a tenu à souligner dans la lettre les lacunes du projet de directive que la Commission fédérale d'évaluation soumet actuellement à des audiences publiques. Au chapitre de la santé, la directive devrait inclure des questions précises sur les effets psychologiques et physiologiques du bruit, sur les effets indirects reliés à l'emploi des défoliants et autres produits chimiques, sur la qualité de l'air et de l'eau.

Le projet de directive devrait également tenir compte des effets sur les activités de chasse et de pêche des autochtones et sur les activités de pêche et de villégiature. Les effets probables sur le caribou, le bœuf musqué, l'orignal et le poisson devraient également être étudiés.

Le ministre de l'Environnement du Québec souhaite vivement que ces lacunes soient corrigées pour qu'une évaluation adéquate du projet soit possible. Cette évaluation doit déboucher sur l'estimation la plus précise des pertes d'utilisation du territoire subséquentes à l'accroissement des vols.

Ce projet d'accroissement des vols militaires à basse altitude aura au Québec des impacts négatifs. Il est donc important que l'évaluation environnementale permette de trouver des moyens pour minimiser ces impacts négatifs, et y remédier. Tel qu'indiqué dans cette lettre, le Québec est conscient des impératifs de la Défense nationale, mais souhaite vivement que le fédéral revienne à la tradition d'un processus conjoint d'évaluation environnementale.

-30-

SOURCE: XXX YYY
                Attachée de presse
                (418) 643-8259

INFORMATION: Service des communications
                (418) 643-8806

III. À partir du communiqué sur les vols militaires, vous avez rédigé une nouvelle dont voici quelques extraits. Relisez ce brouillon et faites les corrections nécessaires du point de vue de la qualité de l'information transmise.

1. D'après M. Lincoln, ministre de l'Environnement, le projet d'accroissement des vols à basse altitude de Gouse Bay risque d'avoir des effets négatifs au Québec.

2. Ce projet couvrirait une superficie de 10 000 km².

3. Selon M. Lincoln, la Commission d'évaluation (...) devrait considérer les effets psychologiques et physiologiques du projet. Elle devrait aussi tenir compte de ses effets sur la chasse, la pêche et la villégiature, et sur la faune.

4. M. Lincoln s'interroge sur les pertes d'utilisation du territoire qu'entraînera l'accroissement des vols à basse altitude.

SOLUTIONS

1. M. Clifford Lincoln

   ministre de l'Environnement du Québec

   l'accroissement des vols militaires à basse altitude qu'entraînerait le projet de Goose Bay
   (*L'accroissement des vols n'est pas le projet mais une retombée du projet; Goose et non Gouse.*)

2. Le projet toucherait
   (*La base n'occupera pas une superficie de 10 000 km².*)

   une superficie de 100 000 km²
   (*C'est dix fois plus.*)

3. Les effets psychologiques et physiologiques du bruit

   tenir compte des effets du projet

   sur la pêche et la villégiature (*en général*) et sur les activités de pêche et de chasse des autochtones (*en particulier*)

   les effets sur le caribou, le bœuf musqué, l'orignal et le poisson
   (*Ils ne sont pas toute la faune.*)

4. M. Lincoln demande que la Commission fasse l'évaluation la plus précise possible des pertes...

Chapitre II
Choisir

Sélection et hiérarchisation de l'information

It is a truism of the Press that we do not do stories on planes that don't crash.
Hodding Carter à l'émission
The Journal, 1er avril 1985

The headline of the Daily News *today reads* BRUNETTE STABBED TO DEATH. *Underneath in lower case letters* "6 000 killed in Iranian Earthquake"... *I wonder what color hair they had.*
Abbie Hoffman, cité par Tuchman
(1978, V)

Vous êtes allé à la chasse à l'information, et vous voilà en possession de données précises, fiables et abondantes sur un sujet quelconque. Communiqués, notes d'interviews avec des témoins ou des «intervenants» et documents divers s'accumulent sur votre bureau. Vous avez mis de l'ordre dans tout cela, vous maîtrisez l'information. Il ne reste plus qu'à en faire un article, pensez-vous. Pas si vite! Ne vous jetez pas encore sur votre plus belle plume ou votre plus chouette clavier.

Il convient d'abord de repérer ce qui est *newsworthy*, digne de faire la nouvelle. Avant de rédiger, il faut savoir précisément ce qu'on a à dire: ce qui vaut la peine d'être dit. Vous devez, en d'autres termes, effectuer un tri et ne retenir, parmi les informations dont vous disposez, que celles qui sont importantes ou intéressantes. Ce sont les seules que votre journal publiera (peut-être) et que votre lecteur lira (avec un peu de chance). Vous devez également ranger les informations retenues selon leur ordre d'importance. Cet ordre déterminera le plan et le titre de l'article.

ON NE PEUT PAS NE PAS CHOISIR

Choisir, trier, sélectionner et donc, éliminer. C'est indispensable mais rarement facile, surtout pour le débutant. Celui-ci, faute de bien connaître les règles du jeu journalistique, faute d'avoir pu développer son «sens de la nouvelle», hésite à exercer son jugement et plus encore à faire une sélection.

Souvent même, le débutant pense que la voie de la facilité rejoint celle du «devoir», qu'il convient de transmettre, en le synthétisant, *tout* ce que ses informateurs lui apprennent afin de donner à son lecteur une information «complète».

Cette question a suscité dans mes cours maints débats animés. Par exemple, le Parti libéral du Québec (PLQ), alors dans l'opposition, annonçait un jour un programme en douze points concernant les pêcheries. Il y a là-dedans des clopinettes et des choses pas du tout passionnantes, disaient les uns. Et d'opter pour une sélection féroce: on retient deux points; si on a le temps ou l'espace, on mentionnera qu'ils se situent «parmi une douzaine de propositions qui...» Vous n'avez pas le droit de faire cela, protestaient les autres. Le programme comporte douze points, pas deux, ni trois. Il faut le dire au public, sinon l'information est incomplète, voire malhonnête. Faisons dans notre nouvelle la synthèse des douze points.

Eh bien non! Les tenants de la sélectivité ont raison et le très louable souci d'honnêteté des autres est mal placé, pour d'innombrables raisons. J'en retiendrai quatre, qui se ramènent en fait à deux constats: il est impossible de ne pas choisir; quand on essaie de tout dire, on sert bien ses informateurs mais mal son public.

On ne peut pas tout dire

Prétendre couvrir de façon exhaustive ou complète les «événements» de l'actualité constitue au mieux une naïveté, au pire une fumisterie. Chaque jour, les médias diffusent certaines informations sur quelques dizaines ou centaines d'«événements», laissant dans l'ombre des millions d'autres faits, dont bon nombre sont potentiellement aussi importants ou intéressants. Nécessairement, inévitablement, on fait un tri.

Ce tri renvoie à des questions

- de ressources et de lieux: les médias n'ont pas de journaliste à Saint-Glinglin, qui devra crier très fort pour se faire entendre;
- de statut social des acteurs en cause: le rhume de Mme Thatcher se transmet mieux, si j'ose dire, que celui de Mme Tartempion;
- de politique d'information des médias, de normes et d'habitudes des sélectionneurs;
- et à bien d'autres choses, dont la première est sans doute le hasard (voir MacFarlane, 1981).

Quant à couvrir «complètement» au moins les événements retenus... Le moindre fait divers peut nous faire remonter au déluge. Il faudrait tenir compte de l'histoire personnelle et sociale des personnes en cause, du contexte culturel et économique, du climat sans doute, si cela se passe au Québec... Faut-il s'arrêter au XIXe siècle? Au bas moyen âge? Dans l'information d'actualité, l'usage et le bon sens veulent qu'on s'en tienne à l'époque contemporaine et à l'actualité, et qu'on évite de se prendre pour Proust devant son thé et ses Madeleines[1]. Bref, on est toujours sélectif et toujours incomplet. L'honnêteté consiste aussi à le reconnaître et à en tirer les conséquences.

L'espace vous est compté

Votre média cible, comme tous les autres, compte son espace comme l'avare ses pièces d'or. L'apprenti informateur public ne méditera jamais assez sur ce fait tout simple: la corbeille à papier d'une salle de rédaction, c'est un conteneur! S'y accumulent chaque jour à un rythme impressionnant des centaines de dépêches, de communiqués, de dossiers... Quant à ceux qui surnagent, il faut voir à quelle cure d'amaigrissement on les soumet avant de les déclarer bons à la consommation! Et n'oublions pas les innombrables informations qui ne se rendent même pas jusqu'à la salle de rédaction.

Pas question, dans ces conditions, de reconquérir les comptoirs de l'Inde! Votre média ne vous accordera pas la dizaine de feuillets dont vous auriez besoin pour couvrir de façon intelligible les douze points du programme du PLQ, sur un sujet qui n'intéresse directement qu'une faible minorité de Québécois[2]. Pas question non plus de les tasser en un feuillet, c'est-à-dire de les couvrir de façon inintelligible – et dès lors forcément insipide. De telles choses se rencontrent, et parfois dans les meilleurs médias, mais le crime des uns n'excuse pas celui des autres!

En un mot comme en mille: vous disposez presque toujours de plus d'information que d'espace. Il vous faut donc choisir.

Le lecteur ne veut pas tout savoir

Votre lecteur est encore plus sélectif que vous. Il se contente des choses qu'il juge importantes ou intéressantes et ne versera pas un pleur sur les pauvres sources dont vous auriez tronqué le message. Et si d'aventure vous réussissez par un beau jour de surabondante publicité et de morte information à «tout lui dire», il décrochera au troisième paragraphe sinon à la troisième ligne, car en plus d'être sélectif, il est pressé. Or, vous écrivez pour lui et vous avez le devoir de tout faire pour être lu.

Si vous croyez ne pas avoir choisi...

Le refus de choisir se retournera souvent contre vous: vous serez transformé en simple courroie de transmission au service de vos sources, c'est-à-dire, plus souvent qu'autrement, des pouvoirs en place. On pourrait parler, comme les sociologues à propos des communications qui obtiennent un effet contraire aux résultats recherchés, d'un *effet boomerang*.

Il se trouve en effet que tous n'ont pas accès aux médias. On se bouscule au portillon et, dans cette bousculade, les grands et les organisés de ce monde

---

1. *Madeleines*: petits gâteaux qui inspirèrent à Proust de longues pages de réminiscences. Ce type d'allusion culturelle, que je me permets ici, est à proscrire quand on écrit pour le grand public.

2. Sauf s'il est situé dans une région où la pêche commerciale joue un grand rôle dans l'économie locale.

sont mieux placés que les autres. Il se trouve aussi que les gagnants de la course n'ont pas pour objectif premier d'informer le public mais, en général, de favoriser leur propre intérêt (souvent tout à fait légitime d'ailleurs). Il se trouve même qu'ils tenteront parfois de manipuler à la fois les médias et le public et feront dans la désinformation plutôt que dans l'information.

Le journaliste, qui se veut au service de son public et non de ses informateurs, n'hésitera donc jamais à choisir et à choisir uniquement en fonction de son évaluation personnelle (et professionnelle) de ce qui est digne de faire la nouvelle. Il évitera certes de s'en prendre systématiquement aux informateurs les mieux placés, mais ce risque-là est minime, étant donné qu'il dépend d'eux. Son principal atout journalistique, son carnet d'adresses, risque en effet de se dévaluer s'il maltraite son monde...[3].

Pour exercer convenablement (et honnêtement!) son métier, le journaliste doit donc se convaincre qu'il ne peut pas ne pas choisir, sauf, pour reprendre un titre de Sartre, à jouer la *P... respectueuse*[4].

ON NE PEUT PAS CHOISIR N'IMPORTE QUOI

Pour une bonne part, on a déjà choisi pour vous. Si vous êtes parti à la chasse aux informations, c'est que votre média ou votre organisme ont décidé d'investir temps et argent dans la production de cette information-là – et de ne pas consacrer un sou à la couverture de tel autre événement.

À l'intérieur des médias d'information, une part de l'actualité s'impose à tous : l'explosion de Challenger, les élections législatives, etc. Mais pour le reste, la politique d'information diffère. Ainsi, certains médias dits «populaires» privilégient les trois S – le sang, le sexe, le sport –, d'autres médias dits «sérieux» accordent plus d'importance à la politique, au social, etc. Certains proscrivent l'éditorial, voire l'analyse, d'autres s'en font un créneau.

Ces choix faits en amont expliquent quel type de données vous avez maintenant à trier et à ranger par ordre d'importance. Même à cette étape, votre marge de manœuvre n'est pas grande. Si vous êtes au service du *Journal de Montréal* ou du *Journal de Québec*, vous «savez» que votre rédaction et vos lecteurs ont des attentes différentes de ceux du *Devoir* quant à la façon de traiter les thèmes retenus. De même si vous travaillez pour le bulletin d'une association de consommateurs ou, au contraire, pour celui d'une grande entreprise. Votre liberté de jugement s'exerce donc à l'intérieur de contraintes organisationnelles et institutionnelles.

Toutefois, vous savez aussi que pour l'ensemble du milieu journalistique certains choix s'imposent, alors que d'autres sont à rejeter sans hésitation, ce

---

3. Je ne peux ici que mentionner, assez cavalièrement, ces questions d'accès différentiel aux médias, de rapports entre les journalistes et leurs sources ou, plus généralement, de fonctions sociales des médias. On lira avec profit, sur ces thèmes, Tuchman (1972, 1978), Epstein (1973), Tunstall (1971), Gans (1980), Demers (1982, 1983), où on trouvera notamment des références bibliographiques intéressantes. Voir aussi, sur les rapports entre journalistes et relationnistes au Québec, Jean Charron, Jacques Lemieux et Florian Sauvageau (dir.), *Les journalistes, les médias et leurs sources*, Gaëtan Morin Éditeur, 1991.

4. Pour tout journaliste peu ou prou aguerri, la nécessité de choisir et d'exercer son jugement est une règle élémentaire. Si j'insiste tant ici sur ce point, c'est pour avoir constaté, avec maints collègues, que la peur de choisir et la tendance à faire courroie de transmission comptent parmi les plus tenaces de ces «mauvaises habitudes» que notre enseignement doit chercher à défaire.

qui donne... de nouvelles restrictions mais aussi des **critères** de sélection et de hiérarchisation des informations.

COMMENT CHOISIR

Il existe en effet des normes assez généralement admises qui guident les médias dans leur tri des informations et dans l'importance qu'ils accordent ensuite à chacun des éléments retenus (temps et argent investis dans la recherche de l'information, plus ou moins grande valorisation par la mise en pages, etc.). Qu'est-ce qui fait courir les médias? Pour acquérir une écriture de presse efficace, il faut évidemment en avoir une idée assez précise.

Posez cette question à un journaliste et il y a fort à parier qu'il vous répondra surtout par des exemples. «Ça, il faut en parler. Ça, on laisse tomber. Ça, c'est important, on attaque avec ça. Avec ça, je me paie la une, avec ceci une brève en page 32.» Pourquoi? Mystère, le plus souvent.

Tout se passe comme si le fameux sens de la nouvelle qu'on invoque à tout moment pour justifier ses choix relevait de l'alchimie ou d'un virus qu'on attrape à la longue, à fréquenter les salles de rédaction. Bref, comme je l'ai déjà souligné, la profession a fort peu codifié sa pratique.

Heureusement, quelques journalistes et certains observateurs du métier ont réfléchi plus systématiquement à la question. Ils ont étudié le fonctionnement des médias d'information. Parfois de l'intérieur, par l'observation du comportement des rédactions et des journalistes (Tuchman et Epstein, par exemple). Parfois aussi de l'extérieur, par l'analyse du «produit fini», dont on induit une logique de fabrication (Kientz, 1975)[5].

On ne s'étonnera pas de constater que, au-delà de certaines variations terminologiques et sémantiques, ils convergent tous vers quelques critères assez simples (à comprendre, sinon à appliquer!). Après tout, on voit tous les jours que, au moins pour les nouvelles simples, la couverture de presse d'un événement varie assez peu d'un auteur à l'autre et même d'une entreprise de presse à l'autre.

Ce sont ces quelques critères que je vais exposer maintenant. Je m'inspire surtout des auteurs suivants: Albert Kientz (1975), Philippe Gaillard (1980), Robert Escarpit (1982), Abraham Moles (par l'entremise de Kientz) et Fred Fedler (1984), dont l'œuvre me paraît représentative de plusieurs manuels américains sur le reportage.

LA NOUVEAUTÉ

De la nouveauté avant toute chose!

Quoi de neuf? C'est à cette question que répond avant tout l'information de presse. Le citoyen qui écoute un bulletin d'informations ou parcourt les prin-

---

5. Chercheurs patentés et journalistes chevronnés n'ont pas le monopole de l'observation attentive de la presse. D'où la bonne nouvelle: le sens de la nouvelle peut se développer (presque) aussi bien par la lecture de presse que par l'écriture de presse. Le sens critique de la nouvelle, devrais-je dire. Nous sommes des centaines de milliers de lecteurs de journaux, au Québec seulement, à nous livrer au jour le jour à une lecture critique de la presse et à nous faire une idée non seulement des critères de choix des salles de rédaction mais aussi du non-sens de certains de leurs choix.

cipaux titres de son journal veut savoir ce qui se passe dans le vaste monde ou dans son patelin. Ce qui se passait hier à la rigueur, ce qui arrive aujourd'hui de préférence et ce qu'il advient à l'instant, si possible – et ce l'est parfois avec la télévision, souvent avec la radio.

La nouvelle, c'est d'abord le nouveau. Pour trier ses informations et les ranger par ordre d'importance, le journaliste se demande donc: que puis-je apprendre à mon lecteur, que puis-je lui dire qu'il ne sait déjà?

Dans la presse écrite, il s'écoule au moins quelques heures entre le moment où se produit un événement et celui où un journal est mis en circulation. Primeurs mises à part, la plupart des informations qu'elle publie ont donc déjà été diffusées par les médias électroniques. Le *nouveau* peut alors se définir un peu différemment: ce qui s'est produit depuis la dernière édition du journal. C'est aussi, quoique secondairement, ce que les confrères de la presse électronique, en général astreints à des topos très courts, n'ont pu exposer faute d'espace. (Secondairement, car, sauf exception, les confrères en question auront retenu l'essentiel, et le choix des informations doit aussi tenir compte de leur valeur intrinsèque. *Cf. infra*).

On dit parfois «les actualités» pour désigner «(les) informations, (les) nouvelles du moment» (*Petit Robert*). Cette formule reflète bien l'importance extrême que revêt l'**actualité** des informations, et donc la rapidité de production, dans la pratique journalistique. Le *scoop*, nouvelle qu'on transmet en exclusivité quelques heures, voire quelques minutes avant les concurrents, est un titre de gloire pour le média comme pour le journaliste. On le signalera, on lui accordera un traitement de faveur. Les concurrents reprendront l'information, normalement[6] en en précisant l'origine, ce qui met en valeur le média auteur du *scoop*.

À l'inverse, une nouvelle parvenue à la rédaction d'un quotidien ne serait-ce que quelques minutes après la *tombée*[7] disparaîtra dans la terrible corbeille-conteneur sans laisser de traces. Si elle pèse trop lourd pour qu'on l'exécute sans autre forme de procès, elle aura droit le jour suivant à quelques lignes dans une page intérieure, au lieu de flamboyer à la une.

L'actualité, en somme, est quelque chose qui se défraîchit très vite. Plus encore sans doute pour les médias que pour leur public. Le lecteur d'un quotidien ne bondit pas nécessairement d'enthousiasme quand son journal réussit un *scoop*. Il ne frôle pas non plus la dépression si sa station préférée se fait griller par un confrère.

Il reste que, habitués à la rapidité, lecteurs et auditeurs préfèrent qu'on leur serve leur salade encore croquante. Hors de la nouveauté, donc, point de salut.

Du neuf avec du vieux

Précisons cependant qu'en matière d'information de presse, le *nouveau* n'est pas toujours le *récent*: c'est ce qu'on ne savait pas déjà. L'*Irangate* comme le *Watergate*

---

6. Le respect du principe varie selon les médias. D'aucuns l'observent scrupuleusement, d'autres pas. Certaines stations de radio réalisent même d'importantes économies à écouter ou à lire leurs concurrents: elles s'abstiennent alors de mentionner leurs sources...

7. Il s'agit de la «vraie» tombée, qui peut survenir plus tôt que l'officielle pour les nouvelles secondaires (ou planifiées sur une base hebdomadaire), et beaucoup plus tard pour les nouvelles importantes: la mort du pape, le résultat de la partie de hockey du soir...

ont explosé sur la place journalistique des mois après les événements révélés. En décembre 1986, plusieurs médias d'information sont revenus sur un événement survenu en janvier 1936. George V, apprenait-on, n'est pas mort de mort naturelle; son médecin a un peu avancé l'heure de son décès, apparemment avec l'accord de la reine Mary. Motif: l'heure de tombée du *Times*, journal du matin. Il convenait que le royal trépas fût annoncé par ce journal plutôt que par la moins respectable presse du soir.

La Presse, 28 novembre 1986

Le médecin du roi a hâté son décès pour faire la une du *Times*

AP

LONDRES

Les terroristes qui répandent la mort quelques minutes avant le téléjournal semblent avoir eu un précurseur: le médecin du roi George V qui, selon un historien britannique, aurait hâté la mort du souverain, il y a 50 ans, en lui faisant une injection de morphine. Il voulait s'assurer que l'annonce du décès de son illustre patient serait publiée dans les journaux du matin.

On notera toutefois que de telles remontées dans le passé ne concernent que des événements qui satisfont à d'autres critères de sélection que celui de la nouveauté. Surtout, elles se limitent à des choses dont la révélation offre un intérêt journalistique *actuel*. Qu'on accuse aujourd'hui le président de l'Autriche de crimes de guerre, et voilà toute la presse internationale sur les dents: la révélation d'événements vieux de quarante ans affecte *maintenant* toute la vie politique du pays. En revanche, si quelque érudit découvre un fait inédit de la vie de Pépin le Bref, c'est l'édition historique et non la presse qui accueillera, des mois ou des années plus tard, l'exposé de sa découverte. Dans la presse d'information, nouveauté reste donc synonyme d'actualité.

Cela est vrai de l'information rapportée; ce l'est tout autant de l'information expliquée ou commentée. Contrairement aux textes de morale ou de science politique, éditoriaux et commentaires divers se rattachent directement à l'actualité immédiate. Il en va de même pour les analyses de toute sorte.

De l'actuel avec du non-daté

Les *features*, grands reportages, articles de fond et autres textes plus élaborés semblent échapper à la loi de l'actualité. Souvent, en effet, ils portent sur des situations durables plutôt que sur des informations *pointues*. En fait, on ne publiera de tels articles qu'au moment où quelque nouvelle (de préférence du type *hard news*) vient les actualiser. On sortira des tiroirs des textes:

- sur l'endettement du tiers monde quand le Mexique menace de cesser de payer sa dette;

- sur l'enfant et l'ordinateur au moment où les écoles se dotent d'équipement informatique;
- sur les mœurs des caribous quand 10 000 d'entre eux se noient dans une rivière du Nord et que divers groupes mettent en cause Hydro-Québec;
- sur le déneigement à la énième «tempête du siècle» de l'hiver;
- sur la culture des crevettes en Asie lors du lancement d'une entreprise analogue en Gaspésie;
- sur la nouvelle armée du peuple aux Philippines après un coup d'État contre Mme Aquino;
- sur les trappeurs à l'ouverture de la chasse;
- sur le sexisme des manuels scolaires à la rentrée;
- etc.

Autrement dit, on accroche généralement au train de l'actualité les informations qui n'y occupent pas un créneau précis. Quand l'actualité suscite l'intérêt du public pour un groupe, une région ou un thème, journaux et journalistes en profiteront pour explorer un peu plus certains sujets connexes à la temporalité plus floue. Ou encore, pour reprendre une image de Gans (1980), les nouvelles fortement actualisées servent de «patères» ou de «poignées», auxquelles les sélecteurs vont accrocher leurs autres *stories*, et tout particulièrement les *features*. Un *feature* sans patère leur paraîtra un *feature* sans intérêt, quelle que soit sa qualité.

Souvent, souligne Gans (p. 168), ce sont des sources avides de publicité qui fournissent les patères, car elles savent combien les journalistes en ont besoin. Elles organiseront alors un événement «pointu» — déclaration d'une personnalité en vue, manifestation inusitée — sur lequel les médias pourront greffer d'autres informations, plus «molles», que ces sources désirent voir publicisées. C'est ce qui explique, par exemple (avec le fait que les médias se copient les uns les autres), que différents médias d'information vont parfois s'intéresser en même temps à une personne, à un groupe ou à une situation, qu'ils ignoraient jusque-là avec un bel ensemble.

Le nouveau et le reste

On voit donc que la nouveauté / actualité constitue le premier critère de sélection et de hiérarchisation des informations. *Quoi de neuf?* Voilà ce qu'il faut se demander d'abord, au moment de choisir.

Cela ne signifie pas qu'on ne retiendra que le nouveau. Comme le commun des mortels n'a pas tout su et surtout n'a pas tout retenu de l'actualité plus ou moins récente, beaucoup d'informations resteraient incompréhensibles si, à côté du neuf, on ne plaçait des rappels du passé qui en éclairent le sens. Tel est le cas notamment des «affaires», des nouvelles sérialisées, des «feuilletons» de l'information, qui prolifèrent maintenant dans la presse. Dans un article sur la vie quotidienne des sœurs Lévesque détenues à Rome, il faut bien rappeler pourquoi elles ont été arrêtées. Il faut de même préciser que la déclaration d'aujourd'hui du ministre répond à une accusation portée hier par l'opposition. Sans de tels rappels, la nouvelle devient inintelligible pour une bonne partie des lecteurs.

Cela signifie bien, en revanche, qu'on doit:

- donner priorité au nouveau;
- rejeter sans hésiter toute information ancienne qui n'apporte rien à la nouvelle fraîche;
- lors de la rédaction et de la mise en pages, donner priorité (ordre de présentation, espace accordé, titraille, encadrés, etc.) au nouveau sur le déjà vu;
- et, dans le cas des événements répétitifs ou durables, chercher à y injecter de la nouveauté. On y arrive en les abordant sous de nouveaux angles, en posant des questions nouvelles, en faisant appel à des sources encore inexploitées, etc.

Le nouveau et même le futur sont souvent prévisibles...

L'imprévisible

Les événements récents qui offrent en prime la particularité d'être imprévisibles cotent très haut à l'index de la nouveauté. Sans doute parce que la valeur d'un bien augmente avec sa rareté!

Contrairement à ce qu'on croit généralement, en effet, les médias d'information travaillent surtout dans le prévisible. Même la presse électronique et les quotidiens planifient la plus grande part de leur production sur une semaine et plus. Ils vénèrent l'événement imprévisible et exceptionnel, la «vraie nouvelle», qui les met en émoi et en action. Mais ils couvrent davantage d'événements organisés, planifiés ou annoncés: conférences de presse, spectacles, congrès, réunions, négociations, élections, publication de rapports annuels, de rapports de commissions, de livres blancs ou verts, de projets de loi, et quoi encore. Toutes choses dont la dose d'imprévisibilité est faible, comparée à celle des événements fortuits ou des informations produites par le journalisme dit d'enquête[8].

---

8. Ce terme, assez récent, semble opposer l'enquête à la pratique journalistique courante. En cela, il indique bien comment la presse, en s'industrialisant, s'est organisée (sans s'y cantonner) autour d'événements (globalement) prévisibles et proposés de l'extérieur des médias, plus faciles et moins chers à couvrir. Les journalistes des quotidiens ironisent sur leurs «petits hebdomadaires».

De plus, les médias «routinisent» la couverture d'autres événements, imprévisibles en soi mais statistiquement probables. Les activités humaines sont marquées par l'habitude et la régularité, tragédies et bonheurs se répètent et se ressemblent. Il est ainsi possible de standardiser leur couverture, un peu comme un hôpital normalise sa façon de répondre aux urgences (pour reprendre une comparaison de Tuchman). Les médias interrogent donc régulièrement des sources-clés (postes de police, attachés de presse, cotes de la bourse, etc.) sur des sujets constants; ils couvrent en priorité les événements dont on sait qu'ils auront lieu (tel le tirage du gros lot).

Il en résulte que la plupart des informations sur ces sujets offrent peu de réelle nouveauté. En dehors du carambolage historique ou du massacre de masse, le fait divers, par exemple, comme le compte rendu d'un match sportif, ne fait qu'individualiser un récit fondamentalement répétitif. Les centaines d'accidents de la route ou d'incendies que rapporte chaque année un journal peuvent se ramener à quelques canevas de base. Seuls varient les aspects uniques et actuels de l'événement: noms, moment, lieu, nombre de morts ou de blessés, ampleur des dégâts...

Dans ce contexte, l'événement imprévisible, quintessence de nouveauté, c'est de l'or en barre. On comprend dès lors pourquoi la citrouille de 50 kilos pourra faire parler d'elle jusqu'au téléjournal de Radio-Canada, comme l'orignal qui attaque une skieuse ou l'ours qui se promène boulevard Laurier. Pourquoi le député de l'opposition qui appuie un projet du Gouvernement contre son propre parti fera la manchette, tandis que son collègue plus discipliné n'obtiendra pas un entrefilet. Ou encore pourquoi le suicide d'un quidam fera le tour de la planète, s'il s'agit d'un militant néo-nazi qui vient de se découvrir des origines juives (*sic*).

L'imprévisible exerce donc une fascination journalistique sans pareille. Entendez par là l'événement fortuit ou exceptionnel – l'accident d'avion, l'éruption volcanique, l'attentat, etc. Mais aussi l'inattendu, l'inusité, le bizarre, l'original, l'étrange, le surprenant, tout ce qui sort de la norme ou mieux la contredit. Ce qu'exprime bien l'adage: Un chien qui mord un homme, ce n'est pas une nouvelle, mais un homme qui mord un chien, si.

LA VALEUR INTRINSÈQUE

Une bombe vaut plusieurs lance-pierres

Certains événements pèsent lourd en soi, «objectivement», d'autres pas. Certains ne changent pas grand-chose pour pas grand monde. D'autres peuvent modifier le cours de l'histoire. Le poids d'une information, sa **valeur intrinsèque**, constitue évidemment un critère prioritaire de sélection et de hiérarchisation des informations. (Fedler parle de l'**importance**, Escarpit de la **valeur d'enjeu** et Gaillard de la **signification** d'un événement.)

Ainsi, dans un accident, les pertes de vies humaines ont plus de poids que les dégâts matériels. La faillite qui prive des dizaines de travailleurs de leur gagne-pain compte plus que celle d'un seul individu. Parmi les décisions annoncées par le ministre, figurent la hausse des impôts et la réduction du budget des prisons: comme la première affecte l'ensemble des citoyens et a un impact sur la conjoncture économique, sociale et politique, elle importe plus que la seconde, qui ne concerne qu'une minorité. Le président des États-Unis a survécu à un attentat : cela est plus significatif que la mort de son garde du corps. Non que la vie de l'un ait moins de prix que celle de l'autre, mais parce que le premier événement a des répercussions infiniment plus graves que le second.

En somme, ont une plus grande valeur intrinsèque les informations qui concernent plus de personnes, comme individus ou comme citoyens, et qui les affectent plus profondément, mettant en jeu leur mode de vie, leur qualité de vie et *a fortiori* leur vie tout court.

Le nez de Cléopâtre

Eût-il été différent, on le sait, la face du monde en aurait été changée. Moins parfaitement belle, la reine d'Égypte n'aurait peut-être pas séduit son Jules (César) et dans ce cas, l'histoire de l'empire romain — et donc la nôtre — aurait pu être différente.

La valeur intrinsèque des événements dépend ainsi souvent du poids social de leurs acteurs. Qu'un quidam propose dans un bar d'abolir le droit de grève, cela ne changera rien à l'actualité. Que le leader du patronat ou le ministre du Travail en fasse autant, il déclenchera un raz-de-marée. Normal, puisque le quidam peut gloser cent ans sans affecter le cours des choses syndicales, alors que les propos du dirigeant équivalent à une déclaration de guerre, guerre dans laquelle il a des troupes à lancer. De même, si M. Reagan dénonce l'URSS comme «l'empire du mal», on s'en inquiétera (ou s'en réjouira) davantage que si cela vient du voisin, parce que le président des États-Unis peut infléchir la politique internationale. Pour qu'un accident causé par un automobiliste en état d'ébriété fasse partout la manchette, il faut qu'une famille entière en soit victime. Le vol à l'étalage du jeunot du coin n'offre guère de valeur journalistique. Cependant, que M. René Lévesque, alors premier ministre, fauche un clochard ou que M. Claude Charron, un de ses ministres, se fasse prendre à voler une veste dans un grand magasin, voilà de la nouvelle! Voilà même de quoi lancer un «feuilleton» journalistique.

Lorsqu'on estimera la valeur intrinsèque d'une information, toutefois, on prendra garde de démêler ce qui relève de la valeur d'enjeu de ce qui découle du vedettariat. D'accord, mon nez à moi ne vaut pas celui de Cléopâtre, mais ce que M. Reagan a mangé hier au petit déjeuner n'a pas plus de signification réelle que s'il s'agissait de vous ou de moi, ce dont tous les médias ne tiennent pas compte. Il en est pour qui une vedette vaut 2 000 quidams, sans compter d'autres types de gradation des acteurs sociaux encore plus suspects, du genre «une Blanche vaut deux Noires», comme dans les partitions musicales... Au journaliste alors de tenter de produire une information significative malgré les contraintes que lui impose parfois son milieu.

Il faut se méfier aussi des habitudes et de la facilité qui font que les médias ont tendance à privilégier toujours les mêmes sources, le même cercle restreint d'abonnés de la place publique. Ce n'est pas parce qu'une action ou une déclaration provient d'un «habitué» qu'elle revêt nécessairement une grande importance.

Ceci dit, la **notoriété**, ou plutôt la **prépondérance** sociale des acteurs de l'actualité, personnes, groupes ou institutions, constitue souvent un bon indicateur de la valeur intrinsèque d'un événement, d'une information, à cause de l'impact de leurs actions et décisions. (Cela, même si cette notoriété est fabriquée en partie par les médias...)

L'INTÉRÊT

La passion des coquelicots

On a du nouveau, de l'important. Bravo! Encore faut-il, pour être lu, de l'intéressant.

Qu'est-ce qui suscite l'intérêt du public? Évidemment, cela varie avec les publics. Si d'aucuns achètent *Le Devoir* ou *Le Monde* et d'autres, *Le Journal de Montréal* ou *France-Soir*, c'est bien que tous ne se passionnent pas pour les mêmes choses, au point que, telle la passion des coquelicots de la chanson, l'intérêt des uns pour leur journal constitue souvent un mystère pour les autres: «Mais qu'est-ce donc qu'ils trouvent là-dedans?»

Il faut donc toujours tenir compte de ce qu'on sait (ou suppose) du public auquel on s'adresse pour choisir et hiérarchiser ses informations. Toutefois, certains facteurs de l'intérêt sont constants, quoiqu'ils jouent à des degrés divers selon les publics.

Ce qui intéresse tout le monde, c'est notamment... le nouveau et l'imprévisible, l'important et les personnes «importantes». Si on lit le journal, c'est qu'on veut se tenir au courant de l'actualité, et en premier lieu, des «grosses nouvelles». Mais encore?

Êtes-vous concerné?

Certaines nouvelles appellent une réaction de la part des lecteurs ou une modification de leur comportement. «Diane Dufresne au Colisée le 17»: ses admirateurs réservent illico leur billet. «Réduction de l'aide sociale et augmentation des impôts»: les «bénéficiaires» s'attellent à résoudre la quadrature du cercle, survivre avec moins de revenus et plus de dépenses; de leur côté, les contribuables qui ont un comptable accourent chez lui, les autres grincent des dents et réfléchissent à leurs options politiques. «Loi sur la conduite en état d'ivresse plus sévère»: on diminue la consommation ou on se fait conduire. «Tempête de neige du siècle demain»: on fait ses provisions et on met la pelle dans le coffre de la voiture.

Toutes ces nouvelles ont pour les lecteurs concernés un **intérêt direct**, une **«valeur de pertinence»** (Escarpit). Le journaliste qui veut garder son lecteur au poste veillera donc à faire ressortir l'intérêt direct que certaines informations ont pour lui. Fréquentes dans les médias locaux, de telles nouvelles sont plutôt rares dans les plus gros médias: peu d'événements concernent directement l'ensemble de la population d'un vaste territoire.

Les lecteurs peuvent aussi se sentir concernés par des choses qui les touchent moins directement. Elles font partie de leurs préoccupations, engagements ou engouements parce qu'ils estiment qu'elles modèlent de façon significative le paysage naturel, humain ou social dans lequel ils vivent. Cet intérêt naît de l'éducation, de l'histoire, de la géographie, de la culture... Ainsi, les

Au-delà de la guerre des camps, l'éternelle question palestinienne

Les Libanais ne veulent plus des Palestiniens

par

De passage à Montréal avant de retourner sous les bombes de Beyrouth, le journaliste Paul Marchand, qui a 24 ans, résume ici à titre exceptionnel l'origine de l'insupportable guerre des camps au Liban. Depuis que M. Roger Auque, correspondant pour Radio-Canada, s'est fait enlever le 13 janvier dernier, M. Marchand est le seul journaliste à Beyrouth-Ouest.

Le calvaire que vivent actuellement les Palestiniens réfugiés au Liban et plus précisément ceux du camp assiégé de Bourj el-Barajneh à Beyrouth-Ouest n'est pas le simple fruit d'une conjoncture locale momentanée ou d'un quelconque pourrissement passager de la situation interne mais bien l'aboutissement quasi logique d'un long processus de dégradation des relations entre les chiites du Liban et cette population palestinienne.

Pour comprendre ce bras de fer sanglant, il convient de remonter le temps et de se replonger dans l'histoire.

Le 14 mai 1948, l'État d'Israël voit le jour. Déclaration d'indépendance attendue après le partage de la Palestine établi par l'Assemblée générale des Nations unies en novembre 1947. À peine l'État hébreu est-il déclaré que la première guerre israélo-arabe débute. Ce conflit voit le départ de plusieurs dizaines de milliers de Palestiniens vers les pays arabes et notamment vers le Liban et la Jordanie.

En 1970, à la suite de plusieurs tentatives des Palestiniens de prendre le pouvoir en Jordanie, le roi Hussein les chasse violemment du pays. Une nouvelle errance qui s'achève au Liban, seul pays qui les accepte spontanément. Ces réfugiés vont grossir les rangs déjà imposants des camps palestiniens dans les pays. Les principales concentrations de population civile palestinienne sont essentiellement implantées autour de Beyrouth. (Sabra, Chatila, Bourj el-Barajneh). Les autres camps sont au Nord-Liban (Tripoli), et au Sud-Liban autour de la ville de Saïda et de Tyr.

En avril 1975, la guerre civile éclate au Liban. La guerre se dessine très vite. D'un côté, les chrétiens, de l'autre les musulmans et les Palestiniens. La division du pays est consommée. Habilement les troupes de Yasser Arafat tirent profit de la situation qu'elles ont en partie elles-mêmes créées, et très vite dans l'État est constitué.

Les Palestiniens occupent pleinement le terrain et contrôlent sans faille Beyrouth-Ouest et tout le Sud-Liban, jusqu'à proximité de la frontière israélienne. Entre 1975 et 1982, l'autorité palestinienne sur ces régions et en par-

Voir page A-12: Libanais

Les vivres entrent à Bourj al-Barajneh

BEYROUTH (AFP) — Plusieurs tonnes de vivres ont enfin pu être introduites dans la nuit d'hier à aujourd'hui dans le camp palestinien de Bourj al-Barajneh, au sud de Beyrouth, sous la supervision de responsables de l'ambassade d'Iran et d'officiers supérieurs syriens, a-t-on appris de sources concordantes.

Deux à cinq blessés, selon les premières informations, ont en outre été évacués vers un hôpital du secteur à majorité musulman de Beyrouth, a-t-on appris de mêmes sources.

L'opération, commencée aujourd'hui vers 1h30 (23h30 GMT vendredi), se poursuivait près de deux heures plus tard, dans le calme et sans que des tirs ne soient signalés, ont affirmé des responsables palestiniens et du mouvement chiite Amal dont les miliciens assiègent le camp depuis le 29 octobre.

Plus tôt, les membres du conseil de sécurité des Nations unies avaient lancé un appel à un cessez-le-feu immédiat (autour et à l'intérieur des camps de réfugiés

Voir page A-12: Vivres

Le Devoir, 14 février 1987

Comme l'actualité suscite de l'intérêt pour la question palestinienne, le journal accroche à cette patère un article de fond, associé à une nouvelle «pointue».

Québécois (mâles surtout) se passionnent pour le hockey parce qu'ils sont «tombés dedans» quand ils étaient petits...

On peut aussi considérer les événements à ce point pertinents à cause, tout simplement, de l'actualité (on revient aux «patères»). On s'intéresse à tel pays car une entreprise d'ici va y construire un barrage. On tend l'oreille aux arguments antinucléaires après l'accident de Three Mile Island ou de Tchernobyl. On tente de démêler l'écheveau de la situation au Liban quand les assiégés des camps palestiniens demandent aux autorités religieuses la permission de manger de la chair humaine, frappant ainsi une note plus stridente dans le concert des horreurs dont la répétition avait fini par endormir la sensibilité du public[9].

Dans tous les cas, il convient de porter une attention particulière, dans l'estimation des informations disponibles, à leur signification pour le lecteur.

---

9. Dans les jours suivants, plusieurs médias ont saisi cette «poignée» pour donner des informations de fond sur la situation au Liban. *Le Devoir* publiait même, «à titre exceptionnel» et à la une, un texte de caractère plus historique que journalistique, puisqu'il remonte jusqu'à la création de l'État d'Israël (1948), pour expliquer les origines de la guerre des camps. Le quotidien prenait bien soin tout de même d'y adjoindre un article d'actualité, clairement associé à l'article de fond par la mise en pages.

La loi du mort-km

Les événements se distinguent aussi en ce qu'ils sont plus ou moins proches ou distants, psychologiquement, des lecteurs. Cette **distance psychologique**, ou (si l'on préfère voir son verre à moitié plein plutôt qu'à moitié vide) cette **proximité psychologique**, dépend avant tout de la connaissance qu'on a des lieux et des gens en cause : on ne peut se sentir des affinités réelles qu'avec des personnes qu'on connaît un tant soit peu. C'est pourquoi le public se sent plus proche des gens et des pays qui ont un rapport avec l'histoire, la culture ou la politique de son pays, ou qui font partie de ses lieux touristiques de prédilection. Les Québécois francophones s'intéressent plus à la France qu'à l'Angleterre, et plus à l'Angleterre qu'au Cameroun. Et les nouvelles de Floride, où ils migrent en masse chaque hiver, trouveront souvent un écho favorable chez eux – les informations météo, notamment !

La proximité psychologique tend en fait à se confondre avec la **proximité géographique**. La plupart des gens s'intéressent davantage à leur pays, à leur région et à leur ville qu'à ce qui se passe ailleurs. Le hold-up d'une banque du quartier tient tous ses habitants en haleine, mais un braquage à Kuala Lumpur doit offrir une dose exceptionnelle d'originalité pour attirer le lecteur d'ici. Pour *Le Soleil*, une mort violente à Québec constitue une nouvelle ; il lui en faudra peut-être plusieurs à Vancouver, quelques dizaines à Bogota et plus encore à Djakarta. C'est ce qu'on appelle avec un certain cynisme dans les rédactions la loi du mort-kilomètre : la valeur journalistique d'un événement décroît à mesure qu'augmente sa distance du public visé.

Nos médias jouent sur cette tendance naturelle. Ils l'amplifient même souvent, en sacrifiant l'information internationale et en se donnant une vocation régionale ou locale plutôt que nationale. On peut le déplorer, estimer qu'on devrait plutôt habituer son public à voir plus loin que le bout de son clocher. Même dans ce cas, on devra tenir compte des attentes des lecteurs et, pour les informations qui viennent de loin, chercher à les rapprocher du public en soulignant les similitudes et les relations avec les situations locales.

L'insoutenable légèreté de l'être

On l'a souvent fait remarquer : éliminez la royauté de la surface de la terre, et une bonne partie de la presse s'écroule, privée de ce qui émoustille inlassablement son public. Le moindre soupir de Lady Di atteint des cotes vertigineuses à l'index du *newsworthy* de certains médias. Même la presse «sérieuse» se précipite dès qu'un des faits et gestes de la dame offre ne serait-ce qu'une apparence de valeur intrinsèque. *Libération* (16 février 1987), journal pourtant sérieux (sans être grave), couvrait un événement fort significatif pour les Européens, le baptême de l'Airbus, «l'enfant prodige de l'aviation civile européenne». Il accompagnait cet article d'une autre nouvelle sur les jambes de Lady Di et l'émoi qu'elles avaient semé dans l'assistance.

C'est que les **Olympiens** captivent (presque) tout le monde. Rois et princesses, vedettes, puissants et dictateurs, hyper-riches et super-beaux, enfants chéris de la Chance, tous ceux qui par la naissance, l'apparence, le talent ou le hasard semblent échapper de quelque façon à la condition humaine, fascinent la plupart de leurs congénères.

Les **victimes**, surtout les victimes d'accidents ou de violence physique, attirent tout autant la curiosité. En font foi les attroupements autour des accidentés, la curiosité pour voir les blessés, les morts, le sang – et le succès des journaux qui jouent sur cette curiosité.

La **déviance**, enfin, provoque un intérêt d'autant plus grand qu'elle est plus poussée: un vrai beau massacre, un père qui tue ses enfants, voilà qui fait vibrer les foules. Et n'oublions pas le **sexe**, seul («Le rayon de soleil matinal») ou mieux encore associé à la déviance.

Il s'ensuit un intérêt assez répandu pour le fait divers, de préférence sanglant ou croustillant, et plus généralement pour tous les événements aptes à susciter l'émotion, à faire rêver, rire, pleurer, trembler ou vivre un peu par procuration destins tragiques ou exceptionnels. Ces événements qui font appel à notre côté badaud ont de la **profondeur psychologique** (Kientz et Moles). Comme ils actualisent les grands mythes ou nous touchent au plus profond, «nous prennent aux tripes», ils restent intéressants même lorsqu'ils n'offrent guère de nouveauté ou de signification et se déroulent très loin de nous. Ils jouent sur ce que les Américains appellent l'*intérêt humain*, et qui inclut au premier titre, à côté des victimes, des enfants, etc., l'humour et les histoires... d'animaux.

De l'action

Ce que font les acteurs sociaux a toujours plus de valeur journalistique que ce qu'ils disent. Priorité donc aux actions et aux décisions sur les déclarations et les états d'âme.

La pratique actuelle de l'information a tendance à saboter l'application de cette ancienne et fondamentale règle journalistique. La prolifération des relationnistes, attachés de presse et autres professionnels de l'action sur la presse, la dépendance des médias par rapport à ces sources et aux événements organisés pour la presse, leur tendance à réduire le social aux faits et gestes de vedettes, tout cela fait que, dans la pratique, les médias accordent un poids énorme aux discours et aux déclarations. C'est particulièrement vrai dans le domaine politique. Les nouvelles fondées sur le dire y pullulent, au détriment des informations sur le faire.

Convenons que la distinction est parfois difficile à faire. Prendre publiquement position, c'est à la fois dire et agir. La parole est souvent une forme d'action. Mais la parole destinée aux médias est souvent aussi bavardage, camouflage, manœuvre pour attirer sur soi les projecteurs, débats oiseux et gonflés, écume qui cache plus qu'elle ne révèle. Le principe est donc de donner priorité à la véritable action, celle qui change concrètement le cours des choses, sur les déclarations, et priorité aux discours socialement significatifs sur les élucubrations destinées aux médias. Cela fera de la meilleure information, quoique pas nécessairement dans le droit fil des pratiques les plus courantes...

Maintenant que j'ai prêché le discernement et la vertu, je peux me permettre un conseil pragmatique: cherchez la bagarre! Et nuancer tout de suite: cherchez-la, ne l'inventez pas. Cherchez-la, parce que le **conflit** intéresse toujours le public. Ne l'inventez pas, ne l'exagérez pas, parce qu'il n'est pas toujours d'intérêt public. Bien des événements non marqués par le conflit ont plus d'importance que certains combats des chefs, combats de coqs, guerres des chiffres,

George Bush sort de son duel avec Dan Rather avec l'image d'un dur

(LE DEVOIR) — « Bush 1, Rather 0 », disait le chandail que cet électeur du Wisconsin a remis au vice-président George Bush, hier, pour célébrer la « victoire » de ce dernier dans son duel verbal avec le présentateur du bulletin de nouvelles de la chaîne CBS, lundi soir.

Par son attitude ferme face à Dan Rather, le vice-président n'aura probablement pas réussi à clore le débat sur son rôle dans l'affaire de l'Irangate.

Mais — et cela sans doute plus important — il semble s'être finalement débarrassé de l'image qu'il traînait depuis le début de la campagne, soit celle d'être un mou, une poule mouillée, un *wimp*, comme avait titré *Newsweek* la semaine où il avait annoncé sa candidature.

L'entrevue d'une dizaine de minutes s'est déroulée en direct, à la demande de M. Bush. Après un reportage sur les difficultés du vice-président à expliquer son rôle dans l'Irangate, M. Rather s'est mis à poser des questions insistantes et quelque peu agressives à son invité, qui ne l'entendait pas ainsi.

« Il serait injuste de juger toute ma carrière à la lumière de cette histoire de l'Iran. Comment vous sentiriez-vous si on jugeait toute votre carrière à la lumière de ces sept minutes où vous aviez quitté le studio ? », a répliqué M. Bush en faisant allusion à un épisode de l'automne dernier alors que M. Rather a quitté le studio sans explications pendant son bulletin de nouvelles, forçant le réseau à interrompre l'émission pour diffuser de la musique.

« Dan Rather a dû se sentir comme (le boxeur) Larry Holmes au quatrième round de son combat de l'autre soir alors que quelque chose de pesant et d'inattendu lui est arrivé en pleine figure (...) On assisté à quelque chose d'extraordinaire : un politicien d'envergure nationale avait enfin trouvé le courage d'assommer verbalement le présentateur du bulletin de nouvelles d'un grand réseau », devait écrire le *Wall Street Journal* en éditorial, hier.

La question de ce qu'il savait ou ne savait pas de l'échange d'armes à l'Iran contre la libération d'otages américains au Liban était en train de miner la crédibilité du candidat Bush.

À chacun des débats télévisés entre candidats, la question revenait sur le tapis si bien qu'un de ses adversaires, le général Alexander Haig, en est venu à se demander tout haut combien de temps le vice-président résisterait aux attaques des démocrates s'il ne pouvait répondre aux questions de ses amis républicains.

Pour M. Bush, l'incident de lundi soir ne pouvait donc tomber à un meilleur moment, à deux semaines du choix des délégués en Iowa, premier test de la campagne électorale, alors qu'on le disait au second rang dans cet État derrière son principal adversaire, le sénateur Bob Dole.

« Pour la droite républicaine, être attaqué par Dan Rather, c'est comme être attaqué par Kadhafi, cela ne peut qu'aider Bush », devait affirmer l'analyste politique du réseau ABC, Jeff Greenfield.

Alors qu'au quartier général de M. Bush on affirmait avoir dû ajouter une quinzaine de téléphonistes de plus à cause du grand nombre d'appels d'appuis au vice-président, un premier sondage effectué par le réseau CNN et le quotidien *USA Today* affirmait que 51 % des personnes interrogées croyaient que M. Bush avait gagné le match verbal contre seulement 14 % pour M. Rather.

Ce dernier devait d'ailleurs s'excuser d'avoir coupé le vice-président un peu abruptement à la fin de l'entrevue, mais il devait répéter qu'à son avis, M. Bush n'avait toujours pas répondu aux questions à propos de son rôle dans l'Irangate.

C'est également ce que croit le *New York Times* qui, dans son éditorial d'hier, défendait M. Rather en affirmant qu'il avait tout à fait le droit de poser des questions sur ce sujet et que M. Bush devait s'y attendre, même s'il a voulu faire croire qu'il était surpris.

Un journaliste qui, comme M. Rather, accepte de faire une entrevue en direct à la télévision part toujours perdant, estime le *Times* : « S'il est trop gentil, le politicien pourra se défiler, s'il est trop dur, il aura l'air de Dracula ».

Mais dans ses réponses aux question du présentateur de CBS, M. Bush aura pour la première fois laissé entendre qu'il avait bel et bien approuvé l'échange d'armes contre les otages, ce qu'il avait toujours refusé d'admettre. « M. Bush a gagné en apparence. Mais les questions (sur son rôle dans l'Irangate) demeurent », conclut le *Times*.

Le Devoir, 28 janvier 1988

Un beau duel entre une vedette politique et une vedette médiatique. De quoi faire courir journaux et journalistes!

guerres des drapeaux, etc. Il reste que le conflit permet souvent de mettre le doigt sur des débats et des enjeux réels, et donc d'allier l'important et l'intéressant.

Cela est vrai aussi, à l'occasion, pour le «scandale». La chose est cependant d'un maniement à tous points de vue fort délicat.

À force de voir la presse américaine se scandaliser des écarts, dans leur vie privée, de candidats à la présidence, on se demande si vraiment les citoyens américains ne cherchent chez leur président que la vertu domestique — ou des dons de «communicateur»? On se prend à souhaiter que la théorie de l'*agenda setting* (les médias déterminent quelles sont les questions importantes pour l'opinion publique) soit totalement erronée! L'accusation d'avoir menti à la presse laisse aussi songeur. Sans tomber dans le machiavélisme, qui voudrait que «l'homme le plus puissant du monde» soit un être totalement transparent?

Le «scandale» est aussi, souvent, le fruit d'une franche hypocrisie. Le candidat a fumé une fois de la marijuana quand il avait dix-huit ans? Quelle horreur! Lançons vite un feuilleton journalistique, où tout ce qui compte peu ou prou dans le pays pourra faire entendre sa voix sur cette grave question. Pendant ce temps-là, on pourra oublier les sujets moins alléchants, par exemple les positions politiques du candidat.

L'organisation de Marcel Masse a dépassé de 700 $ les dépenses électorales admises? L'opposition clame pendant des jours et des mois sa vertueuse indignation, comme si telle était la plus importante des questions que le parlement canadien avait à traiter. Et les médias de reprendre tout cela. Certes, la chose était illégale et la presse devait en parler, en se demandant si c'était bien le souci de la vertu publique qui motivait les vertueux parlementaires et en dosant sa couverture proportionnellement à l'importance de l'événement dans la vie parlementaire et politique du pays. Dans l'ensemble, c'est ce qu'elle n'a pas fait. On peut penser que la presse, en accordant tant d'importance aux déclarations de politiques, a gonflé un événement relativement mineur et fait le jeu de ces sources, au moment même où elle s'imaginait dénoncer les puissants...

Droit à l'information ou au voyeurisme?

Le critère de l'intérêt, on le voit, est particulièrement complexe, en ce qu'il réunit beaucoup de choses disparates. Il est aussi celui qui différencie le plus les médias d'information les uns des autres.

S'ils ne tenaient compte que de la nouveauté et de la signification, en effet, tous les journaux se ressembleraient passablement. Les énormes différences de style de l'un à l'autre découlent surtout du poids différent qu'ils donnent à l'intérêt et de l'idée qu'ils s'en font. Les «sérieux» ne lui accordent qu'une valeur résiduelle, et retiennent, de l'intéressant, les ingrédients de pertinence et de proximité plus que la profondeur psychologique. Les «populaires» jouent au contraire à fond la carte de l'intérêt et plus particulièrement de la profondeur psychologique.

C'est à leur propos qu'on parle de sensationnalisme, que l'expression de presse marchande se fait spécialement péjorative. Il est certain que le critère de l'intérêt, si on lui donne priorité absolue, conduit souvent les médias à confondre droit du public à l'information et exploitation commerciale du voyeurisme ambiant. Cette exploitation, on la retrouve d'ailleurs à l'occasion jusque dans les plus prestigieux médias. Pour n'en retenir qu'un exemple parmi mille: l'instinct très sûr qui a conduit les grands réseaux de télévision américains à braquer immédiatement les caméras sur le visage des parents des astronautes au moment de l'explosion de Challenger. Voilà qui n'a rien fait pour redorer le blason d'une presse en crise de légitimité auprès d'une partie de son public...

Cela dit, pour informer, il faut aussi intéresser. Et il est parfois difficile de déterminer où finit le souci de son public et où commence le sensationnalisme. Encore des choix! Ceux-là ne peuvent se faire qu'en fonction de la conception plus ou moins exigeante qu'on a du métier d'informer et de la responsabilité qu'il comporte, et qu'en combattant la tendance universelle qui consiste à attribuer à son public ses propres sujets d'intérêt!

ET TUTTI QUANTI

Bien d'autres facteurs que la nouveauté, la valeur intrinsèque des informations et l'intérêt qu'elles peuvent susciter dans le public visé peuvent compter dans l'estimation de leur valeur journalistique. Mentionnons, en vrac:

- l'importance du journal et celle de la collectivité qu'il dessert. Contrairement aux médias nationaux, un petit journal local couvrira des faits très mineurs: ils sont susceptibles d'intéresser son public, parce que tout le monde connaît tout le monde;

- les traditions du média, son public cible, parfois aussi ses tabous et ses vaches sacrées (propriétaires, gros annonceurs, politiciens amis des propriétaires...);
- l'heure d'«arrivée» d'une nouvelle à la rédaction: première arrivée, première servie (toutes choses étant égales par ailleurs);
- le moment de la semaine et plus précisément le rapport entre la densité de l'actualité et la surface rédactionnelle disponible (laquelle dépend de la quantité de publicité vendue, laquelle varie selon les jours de la semaine: si la presse du mercredi est épaisse, c'est que les chaînes d'alimentation annoncent leurs spéciaux ce jour-là);
- le moment de l'année. En été, c'est bien connu, «il ne se passe rien». Comme les médias fonctionnent au ralenti, les acteurs sociaux gardent autant que possible leurs grosses nouvelles pour les périodes plus actives. Alors, c'est toujours l'été que le monstre du Loch Ness refait surface, et seulement l'été que le «tombeau de Champlain» à Québec fait la manchette jusque dans le *Toronto Star*.
- etc.

Pas trop compliqué, s.v.p.!

Soulignons aussi, après Kientz et Moles, le critère de l'**intelligibilité**. La plupart des lecteurs aiment mieux lire (et la plupart des journalistes aiment mieux couvrir!) des informations sur des choses simples, faciles à comprendre, que sur des événements complexes, pleins de ramifications, de complications, de points d'interrogation, etc. Les morts de Tchernobyl, d'accord, le fonctionnement de ce type de centrale nucléaire, bof... L'engueulade entre le premier ministre du Canada et celui du Québec, oui, oui; le rapatriement de la Constitution qui en est l'objet, pas trop! Les renversements d'alliances au Liban, les tenants et aboutissants des négociations pour le désarmement: n'en jetez plus!

Hélas! le difficile est souvent l'important. Il faudra donc résister à la tentation d'appauvrir ou de déformer l'information sous le prétexte qu'elle est difficile à rendre pour un grand public. On est là justement pour expliquer, pour faire comprendre. Si on la maîtrise à fond, si on s'applique très fort à la formuler en termes intelligibles, on pourra traduire l'information la plus complexe sans (trop) la trahir.

Dieu merci! le difficile n'est pas toujours l'important: *Don't ruin a good story with facts!* Ce conseil peut prendre l'allure cynique d'un appel au sensationnalisme. Il peut aussi signifier ceci: éliminons allègrement les détails, les circonvolutions méthodologiques et scientifiques, les histoires parallèles à scénarios multiples – bref, les complications – qui alourdissent le texte sans apporter d'informations utiles aux lecteurs. On veut dégager le sens des événements, non perdre les lecteurs dans les arguties juridiques, les calculs entortillés et autres éteignoirs de la curiosité.

Là encore, par conséquent, on gardera ses distances par rapport aux sources. La moindre des péripéties d'une négociation passionne les participants, qui voudraient vous voir retenir tous les détails. Pour le grand public, il convient et il suffit de dégager les temps forts, les enjeux, les résultats, etc. Le scientifique s'offusque qu'on «vulgarise à outrance» ses précieux travaux? Il devrait plutôt se réjouir, en ces temps où la «visibilité» compte plus que «l'excellence», qu'on les rende accessibles, et qu'on n'écrive pas dans *La Presse* comme dans une revue qui s'adresse à quelques dizaines d'initiés.

Il y a donc un jugement à porter, un équilibre à atteindre: garder toute l'information significative et éliminer les complications inutiles (seulement celles-là!).

Évidemment, ce jugement dépend du média et du public visés. Lorsque *Au Fil des événements*, journal universitaire, rapporte un événement qui concerne directement son université d'attache, il y va de deux pages de détails et d'explications techniques, là où *Le Soleil* accorde à la chose un feuillet ou deux, en simplifiant beaucoup.

UN COCKTAIL

Très peu d'événements satisfont à tous les critères de la valeur journalistique. La sélection des informations et leur hiérarchisation se font donc en combinant les divers critères, une proportion élevée de l'un pouvant compenser une faible proportion des autres.

Les quintuplés sont nés au Pérou mais la nouvelle de leur naissance fera le tour du monde en un clin d'œil parce que la rareté de l'événement (nouveauté) et l'intérêt humain de la chose annulent l'effet de la distance géographique.

Le Soleil a publié un jour en assez bonne position une nouvelle sur un fait assez mineur (une poursuite en dommages et intérêts de 30 000 $) qui se déroulait non pas sur son «territoire» mais à Montréal: c'est qu'un voleur attaquait en justice l'homme qu'il avait tenté de voler (et qui l'avait blessé dans l'action): que de nouveauté!

Autre exemple. Il fallait se lever tôt pour trouver du nouveau dans les dernières escarmouches de l'interminable débat sur le rapatriement de la Constitution, auquel manquaient de surcroît la profondeur psychologique et l'intelligibilité. Les médias ont quand même suivi ce débat de près, à cause de sa signification historique (valeur intrinsèque). De même pour l'Accord du lac Meech ou le traité sur le libre-échange avec les États-Unis.

Ce qui ne veut pas dire que les informations sur ces sujets rejoignent beaucoup de lecteurs dans tous les publics! Cela illustre que l'espèce de marketing en fonction du client auquel se livrent les médias n'explique pas tout leur comportement, tous leurs choix. Tout se passe comme s'ils suivaient aussi, à des degrés divers, une logique de la responsabilité d'informer: ils présentent aux citoyens des choses qui parfois sont répétitives, difficiles à comprendre, qui ne semblent pas les concerner directement et ne les font pas vibrer très fort, parce qu'elles sont importantes, d'une façon ou d'une autre, pour l'avenir de la collectivité (avenir économique, culturel, politique ou social).

Pour les pessimistes, les médias font aussi un marketing en fonction de sous-publics particuliers qui s'intéressent à ces choses, ce qui expliquerait mieux que toute autre hypothèse les différences entre *Le Devoir, La Presse* et *Le Journal de Montréal*... Ou encore, les médias se copient mutuellement et ne peuvent, sans perdre leur crédibilité auprès de leur public, négliger totalement des secteurs de l'actualité définis comme prioritaires par leurs confrères. Toutes choses fort défendables.

Quoi qu'il en soit, retenons qu'il faut appliquer les différents critères de la valeur journalistique des informations en les **combinant**, et doser le cocktail en tenant compte des goûts de son public comme des attentes du ou des médias qu'on vise.

Il convient aussi, comme nous y invite Kientz, de compenser à l'emballage (écriture et mise en pages) les lacunes découvertes au filtrage (sélection des informations). Par exemple, on exposera avec un maximum de clarté et de simplicité les choses complexes, on soulignera l'effet réel ou potentiel sur la vie des lecteurs d'événements apparemment dénués de signification pour eux, etc. Ce qui nous amène aux joies de la rédaction.

RAPPELS

- **Donner priorité aux informations qui répondent à ces critères:**

  - **Nouveauté des événements,**
    actualité,
    imprévisibilité,
    originalité.

  - **Valeur intrinsèque des événements,**
    valeur d'enjeu,
    importance,
    signification,
    (prépondérance sociale et notoriété des acteurs).

  - **Intérêt direct ou indirect des événements pour le lecteur**
    degré d'engagement du lecteur,
    pertinence pour le lecteur,
    proximité géographique,
    proximité psychologique,
    profondeur psychologique,
    intérêt humain,
    (conflit, scandale).

- **Appliquer ces critères en les combinant.**

- **Appliquer ces critères en tenant compte des médias visés et du public cible.**

EXERCICES

I. Comparez les «unes» du même jour de trois ou quatre quotidiens de Québec et de Montréal. Considérez qu'ils ont accès, *grosso modo*, aux mêmes informations. Demandez-vous quelles informations ils ont privilégiées. Quels seraient les critères qui les guident dans leurs choix? Quelles informations ont priorité dans tous les journaux? Pourquoi? Lesquelles ne sont retenues que par un ou deux journaux? Pourquoi?

Demandez-vous si certains de ces choix sont criticables, et pourquoi.

Refaites l'exercice à plusieurs reprises pendant quelques semaines. Vous développerez ainsi votre sensibilité à ce qui fait courir les médias, ainsi qu'à leurs divergences et convergences, et aussi l'habitude d'une lecture active des journaux.

II. En janvier 1988, un journal québécois publiait un article titré: *Renée Martel nous raconte son accouchement* et surtitré: *Elle n'a eu que trois heures de contractions*. L'article occupait une pleine page, avec photos, encadrés, inversés, etc.

Quel(s) critère(s) a utilisé le journal pour sélectionner et mettre ainsi en valeur cet événement?

III. En mai 1988, *Le Soleil* accordait quelque espace à un fait divers très mineur survenu à Sept-Îles. Un homme, qui s'était caché dans un centre commercial à la fermeture des portes, était accusé de sortie par effraction.

Pourquoi avoir retenu cette nouvelle?

IV. Comparez la couverture du *Soleil* sur la création d'une chaire à l'université Laval à celle du *Fil des événements*.

Chaire industrielle créée à Laval

♦ Québec-Téléphone « subventionnera » l'université Laval avec une contribution de $600,000, étalée sur cinq ans, pour la création d'une chaire industrielle en télécommunications optiques.

À la subvention de la compagnie s'ajoutera une contribution de $886,000 du Conseil de recherches en sciences naturelles et en génie, pour un montant total de $1,486,000. L'université Laval investira, de son côté, $150,000 dans le projet, en plus d'assumer les coûts indirects de locaux et de personnel technique.

Une telle collaboration entre les secteurs privé et universitaire représente une première pour Laval, et presque pour la province puisque la formule est très peu répandue au Québec, soulignait le recteur de l'université, Michel Gervais.

Le président de Québec-Téléphone, Raymond Sirois, indiquait, par ailleurs, que la compagnie aura accès à un groupe de chercheurs dans un domaine d'importance stratégique pour la compagnie. Québec-Téléphone consacre en effet $15 millions par année à la conversion optique de l'ensemble de son réseau. Ces investissements doivent permettre de relier, d'ici à 1990, toutes les collectivités entre Trois-Rivières et Gaspé, et celles de la Côte-Nord, entre Forestville et Natashquan, en 1992.

La chaire contribuera également à former des spécialistes en optique aux trois cycles. L'université se prépare notamment à créer un programme de baccalauréat en génie optique d'ici à 1990.

M. Gervais pouvait déjà annoncer, hier, en même temps que la création de la chaire, l'embauche d'un professeur-chercheur de renommée internationale, Michel A. Duguay. D'origine montréalaise, M. Duguay poursuit, depuis 20 ans, une carrière de chercheur dans les laboratoires de Bell et de A.T.&T. aux États-Unis. ●

Le Soleil, 2 mars 1988

CRÉATION D'UNE CHAIRE EN
QUÉBEC-TÉLÉPHONE

■ La création d'une chaire industrielle en télécommunications optiques rattachée au Département de génie électrique de l'Université Laval a été annoncé mardi dernier conjointement par Québec-Téléphone, représentée par son président et chef de la direction, Raymond Sirois, par le Conseil de recherches en sciences naturelles et en génie (CRSNG), représenté par son directeur général, Gilles Julien, et par l'Université Laval, représentée par son recteur, Michel Gervais.

En effet, ce projet sera subventionné sur une durée de 5 ans, par Québec-Téléphone ($600 000) et par le CRSNG ($886 000), pour un montant total de $1 486 000. L'Université Laval contribuera elle-même, à partir des fonds de la Campagne de souscription, pour $150 000. En outre, elle assumera l'ensemble des coûts indirects et fournira aux chercheurs les locaux, les services et du personnel technique.

Pour le recteur Michel Gervais, la fondation de cette chaire industrielle, la première à l'Université Laval et une des premières au Québec, s'inscrit dans la volonté de l'université de travailler avec ses partenaires du privé, notamment ceux des régions de l'Est du Québec, et de favoriser au maximum les transferts de technologie et les retombées de la recherche en termes de développement économique et de qualité de vie.

L'Université Laval dispose déjà d'importantes ressources dans le domaine de l'optique à la Faculté des sciences et de génie: le Laboratoire de recherche en optique et laser (LROL), qui regroupe 11 professeurs, 9 attachés de recherche, 43 étudiants des 2e et 3e cycles et 9 techniciens, est un des plus importants groupes de recherche dans ce domaine au Canada. Par ailleurs, le Laboratoire de recherche sur les oscillateurs et systèmes du Département de génie électrique, qui regroupe 3 professeurs, 1 attaché de recherche, 7 étudiants des 2e et 3e cycles et 2 techniciens, est très actif dans le domaine des télécommunications. La création de la chaire industrielle permettra d'équilibrer et d'accélérer les recherches faites par

Durant l'allocution du doyen Tavenas, des auditeurs intéressés et attentifs: Gilles Julien, Michel Duguay, Michel Gervais et Raymond Sirois.

ces deux équipes dans les domaines des communications optiques, de l'optoélectronique et des capteurs optiques.

La chaire contribuera aussi à la formation des spécialistes en optique aux trois cycles. La Faculté des sciences et de génie qui offre déjà une option "optique" à l'intérieur du Baccalauréat en génie physique et de ses programmes de maîtrise et de doctorat en physique, élabore actuellement un programme de doctorat en optique. Par ailleurs, la mise en place d'un programme de Baccalauréat en génie optique doit être étudiée dans le cadre du plan triennal 1987-1990, dans le but de fournir à l'industrie québécoise des télécommunications et de l'optoélectronique, les ingénieurs dont elle aura besoin pour assurer son développement.

Le travail interdisciplinaire et la synergie entre les équipes de l'Université Laval et de l'Institut national d'optique seront également favorisés. La création de cette chaire à l'Univer-

sité Laval en collaboration avec Québec-Téléphone, vient confirmer la situation de prééminence nationale de l'Est du Québec dans un secteur scientifique et technologique d'importance capitale pour le Canada.

Selon le directeur général du CRSNG, Gilles Julien, le gouvernement fédéral accorde une grande priorité à l'intensification des efforts de recherche scientifique afin d'assurer le leadership du Canada dans les technologies de pointe. Cette priorité se traduit pour le Conseil de recherches en sciences naturelles et en génie en un soutien à ce projet dans le cadre de ses programmes conjoints universités-industrie.

Par ailleurs, comme l'a souligné le président et chef de la direction de Québec-Téléphone, Raymond Sirois, cette société a largement démontré l'intérêt qu'elle porte aux communications optiques. En effet, le rythme de conversion optique de son vaste réseau ne cesse de s'accélérer aux prix d'un investis-

sement constant, de l'ordre de 15 millions de dollars par année. L'ampleur de ces déboursés doit permettre de relier d'ici à 1990 toutes les collectivités situées entre Trois-Rivières et Gaspé et, vers 1992, l'ensemble des localités nord-côtières comprises entre Forestville et Natshquan.

La volonté de Québec-Téléphone de faire de ses infrastructures la principale autoroute de la connaissance et de l'information, lui dicte l'exploration de nouveaux modes de commutation faisant appel aux systèmes optoélectroniques, de même que le recours à des capteurs optiques sur la télésurveillance du réseau. Ces avenues de recherche et de développement seront mieux servies par la conjonction des forces de l'entreprise et de l'université. L'accès à un réseau de chercheurs permettra à Québec-Téléphone de mieux mesurer le rythme d'émergence des nouvelles technologies et d'enrichir le bagage de connaissances sur lequel se

fondent ses décisions d'investissement. Le développement des produits et services issus de la recherche stimulera la création d'emplois et assurera aux régions périphériques de la province une plus grande qualité et diversité de services en télécommunication.

La première retombée de la création de la chaire industrielle est l'engagement à titre de professeur-chercheur principal au Département de génie électrique, d'un scientifique renommé à l'échelle internationale, Michel A. Duguay. M. Duguay est chercheur depuis 20 ans dans les laboratoires de Bell et de A.T.&T. aux États-Unis, laboratoires dont la réputation comme centres d'excellence dans le domaine des communications optiques est mondialement établie. Il y a mené une carrière prolifique tant au niveau des communications scientifiques que des brevets d'invention (22 brevets reçus, 2 dépôts en 1986). Les intérêts de

recherche de M. Duguay portent sur les impulsions brèves et la commutation optique, deux domaines d'importance stratégique dans le développement de l'optoélectronique. En 1986, M. Duguay et son équipe ont mis au point un laser à colorant émettant des impulsions ultra-brèves de l'ordre de 6 fs (1 femtoseconde = 1×10^{-15} secondes), ce qui offre des perspectives remarquables pour la communication optique. Ces succès sont garants de la qualité de la recherche qui sera réalisée dans le cadre de la Chaire industrielle de télécommunications optiques de l'Université Laval, qui bénéficiera également de l'engagement d'un chercheur adjoint spécialisé dans l'ingénierie des systèmes optiques de télécommunication.

TÉLÉCOMMUNICATIONS OPTIQUES
CRSNG /UNIVERSITÉ LAVAL

LE LASER FEMTOSECONDE: UNE RÉVOLUTION

NOTES BIOGRAPHIQUES SUR MICHEL A. DUGUAY

■ De l'avis de plusieurs chercheurs, une véritable révolution se prépare dans le domaine des télécommunications. En effet, alors que les systèmes électroniques transmettent 20 millions de bits par seconde et que les systèmes de communication à laser existants sur le marché atteignent 2 milliards de bits par seconde, les systèmes à laser ultra-rapide présentement à l'essai dans les laboratoires ont déjà franchi le cap des 20 milliards de bits à la seconde.

L'outil qui autorise ces développements spectaculaires est le laser femtoseconde (1 × 10^{-15} seconde). Pour mieux situer l'échelle de temps représentée par une femtoseconde, mentionnons qu'il faut 100 femtosecondes à la lumière pour franchir la distance correspondant à l'épaisseur d'un cheveu et que le train le plus rapide prend 10 milliards de femtosecondes pour franchir 1 millimètre!

C'est en 1981, chez AT&T Bell Labs aux États-Unis, qu'a été développé le premier laser ayant des impulsions de moins de 100 femtosecondes. Cinq années plus tard, dans les mêmes laboratoires, une autre équipe mettait au point un laser émettant des impulsions de 6 femtosecondes, soit le laser le plus rapide jamais développé. Cette course vers l'infiniment bref s'explique par le fait que plus les impulsions sont courtes, plus la quantité d'informations véhiculée par unité de temps est grande.

Le laser femtoseconde ouvre la voie à l'étude de matériaux et de phénomènes physiques autorisant des communications optiques ultra-rapides, entre autres, l'ordinateur optique dont la vitesse de calcul sera jusqu'à 1 000 fois plus rapide que les ordinateurs actuels.

Les projets rendus possibles grâce à la création de la Chaire industrielle toucheront plus particulièrement les phénomènes ayant des applications en communications optiques et en optoélectronique. Pendant de très courts instants, la puissance de crête des impulsions générées par les lasers femtosecondes atteint 1 million

Laboratoire de recherche en optique et lasers: montage regroupant plusieurs lasers dans le cadre de recherche sur la production d'impulsions très brèves.

Photo Louise Leblanc

de mégawatts (en comparaison, la puissance totale de la Baie James et de 12 000 mégawatts). Lorsque cette énergie est dirigée sur une cible métallique, on obtient des rayons X pouvant être utilisés pour imprimer des circuits électroniques très denses, de 100 à 1 000 fois plus efficaces que ceux qui existent présentement. Dans

le cadre de la Chaire industrielle, Michel A. Duguay explorera cette avenue de recherche, appelée lithographie à rayons X, ainsi que les nouveaux dispositifs pour communication des signaux optiques, un secteur stratégique dans le développement de l'otpoélectronique.

Mentionnons enfin que le

laser femtoseconde aura aussi des répercussions dans d'autres domaines scientifiques. On envisage déjà son utilisation pour l'étude de phénomènes se déroulant à une échelle de temps microscopique tels que la photosynthèse et certaines réactions chimiques.

■ Michel A. Duguay est né à Montréal en 1939. Il a obtenu un baccalauréat en physique de l'Université de Montréal en 1961 et il a complété ses études doctorales à l'Université Yale (Connecticut) en 1966.

De 1966 à 1974, il a été à l'emploi de Bell Telephone Labs au New Jersey; de 1974 à 1977, il a poursuivi sa carrière de chercheur aux Sandia Laboratories (Nouveau-Mexique). Au cours des dix dernières années, il a travaillé au AT&T Bell Labs (New Jersey), un centre d'excellence mondialement reconnu dans le domaine des communications optiques. Michel A. Duguay a publié plus de 53 articles dans diverses revues scientifiques de renommée internationale. Il a déjà 22 brevets à son actif et deux autres ont été demandés en 1986.

Ses activités scientifiques lui ont valu plusieurs prix. Il a notamment été co-récipiendaire du "Owens-Corning Energy Conservation Award" en 1982 et, en 1983, il obtenait le "Outstanding Achievement Award" décerné par la Société américaine des ingénieurs civils pour sa contribution au développement de l'optique.

Il est membre actif de l'Optical Society of America, de l'American Physical Society, de l'Institute of Electrical and Electronics Engineers, de l'American Association for the Advancement of Science ainsi que plusieurs autres sociétés savantes.

Quelles sont les différences les plus marquantes?

Comment expliquer ces différences?

ÉLÉMENTS DE RÉPONSE

II. Notoriété (vedettariat), intérêt humain, profondeur psychologique.

III. Pour la nouveauté – l'inattendu, l'insolite, l'original – de la chose. On voit d'habitude des gens accusés d'entrée et non de sortie par effraction.

IV. Principales différences: *Le Soleil* y accorde assez peu d'importance (peu d'espace et pas d'ornements typographiques) alors que le *Fil* en fait un événement majeur (double page, photographies, vignettes, articles différents sur des sous-thèmes, etc.). Le premier retient surtout les questions d'argent et le rôle des acteurs sociaux (université, entreprise et gouvernements), le second traite en plus des détails scientifiques et techniques.

Principale raison: le public cible.

Le Soleil en parle un peu, parce que c'est sur son territoire (proximité géographique) et qu'une petite partie de son public s'intéresse à ce qui se passe à l'université Laval. Il évite les explications scientifiques et techniques qui sont peu intéressantes et peu intelligibles pour la majeure partie de ses lecteurs.

À l'inverse, le *Fil* s'adresse à la communauté universitaire et plus particulièrement, dans un article comme celui-là, à celle des professeurs et des chercheurs. Ces gens sont ou se sentent concernés par l'événement. Plusieurs s'intéressent aussi aux aspects scientifiques et techniques de la chose, tout en trouvant les informations du *Fil* faciles à comprendre, intelligibles.

De plus, le *Fil*, «journal d'entreprise» (il relève du service des relations publiques de l'Université), doit mettre en valeur les «bons coups» de l'institution.

Chapitre III
Organiser

Il faut que chaque chose soit mise en son lieu, que le début, la fin, répondent au milieu.

Boileau

LE PLAN

La rubrique «Visas» de *L'Événement du jeudi* (page suivante) donne à voir l'armature du texte: quoi? pourquoi? et après? Ainsi peut-on faire plus court, tout en soulignant le caractère synthétique et factuel du texte[1].

Dans un article de facture plus classique, le squelette est dissimulé sous les muscles. C'est quand même lui qui tient le tout! Le plan, même s'il est invisible, n'en doit pas moins structurer aussi fortement l'article.

Le plan s'élabore à partir du «ménage» qu'on a fait dans les données à la première étape («Savoir»). Pour s'y attaquer, il faut avoir identifié les deux, trois, quatre, x thèmes ou axes principaux du sujet. Par exemple, dans un article sur le championnat du monde du scrabble francophone:

- l'événement;
- les règles du jeu appliquées;
- l'accès du public à la chose;
- autre: informations diverses reliées au championnat et au jeu.

Chaque thème se décompose en général en quelques sous-thèmes, qu'on a aussi identifiés. Ainsi:

- événement: participants, catégories, où, quand;
- règles du jeu: «duplicate», temps alloué, dictionnaire de référence;
- accès: observation sur place, initiations, retransmissions.

On n'a pas encore de plan, mais de quoi en faire un. Il ne reste qu'à décider **dans quel ordre présenter** ces éléments. C'est là un moment essentiel de l'écriture de presse: pas de texte bien lisible et intelligible sans un bon plan.

---

1. Notons en passant comment, dans ces courts articles, on rejette le ramassis d'informations ponctuelles et comment on s'organise en fonction d'un objectif: faire comprendre, dresser des événements un tableau significatif.

Belfast: lynchage de deux militaires anglais.

Afghanistan: la pagaille

■ **QUOI?** Les Soviétiques ont réaffirmé leur intention d'évacuer leurs troupes même sans accord entre l'Afghanistan et le Pakistan. *«Le retrait des troupes aura lieu selon d'autres modalités»*, a précisé Moscou. De son côté, le gouvernement prosoviétique annonce la tenue – dans quelles conditions? – d'élections nationales du 5 au 14 avril prochain pour désigner deux chambres législatives. En face, les moudjahidin ont révélé qu'ils avaient formé leur propre gouvernement clandestin.

Noorani, ministre
des Affaires étrangères
pakistanais veut un accord.

■ **POURQUOI?** Cette course à l'après-soviétisme a lieu alors que les négociations sous l'égide de l'ONU s'enlisent. Le Pakistan veut un accord car il redoute plus que tout la pagaille qui suivrait le départ de l'armée Rouge. Le gouvernement de Kaboul cherche à assurer sa survie (bizarrement, avant l'annonce des élections, l'agence soviétique Tass avait affirmé qu'elles ne pourraient avoir lieu avant plusieurs mois). Mais les résistants, toujours plus radicalisés, refusent tout accord avec les communistes.
■ **ET APRES?** En cas d'échec de la négociation, les Soviétiques pourront prendre leur temps pour évacuer. Ils ont augmenté leurs livraisons d'armes à leurs alliés afghans. Mais sur le terrain les résistants marquent des points militaires. La perspective du retrait russe se traduit déjà par plus de guerre.

Irlande: la victoire des fanatiques

■ **QUOI?** Meurtres en direct. En moins de quinze jours le monde entier a assisté horrifié, devant les écrans de télévision, à la violence sectaire qui oppose les communautés catholique et protestante en Irlande du Nord. C'est d'abord, le 16 mars, ce forcené qui balance des grenades dans la foule catholique rassemblée au cimetière de Milltown: trois morts et une soixantaine de blessés. Puis dimanche dernier, une même foule catholique massacrant sauvagement deux militaires anglais pendant les funérailles d'une des victimes du 16 mars.
■ **POURQUOI?** Tout cela survient après que l'armée britannique eut abattu à Gibraltar trois membres de l'IRA soupçonnés de préparer un attentat. Mais, depuis 1969, la violence politique en Ulster a fait 2 649 morts. En dépit de multiples tentatives de compromis, les extrémistes des deux bords ont toujours eu le dernier mot. Violence le plus souvent aveugle, comme le meurtre, la semaine dernière, d'une catholique de 25 ans, tuée «au hasard» par un groupe paramilitaire protestant. Ou, celui, deux jours plus tard, d'une protestante de 21 ans, tuée par l'IRA, parce que *«son frère faisait partie du corps des auxiliaires de l'armée».*
■ **ET APRES?** La politique de Margaret Thatcher est menacée. Elle tentait un désengagement britannique (une des raisons de l'absence de service d'ordre officiel aux enterrements) et elle essayait de dialoguer avec Dublin. Ses «ultras» et les protestants d'Ulster exigent maintenant un renforcement de la présence militaire britannique.
Quant à la violence? La première phrase du tueur aux grenades a été: *«Combien me suis-je fait de ces salauds?»* Dimanche les catholiques fanatiques exultaient: *«On a eu deux Brits».*

Irak-Iran: la guerre sur tous les fronts

■ **QUOI?** Jamais encore l'Irak et l'Iran n'avaient fait preuve d'une telle détermination. Depuis la reprise de la guerre des villes, le 28 février, les deux pays échangent en moyenne plus de dix missiles par jour. Sur le front, les troupes de Khomeiny renouent avec la victoire grâce à la prise, la semaine dernière, d'un millier de kilomètres carrés du Kurdistan irakien. Une victoire psychologique contrebalancée par la détérioration (selon Bagdad) du terminal pétrolier de Kharg par lequel l'Iran exporte son or noir, véritable nerf de la guerre.
■ **POURQUOI?** Comme les fois précédentes, c'est l'Irak qui a rallumé la guerre des villes. Bagdad entendait faire pression sur le conseil de sécurité des Nations unies. Saddam Hussein lui reproche de ne pas appliquer, à l'encontre de Téhéran, les sanctions prévues par le refus du cessez-le-feu. Devant l'absence de résultats sur le front diplomatique et la riposte de Téhéran (qui dispose de missiles nettement plus performants que par le passé), l'Irak n'avait pas d'autre possibilité que d'accentuer encore sa pression.
■ **ET APRES?** Le triple carnage (dans les villes, dans le Golfe où plusieurs pétroliers ont été attaqués, et au Kurdistan) n'a jusqu'à présent produit que des morts et des blessés. Et sur le terrain diplomatique, on fait du surplace. Téhéran continue à demander, en préalable à toute évolution, *«la reconnaissance explicite de l'agresseur».* L'attitude ambiguë des Soviétiques, sans qui aucune sanction contre Téhéran n'est possible, l'encourage à poursuivre dans cette voie.

Pour comprendre vite et bien un article, il faut pouvoir le saisir comme un tout organisé selon un certain ordre. S'il se présente comme un agrégat d'éléments séparés, on s'y perd. Le comprendre nécessite alors un effort de reconstruction du sens que seul un lecteur très motivé acceptera de faire. Dans l'ensemble, le public refuse, et à bon droit, qu'on lui présente ainsi un ramassis de branches en lui demandant de reconstituer lui-même l'arbre.

Bref, la structure du texte, suivant qu'elle est bonne ou mauvaise, en facilite ou en bloque la lecture d'abord, la compréhension ensuite.

Par conséquent, dans un bon article, l'ordre de présentation des informations, leur enchaînement, la division du texte en parties et de celles-ci en paragraphes ne sont pas le fruit du hasard. On y trouve au contraire une logique – disons plus simplement un **plan**. Et s'il y a un plan, c'est que l'auteur en a fait un, dirait M. de la Palice.

Quand on a l'habitude d'écrire, et surtout d'écrire des textes brefs, on peut faire un plan mentalement. Cependant, comme le calcul mental d'opérations complexes, ce n'est pas à la portée de tout le monde. Lorsqu'un débutant se lance dans la rédaction avec une vague notion du parcours à accomplir, il y a tout à parier qu'il se perdra en cours de route. Il se retrouvera avec une accumulation de lignes plutôt qu'un tracé, et devra finalement refaire son texte, en commençant cette fois par le plan... Là encore, le temps «perdu» à préparer la rédaction se révèle un investissement et non une dépense.

Quelle sorte de plan?

Différents genres rédactionnels commandent différents types de plan. Par exemple, on pourra attaquer un grand reportage avec une anecdote, un paradoxe, une citation percutante, l'exposé d'une situation passée qu'on contrastera ensuite avec le présent, un témoignage individuel dont on ne dégagera la portée que plus tard, une description de lieux, le portrait d'un personnage haut en couleur, etc. En somme, tout ce qui permet de piquer la curiosité du lecteur et de l'inciter à poursuivre sa lecture.

De même, un critique de cinéma, de théâtre, de musique ou de littérature commencera aussi bien par une réflexion sur l'art ou la vie que par la description d'un aspect de l'œuvre ou de sa réalisation ou une notation biographique.

D'autres genres appellent un plan plus classique. L'éditorial se déroule habituellement selon une ligne prévisible: l'auteur ne prend position qu'après avoir exposé sa version et son interprétation des faits. La nouvelle livre d'abord l'essentiel, la «conclusion» d'un événement.

De plus, à l'intérieur de chaque genre, plusieurs types de plans sont possibles. Toutefois, quels que soient le genre rédactionnel et le type de plan choisis, il faut toujours que le texte ait une ossature forte. Cela signifie au moins deux choses. D'abord, on doit repérer facilement, surtout dans un article long, les grandes parties ou divisions du texte. Ensuite, à l'intérieur de chacune des parties, la division en paragraphes doit répondre à une logique.

Le **paragraphe**, en effet, n'a pas la même fonction que la phrase. Celle-ci apporte une information ou une idée. Celui-là fait état de quelques informations ou idées relatives à un même sous-thème. Si on passe d'un sous-thème à un autre, on fait donc un alinéa. Inversement, un changement de paragraphe devrait signaler le passage à une autre question, à un autre sous-thème.

Il s'ensuit que la plupart des paragraphes compteront plus d'une phrase, sauf si on n'a pu éviter de faire une phrase longue ou si on entend accorder un traitement minimal à un sous-thème ou encore, si on veut marquer un temps fort ou un tournant du texte. Ainsi, après plusieurs paragraphes exposant chacun, en quelques phrases, une des nombreuses difficultés d'une entreprise, on pourra en placer un très court, du genre : *Décidément, rien ne va plus à tel endroit*. Cette synthèse, dont la brièveté attirera l'attention du lecteur, lui fera saisir le sens de l'énumération précédente.

Si la division en paragraphes répond toujours à une **logique**, en écriture de presse, elle répond aussi à une **métrique**. On doit **varier** autant que possible la longueur des paragraphes, pour créer de la diversité. On doit surtout préférer les paragraphes **courts**, qui donnent une mise en pages plus aérée, plus attrayante, surtout si le texte est monté sur une seule colonne étroite. La règle : une fois monté, le paragraphe formera un bloc en général **plus large que haut**, et jamais il ne sera plus haut que large.

Quiconque sait faire le plan d'une nouvelle pourra adapter les principes de son organisation à d'autres genres rédactionnels, obéissant à des règles de structuration en général plus souples. Voyons donc comment s'organise une nouvelle.

LE PLAN DE LA NOUVELLE

Oublions l'école!

Quelle sorte de plan donner à la nouvelle ? Premier élément de réponse : il ne ressemblera pas à celui d'un travail scolaire ou scientifique ! Dissertations, essais et rapports comportent en principe une introduction, qui pose le problème et annonce ce qui va suivre, un développement ou corps qui expose selon un ordre logique l'argumentation ou les résultats, une conclusion, qui synthétise le tout et tire des leçons, des conclusions ou des pistes de recherche ultérieure.

Dans une nouvelle, **pas d'introduction**. On va droit au fait : quoi de nouveau ? On dit tout de suite ce qu'on a à dire, sans annoncer qu'on va le dire. Au fait ! Au fait !

Pas de conclusion. Le lecteur conclura lui-même, s'il y a lieu. Vous êtes là pour le tenir au courant, pas pour lui dire quoi penser, encore moins pour lui faire la morale.

Pas de transitions élaborées : *Ayant traité de cela, nous allons maintenant...* Le lecteur sait bien que vous venez de traiter de cela, il verra bien que vous abordez ensuite autre chose. Si le *lead* est bien fait, si le plan est logique, de telles transitions n'offrent... qu'une occasion d'abandonner la lecture. Un ou deux mots suffiront. *Le ministre a aussi annoncé..., Quant au chef de l'opposition, il a dénoncé ce..., L'ouragan n'a pas davantage épargné le village voisin de Saint-Ange..., D'autre part, le secrétaire d'État se rendra le mois prochain en URSS...* À vrai dire, sauf exception, on n'a pas à cette étape à se préoccuper des transitions ; réduites au minimum, elles relèvent de la rédaction et non du plan, même détaillé.

Ni essai, ni rapport, la nouvelle, comme son nom anglais *newstory* l'indique, est une sorte de *récit*. Cependant, elle ne suit pas non plus le plan classique du conte ou du récit: ordre chronologique de déroulement des événements, mise en situation et présentation des personnages puis progression vers un point culminant et un dénouement. Habituellement, la nouvelle commence au contraire par... le dénouement. Elle nous apprend tout de suite «comment ça s'est terminé»: les Nordiques ont gagné, trois morts dans un accident, etc. Elle dit l'essentiel d'abord, éliminant le suspense (pour garder le lecteur au poste, il faudra donc compenser par un style qui rende l'«histoire» aussi passionnante que les courts textes de fiction qu'on appelle aussi des *nouvelles*).

Le *lead* et le reste

La nouvelle ne comporte à vrai dire que deux parties principales, d'ampleur inégale:

- un préambule ou **lead**, qui habituellement livre en quelques lignes l'essentiel de l'information (et un maximum d'information);
- le **corps** de l'article, où l'on développe, habituellement dans le même ordre, les points du *lead* en y ajoutant des informations complémentaires. Selon l'ampleur du texte, le corps de l'article peut comporter des divisions et des subdivisions.

Pour les petites nouvelles simples, il y a donc peu de plans acceptables. Pour les nouvelles plus longues et plus complexes, les choses se compliquent un peu. Commençons par les premières, qui vont nous permettre de saisir les principes fondamentaux de la structuration d'une nouvelle.

LA P'TITE NOUVELLE TOUTE SIMPLE

Simple comme une pyramide...

Toute nouvelle répond à six questions fondamentales: **qui, quoi, quand, où, comment, pourquoi?** avec lesquelles on peut circonscrire l'essentiel d'une information quelconque. Les journalistes anglo-saxons les appellent les «cinq W». Elles sont six, comme les mousquetaires étaient quatre: *who, what, when, where, why et how*[2].

Pour illustrer la forme de base de la nouvelle, ces mêmes journalistes utilisent très souvent l'image de la **pyramide inversée**, associée aux six questions fondamentales. Cette figure symbolise le principe premier de l'organisation d'une nouvelle: **la présentation des éléments par ordre décroissant d'importance**.

Dans une nouvelle, on va des informations les plus importantes vers les moins importantes. Le titre livre la quintessence de l'information, le *lead* en donne l'essentiel, les paragraphes suivants apportent des informations valables mais pas indispensables pour qu'on soit au courant de l'événement. Si l'auteur dispose d'assez d'espace, il ajoutera ensuite des éléments simplement utiles ou

---

2. Quintilien les a formulées il y a vingt siècles: *quis, quid, ubi, cur, quomodo, quando*. Il ajoutait *quibus auxiliis* (avec quelles aides), qu'on rattache maintenant au comment ou au qui.

complémentaires, et il pourra terminer avec des détails et des rappels non essentiels à la compréhension de la nouvelle.

Ainsi, le lecteur qui parcourt son journal à toute vapeur ou que le sujet traité laisse froid n'a pas, pour se renseigner, à lire tout le texte. Il peut «décrocher» après quelques lignes ou quelques alinéas et savoir quand même, en gros, de quoi il retourne.

Ainsi – et c'est la deuxième fonction de la règle de l'ordre décroissant d'importance des informations –, la rédaction pourra au besoin raccourcir la nouvelle en quelques secondes; il suffit de supprimer des paragraphes, en commençant par les derniers.

Cette opération s'avère souvent nécessaire: l'espace a été mal évalué, le journaliste a dépassé le nombre de mots demandé, on veut ajouter une photo, une nouvelle de dernière heure vient encore réduire l'espace, etc.

En général, dans les médias de quelque importance, cette tâche échoit non aux auteurs des nouvelles mais au *pupitre*, aux rédacteurs. Ceux-ci relisent et corrigent les textes (en principe) mais ils n'ont ni le temps ni le droit de les

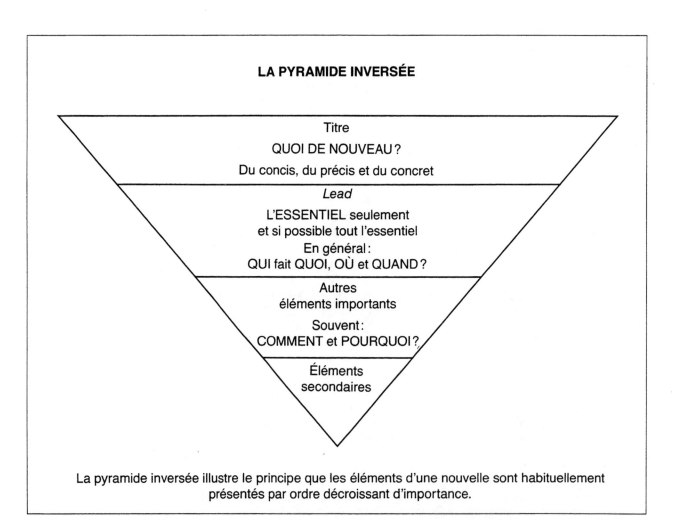

La pyramide inversée illustre le principe que les éléments d'une nouvelle sont habituellement présentés par ordre décroissant d'importance.

récrire[3]. Dans ces conditions, le coup de la pyramide inversée est un coup de génie: il permet au *pupitre*, parfois même aux ateliers, de raccourcir un article en un instant et sans le massacrer (s'il respecte la règle de l'ordre décroissant et celle du *tuyau de poêle*, exposée plus loin).

... mais instable comme une pyramide inversée

Malgré son utilité et sa popularité dans les médias, l'image de la pyramide risque de prêter à confusion. En effet, contrairement à ce que le schéma pourrait laisser croire, les **sections** de la pyramide représentent **le poids relatif** des informations qu'elles contiennent et **non la longueur** des textes concernés. En d'autres termes, elles correspondent à la «qualité» et non à la quantité des informations rapportées. Ainsi, dans le schéma reproduit ci-contre, la plus grande section de la pyramide renvoie au titre de la nouvelle (quelques mots), la deuxième au *lead* (quelques lignes), la plus petite au reste du texte, souvent beaucoup plus long. Si les surfaces étaient proportionnelles au nombre de mots ou de caractères, on pourrait remettre la pyramide solidement sur sa base!

D'autre part, **les six questions** de la pyramide et leur répartition dans les sections peuvent aussi induire en erreur. D'abord, qui et quoi sont souvent les deux questions les plus importantes, et comment et pourquoi, les moins importantes, mais c'est loin d'être là une règle absolue. Chacune des six questions peut à l'occasion dégager l'axe d'une nouvelle et inversement, chacune peut concerner des détails.

- *Le ministre accusé de vol à l'étalage*: qui;
- *L'ouragan du siècle dévaste toute une région*: quoi;
- *Deux jours après sa libération sur parole, il tue un épicier, Élections le 15 novembre*: quand;
- *Vingt centimètres de neige à Québec le 12 mai*: quand;
- *Chute de neige au Sahara*: où;
- *Arrêté pour le vol d'un objet de huit dollars, un adolescent se donne la mort*: pourquoi;
- *Une famille sauvée par son détecteur de fumée*: comment;
- *Des centaines d'agriculteurs acculés à la faillite par la hausse des taux d'intérêt*: comment.

Ensuite, une nouvelle comporte souvent plusieurs qui, plusieurs quoi, etc. Il convient de tous les identifier et de voir lesquels sont centraux, lesquels secondaires. Seuls les premiers apparaîtront dans le titre et dans les premiers alinéas.

Un exemple. Sous le titre «Hains quitte le caucus libéral», *Le Soleil* nous apprenait le 14 février 1987 que ce député (qui) remettait sa démission au

---

3. Au Québec, la plupart des conventions collectives de journalistes stipulent qu'un texte ne peut être modifié de façon significative sans l'accord de son auteur. Or, souvent on ne peut rejoindre ce dernier (quand les rédacteurs sont à l'œuvre, la plupart des reporters ont terminé leur journée de travail), ou il refuse son accord. Si l'auteur ne veut ou ne peut refaire lui-même son texte dans les délais imposés, il faudra omettre sa signature, voire supprimer l'article, ce qui, sauf exception, déplaît à l'auteur et tout autant à l'entreprise. En effet, celle-ci considère (surtout dans nos médias francophones) la signature comme un élément important de marketing (personnalisation de la nouvelle et vedettariat des auteurs) et déteste payer des journalistes à produire des textes inutilisés.

président (qui) du Parti, que le premier ministre (qui) niait avoir exigé ce geste et rappelait qu'un autre député, M. Shanks (qui), finalement acquitté, avait connu les mêmes déboires un an plus tôt. Cette nouvelle mettait donc en scène quatre acteurs – six en incluant le Parti libéral et le ministre de la Justice comme acteurs collectifs. Le nouveau ici, c'est le départ de M. Hains: lui seul figure dans le titre et dans le *lead*. Le lendemain, le nouveau sera la réaction du chef de l'opposition: la nouvelle sera axée sur ce *qui*. La veille, c'était le *pourquoi* de la démission qui apportait nouveauté et intérêt parce que M. Hains faisait l'objet de 66 accusations de fraude, de vol et d'abus de confiance.

Toute comparaison boite. Évitons de trébucher sur la pyramide inversée, et retenons deux choses:

- une nouvelle bien faite présente les informations selon un ordre décroissant d'importance;
- une nouvelle complète répond à six questions: qui et quoi, quand et où, comment et pourquoi, dans cet ordre (s'il ne contrevient pas à la règle précédente).

Modulaire comme un tuyau de poêle

Le *pupitre*, on l'a vu, a souvent à raccourcir des textes. Or tous ne suivent pas l'ordre décroissant d'importance, car la règle ne s'applique pas à tous les genres rédactionnels, ni même à toutes les nouvelles (*cf. infra*). Mais il y a plus: il faut souvent modifier en partie le contenu même des articles. Des informations nouvelles, des détails complémentaires parviennent à la rédaction jusqu'au bouclage. Une donnée présentée au conditionnel est confirmée, une autre qu'on croyait sûre est niée ou rendue suspecte, le bilan des morts s'alourdit de quart d'heure en quart d'heure... Le *pupitre* et même le marbre doivent pouvoir intégrer ces informations rapidement, c'est-à-dire en ne refaisant que la partie du texte qui est directement concernée.

Par conséquent, une nouvelle, et plus généralement tous les articles susceptibles d'être modifiés entre la rédaction et l'impression (ou entre deux éditions), doivent être structurés de façon à permettre des transformations «locales» qui n'affectent pas l'ensemble. Partout dans le texte, on doit pouvoir retirer un morceau (un paragraphe, voire un bloc de quelques alinéas) et lui en substituer un autre, sans retoucher le reste de l'article.

De plus, les éléments documentaires, les rappels d'événements passés liés ou comparables, les détails isolés, doivent pouvoir se placer et se déplacer n'importe où dans la nouvelle quand on l'allonge, la raccourcit, l'ampute d'un bloc ou lui en ajoute un.

Ces exigences touchent davantage les journalistes des agences de presse, dont les clients considèrent les dépêches comme une matière première transformable à leur gré. Mais le journaliste maison n'y échappe pas: la rédaction doit parfois modifier ses textes. De plus, il sait qu'une agence peut à l'occasion reprendre un de ses articles pour le distribuer (sous sa signature à elle), à l'ensemble de ses abonnés[4].

---

4. De tels échanges figurent dans les contrats entre la Presse canadienne et ses clients, qui doivent lui faire parvenir chaque jour, avant telle heure, quelques textes susceptibles de l'intéresser. Cela explique qu'on puisse voir le même jour un même article signé PC dans un journal et coiffé d'une signature maison dans un autre. (Il arrive aussi que des journaux ou des journalistes peu délicats présentent comme un produit maison une dépêche d'agence.)

Bref, les textes de presse s'insèrent dans une production de type industriel, avec division du travail poussée. On doit par conséquent pouvoir les manipuler et les transformer rapidement à divers points de la chaîne de montage journalistique.

L'image du jeu de *meccano* ou celle, plus fréquemment utilisée en journalisme, du **tuyau de poêle** illustre ce mode de construction des textes: on peut supprimer, déplacer ou remplacer une section sans avoir à refaire d'autres parties de l'article.

D'où un autre «tuyau» pour établir un plan: **parties et paragraphes du texte sont établis selon une logique et les paragraphes sont rédigés de façon à être indépendants les uns des autres.**

Voyons ce que ces diverses règles donnent dans la pratique.

QUELQUES EXEMPLES

J'ai choisi pour illustrer ces règles trois petites nouvelles ordinaires du même quotidien, le même jour (*Le Journal de Montréal*, 14 février 1987). Elles racontent des faits divers peu importants ou trop éloignés du public visé pour que ce média en fasse plus grand cas. On remarquera à travers mes commentaires que l'élaboration d'un plan suppose qu'on a déjà sélectionné et hiérarchisé les informations.

Un déraillement   Un déraillement en Nouvelle-Écosse, qui n'entraîne ni conséquence grave ni conflit excitant. Le quotidien de Montréal a estimé que cela ne passionnerait pas son public et y consacre un demi-feuillet en page intérieure, sans photo ni embellissement typographique.

Journal de Montréal, 14 février 1987

Un train du CN déraille

WESTCHESTER, N.-E. (PC) — Vingt-trois wagons d'un train de fret du CN ont déraillé hier matin près de Westchester, en Nouvelle-Écosse, bloquant la circulation ferroviaire entre Moncton et Halifax.

Personne n'a apparemment été blessé dans le déraillement du convoi qui ne transportait pas de matière dangereuse, a indiqué un porte-parole du Canadien National.

De son côté, Via Rail a dû annuler hier après-midi le départ de son train effectuant la liaison Halifax-Montréal. Des autobus ont été mis à la disposition des passagers qui s'apprêtaient à partir.

Le CN ignorait dans l'immédiat combien de temps il faudrait pour dégager la voie ferrée.

Un train du CN déraille

1. *Vingt-trois wagons d'un train de fret du CN ont déraillé hier matin près de Westchester, en Nouvelle-Écosse, bloquant la circulation ferroviaire entre Moncton et Halifax. (Lead)*

Quoi: déraillement. C'est le plus important.
Où et **quand**. Identifient l'événement: nécessaires ici.
Quoi: conséquence = circulation interrompue. Important dans ce cas car beaucoup de gens sont concernés (mais cela deviendrait secondaire si l'accident avait eu des conséquences plus graves, morts ou catastrophe écologique, par exemple).

2. *Personne n'a apparemment été blessé dans le déraillement du convoi qui ne transportait pas de matière dangereuse, a indiqué un porte-parole du Canadien National.*

Précisions importantes sur le **premier quoi** (déraillement): aucun blessé, pas de risque d'explosion ou de pollution (s'il y en avait eu, cela aurait figuré dans le *lead*). **Source** de ces précisions.

3. *De son côté, Via Rail a dû annuler hier après-midi le départ de son train effectuant la liaison Halifax-Montréal. Des autobus ont été mis à la disposition des passagers qui s'apprêtaient à partir.*

D'abord, précision sur le **second quoi**, le blocage de la circulation ferroviaire. Élément assez important, plusieurs personnes pouvant en subir des inconvénients.
Ensuite, **comment** on fait face au blocage. Élément moins percutant, puisque voilà la situation banalisée: les passagers seront transportés à destination.

4. *Le CN ignorait dans l'immédiat combien de temps il faudrait pour dégager la voie ferrée.*

Information faible: une question sans réponse, à propos d'une situation ennuyeuse mais sans danger pour personne.

Cette très banale nouvelle ne fera gagner le Pulitzer à personne, mais elle satisfera et le public et la rédaction, notamment parce que son plan respecte les règles de l'art. Soulignons quelques points de ce plan:

- On va des informations les plus importantes aux moins importantes.
- Le corps reprend les thèmes énoncés dans le *lead* (1), dans le même ordre: déraillement (2), blocage de la voie (3, 4).
- Le lecteur peut s'en tenir au *lead*: il sait l'essentiel, y compris qu'il n'y a ni morts ni blessés, car son habitude de la presse lui apprend qu'en cas contraire cette information figurerait dans le titre et dans les premières lignes du texte.
- Le *pupitre* peut omettre sans inconvénient le dernier alinéa. S'il veut transformer cette courte nouvelle en brève, il peut également supprimer le troisième alinéa et, à la limite, le deuxième.
- Le *pupitre* pourrait aussi, s'il estimait différemment l'importance des éléments, présenter (2), (3) et (4) dans un ordre différent, sans retoucher le texte.
- Le *pupitre* pourrait agir ainsi parce que chaque paragraphe constitue un tout et aborde un sous-thème différent: (2) rien de grave dans cet accident CN / fret, (3) ce qu'il advient des passagers de Via Rail, (4) ignorance quant au dégagement de la voie. Le plan est logique.
- Autre motif pour agir ainsi, l'acteur principal de chaque sous-thème est bien identifié: *un porte-parole du CN, Via Rail, le CN*, et non «il», «ce

dernier», «la société», etc. Les paragraphes sont rédigés de façon à être indépendants les uns des autres.

- Il manque le pourquoi du déraillement et bien d'autres données qui sans doute n'intéressent guère le public de Montréal. Tel n'est pas le cas du public local, dont les médias ont sûrement couvert l'événement plus à fond. D'où le fait que la dépêche PC dont a été tiré cet article était plus complète, mais entièrement «en tuyau de poêle», ce qui a permis au *Journal de Montréal* de cuisiner à sa façon la nouvelle, sans perdre de temps.

Un mort dans une course automobile   La chose se passe à Daytona Beach et concerne le décès d'un seul homme, américain. Forte distance, faible valeur intrinsèque : la nouvelle n'obtiendra qu'un demi-feuillet, en page intérieure. Par contre, une mort violente et une jolie photo de voitures démolies : voilà qui peut présenter de l'intérêt. Le journal raccourcit un texte déjà bref en le composant sans alinéas (les numéros ci-dessous renvoient aux phrases), mais l'accompagne d'une petite photographie et valorise encore le tout en le présentant sur fond tramé, dans un encadré au filet assez gras.

Journal de Montréal, 14 février 1987

À Daytona Beach
Décès d'un pilote

Un conducteur est décédé et un autre s'est blessé sérieusement, hier, lors des qualifications en vue du Daytona 500 qui aura lieu demain. Joe Young, de Richmond, Virginie, (voiture numéro 5) s'est tué dans un accident spectaculaire impliquant six voitures sur la piste du Daytona International Speedway. Selon le docteur Arthur Schwartz, Young est mort sur le coup après avoir subi une fracture du crâne. Il était âgé de 38 ans. Il est devenu le 17ᵉ pilote à mourir sur la piste de Daytona depuis 1959.

Décès d'un pilote à Daytona Beach

1. *Un conducteur est décédé et un autre s'est blessé sérieusement, hier, lors des qualifications en vue du Daytona 500, qui aura lieu demain.* (**Quoi, où, quand**)

2. *Joe Young, de Richmond, Virginie, (voiture numéro 5) s'est tué dans un accident spectaculaire impliquant six voitures sur la piste du Daytona International Speedway.* (**Qui, comment**)

3. *Selon le docteur Arthur Schwartz, Young est mort sur le coup après avoir subi une fracture du crâne.* (Précision sur le **comment**)

4. *Il était âgé de 38 ans.* (Précision sur le **qui**)

5. *Il est devenu le 17ᵉ pilote à mourir sur la piste de Daytona depuis 1959.* (Élément **documentaire**)

- L'ordre décroissant d'importance est respecté, mais on voit qu'il s'établit en fonction du public cible. Comme les lecteurs des pages sportives du *Journal de Montréal* ne connaissent pas M. Young, ce qui importe moins pour eux que les quoi, en l'occurrence la course du lendemain (annoncée dès la première phrase) et un bel accident de course hier : dès la deuxième phrase, on précise que celui-ci fut spectaculaire et a «impliqué» six voitures. Il en irait tout autrement s'il s'agissait de Villeneuve! L'auteur attaquerait alors avec le nom et renverrait tout à la fin, ou aux oubliettes, la course du lendemain. Quant au blessé, même s'il l'est «sérieusement», à cette distance il n'intéresse personne. Mentionné rapidement à la première phrase, pour souligner la gravité de l'accident, il disparaît ensuite sans qu'on apprenne même son nom.
- Les phrases (3) et (4) peuvent être inversées, et (3), (4) et (5) peuvent être omises, sans réécriture. Des phrases courtes et qui ne contiennent qu'une information permettent de donner une structure modulaire, en *tuyau de poêle*, même à une nouvelle aussi brève.
- L'élément documentaire, (5), peut se placer ailleurs dans la nouvelle, par exemple après (2), sans rien déranger, parce qu'il est rédigé de façon à être indépendant des autres parties du corps de la nouvelle. Ce qui n'aurait pas été le cas si l'auteur l'avait inséré en (3), par exemple : *Selon (...), Young, qui est devenu le 17e pilote à mourir sur la piste de Daytona depuis 1959, est mort sur le coup (...).*

Des morts dans un indendie   Cette nouvelle a droit à une bonne page, la trois, et à tout un feuillet: Aylmer n'est pas si loin et l'événement offre de la profondeur psychologique. Par une journée calme pour les médias et s'il s'était produit à Montréal, il aurait pu faire la une du *Journal*. Quoique brève, la nouvelle suit un plan assez complexe car elle comporte deux «histoires» parallèles (la femme et son enfant / le pompier).

Journal de Montréal, 14 février 1987

Une femme et son bébé tués dans un incendie à Aylmer

AYLMER (PC) — Une femme et son bébé ont péri hier dans un incendie qui a lourdement endommagé une maison de six logements, rue Thomas, à Aylmer, en Outaouais.

Les victimes ont été identifiées par la police locale comme étant Mme Darlene Havrot-Lavigne, 26 ans, et sa fillette, Angèle, 11 mois.

Le pompier Jacques Guèvremont, 35 ans, a été terrassé par la fumée en tentant de se porter à leur secours. Sauvé de justesse par ses confrères, il a été transporté à l'hôpital souffrant de brûlures au deuxième degré au visage et aux mains.

Seize autres personnes ont été jetées sur le pavé par cet incendie qui a causé des dégâts évalués provisoirement à $100,000.

Selon un porte-parole de la police d'Aylmer, l'incendie aurait éclaté à l'appartement numéro quatre vers 10h30 hier matin et serait attribuable à une défectuosité électrique. Les victimes habitaient l'appartement six.

Une femme et son bébé tués dans un incendie à Aylmer

1. *Une femme et son bébé ont péri hier dans un incendie qui a lourdement endommagé une maison de six logements, rue Thomas, à Aylmer, en Outaouais.* (*Lead* – **Qui, quoi, quand, comment, où**)

2. *Les victimes ont été identifiées par la police locale comme étant Mme Darlene Havrot-Lavigne, 26 ans, et sa fillette, Angèle, 11 mois.* (Précision du **qui**).

3. *Le pompier Jacques Guèvremont, 35 ans, a été terrassé par la fumée en tentant de se porter à leur secours. Sauvé de justesse par ses confrères, il a été transporté à l'hôpital souffrant de brûlures au deuxième degré au visage et aux mains.*
   (**Qui, quoi, comment** d'un second récit. **Où** et **quand**, déjà connus, ne sont pas répétés.)

4. *Seize autres personnes ont été jetées sur le pavé par cet incendie qui a causé des dégâts évalués à $100 000.* (Retour au premier récit, **quoi**. N. B.: Les gens avant les sous.)

5. *Selon un porte-parole de la police d'Aylmer, l'incendie aurait éclaté à l'appartement numéro quatre vers 10h30 hier matin et serait attribuable à une défectuosité électrique. Les victimes habitaient l'appartement six.*
   (**Pourquoi**. Détails sur **où** et **quand**. **Source**)

   - À la fin du premier paragraphe, le lecteur est au courant: il y a eu incendie à Aylmer hier, une femme et son enfant sont morts. À moins d'en être à son premier contact avec nos médias, le lecteur sait aussi qu'on ne soupçonne pas pour le moment «une main criminelle» (pourquoi), auquel cas le journaliste l'aurait annoncé tout de suite.
   - Le pourquoi est repoussé à la fin car il n'offre guère d'intérêt, à la fois parce qu'il est banal et qu'on ne le connaît pas avec certitude.
   - Les éléments du *lead* – morts, autres conséquences – sont repris dans le même ordre dans le corps de l'article: (2) et (4).
   - S'intercale en (3) le récit parallèle du pompier blessé: moins important que les deux morts, plus important et plus intéressant que les dommages matériels ou même les personnes privées de logement.
   - Pas de transition, en (4), pour revenir au récit principal. Les mots *Seize autres personnes (...) cet incendie* indiquent assez clairement qu'on reprend le second thème du *lead*, les conséquences de l'incendie.
   - Chaque paragraphe correspond à un sous-thème, la nouvelle est bien «en tuyau de poêle».
   - Le *lead* donne des détails (maison de six logements, rue Thomas) qui n'auraient pas leur place si le public du *Journal de Montréal* était purement montréalais; ils peuvent en revanche satisfaire la curiosité des gens de l'Outaouais, où le quotidien est distribué.
   - Même si cela concerne le style et non le plan, notons déjà la lourdeur qu'introduit dans le corps de l'article l'abus du verbe être et de la forme passive: *ont été identifiées... comme étant... a été terrassé... sauvé... a été transporté... ont été jetées...*

LA NOUVELLE PLUS CONSISTANTE

La pyramide multiple

Toutes les nouvelles ne sont pas aussi brèves ni aussi simples que ces trois faits divers. Dans des textes plus élaborés, l'important pour obtenir une nouvelle de forme classique et bien structurée, c'est de **bien identifier les thèmes principaux** – les branches maîtresses de l'arbre qu'on entend présenter au lecteur. C'est sur ces branches maîtresses que s'accrochent les branches secondaires et sur celles-ci, en saison, les boules de Noël et autres colifichets.

Si, en effet, une nouvelle comporte deux ou plusieurs thèmes, pondérer la valeur de chacun des éléments d'information et les présenter selon cet ordre d'importance produirait un chassé-croisé très bizarre. On obtiendrait, par exemple, deux alinéas sur le thème A, un autre sur le thème B, un autre sur le thème C, puis un alinéa sur A, etc. Cela produirait un ramassis inintelligible – un tas de branches et non un arbre.

Pour ne pas aboutir à un tel texte en dents de scie, on appliquera le principe illustré par la pyramide inversée en deux temps : d'abord aux grandes divisions du texte, ensuite, à l'intérieur de ces divisions, aux sous-parties et aux alinéas. On pourrait parler d'une **pyramide multiple** : quelques petites pyramides (schématisant des divisions du texte) s'emboîtent pour en former une grande (schématisant la structure d'ensemble du texte).

La nouvelle de *La Presse* (1er décembre 1986) illustre cette structure ramifiée. L'article accompagne à la une un autre texte, qui fait la manchette, sur la victoire de John Turner, au congrès du Parti libéral du Canada (PLC) la veille.

Le *lead* résume en quelques mots la nouvelle : les trois leaders de la contestation contre M. Turner se rallient à lui. L'essentiel d'une nouvelle qui compte trois feuillets environ se trouve dans ces premières lignes. L'arbre est identifié : les contestataires rentrent dans le rang. Trois branches principales y sont greffées : M. Chrétien se rallie, M. Lalonde se rallie, M. Davey se rallie. Dans cet ordre.

L'auteur a en effet estimé que, pour ses lecteurs québécois, la réaction de M. Chrétien, le plus populaire des trois hommes, compte davantage que celle de M. Lalonde, et celle-ci plus que celle de M. Davey, moins connu et ayant eu moins d'importance dans le Parti libéral. Il les présente donc dans cet ordre dans le *lead* et structure son article en conséquence :

- *Lead* : Ralliements ;
- Corps : A) M. Chrétien (sept alinéas), B) M. Lalonde (trois alinéas), C) M. Davey (un alinéa).

À l'intérieur de chaque partie, l'auteur suit un ordre décroissant d'importance des informations. En A, par exemple :

- trois alinéas expliquent le comment du ralliement de M. Chrétien, objet principal de la nouvelle ; l'auteur rapporte par des citations ou en style indirect des propos de M. Chrétien, ce qui permet a) de concrétiser la

Turner triomphe au congrès

Il obtient la confiance de 76,3 p. cent des délégués

par
de notre bureau d'Ottawa

OTTAWA

John Turner a obtenu le «mandat sans équivoque» qu'il réclamait depuis deux ans: 76,3 p. cent des 2623 délégués libéraux qui se sont prononcés sur leur chef ont voulu régler une fois pour toutes la question du leadership.

«Maintenant, il faut travailler à obtenir un mandat aussi clair de la population canadienne», leur a demandé John Turner soulagé, confiant, et prêt à se battre. «Brian, a-t-il lancé au premier ministre conservateur, je suis prêt à me battre, n'importe quand!»

En 1983 et dans des circonstances semblables, l'ancien premier ministre Joe Clark avait obtenu la confiance de 66,9 p. cent des délégués conservateurs à Winnipeg. Et en 1975, Pierre Trudeau, alors premier ministre, recevait l'appui de 81 p. cent de ses militants. «Une victoire exceptionnelle», admettait immédiatement M. Marc Lalonde devant les caméras de télévision tandis que Jean Chrétien téléphonait à son chef pour le féliciter.

On considérait généralement que si M. Turner franchissait la barre psychologique des 70 p. cent, son lea-

dership serait confirmé jusqu'à la prochaine élection. Même M. Marc Lalonde avait fixé le seuil de la confiance à 65 p. cent.

Pour montrer symboliquement que le parti en avait fini des éminences grises et des tractations de couloir, John Turner avait tenu à apprendre les résultats en même temps que tous les délégués, entouré de son épouse et de ses enfants. «Je vous remercie du fond

VOIR TURNER EN A 2

**SUITE DES INFORMATIONS
EN A 10 ET A 11**

Jean Chrétien, Marc Lalonde et Keith Davey se rallient

par

OTTAWA

La vieille garde du Parti libéral s'est ralliée publiquement, hier, au vote d'appui à John Turner. Tant Jean Chrétien que Marc Lalonde et Keith Davey invitent maintenant les militants à marcher derrière le chef.

«Je suis bien content pour le parti que ce problème-là soit fini. Je suis heureux aussi pour M. Turner et pour moi», a déclaré Jean Chrétien. Il a assisté au vote de sa résidence d'Ottawa et, immédiatement les résultats connus, il téléphonait à John Turner pour le féliciter.

Les partisans ont voulu donner à John Turner la chance de faire une autre élection, d'expliquer son ancien adversaire à la course au leadership de 1984. «Tout le monde va se rallier, il n'y a rien d'autre à faire», prédit M. Chrétien.

Ce dernier se dit soulagé d'un poids et croit que ce concept pourrait aider le chef actuel à devancer Brian Mulroney et Ed Broadbent dans les sondages.

M. Chrétien avait évité toute déclaration partisane au cours de la période précongrès. Pour lui, ne pas dire un mot pendant trois mois fut bien difficile, admet le «p'tit gars de Shawinigan».

Maintenant que John Turner a été confirmé à son poste, l'ancien député de Saint-Maurice a-t-il renoncé à sa carrière politique? «Beaucoup de gens aimeraient que je revienne en politique mais ça ne veut pas dire que je vais le faire», lance-t-il, tout en n'excluant rien.

M. Chrétien refuse de dire s'il a voté pour ou contre la révision. Le fait demeure qu'il a rencontré ses anciens organisateurs de Saint-Maurice à au moins deux reprises au cours du congrès, des organisateurs unanimement favorables à une nouvelle course au leadership.

L'ancien ministre n'hésite pas en revanche à communiquer ses impressions sur les résolutions adoptées au cours du week-end; des résolutions qui, dit-il, le rendent très heureux, y compris celle qui reconnaît une certaine spécificité au Québec, un concept qu'il a toujours combattu lorsqu'il était au cabinet: «Je peux vivre avec ça», déclare-t-il maintenant à propos de la résolution.

VOIR CHRÉTIEN EN A 2

CHRÉTIEN

**Jean Chrétien, Marc Lalonde et
Keith Davey se rallient**

Marc Lalonde, l'ancien préfet de discipline de Pierre Elliott Trudeau, n'a pas non plus mis de temps à se rallier. M. Lalonde avait créé un certain émoi, il y a quelques semaines, en réclamant la révision du leadership de John Turner du fait de sa piètre popularité auprès de la population. «J'espère que mon analyse était erronée», devait-il commenter hier.

En homme de parti, il a immédiatement souscrit à la décision de la majorité. Pas question, pour lui, de suivre M. Turner à la trace dans les sondages comme promet de le faire le révisionniste Jacques Corriveau. «Les délégués ont pris une décision démocratique, on ne va pas revoir ça à tous les six mois», lance M. Lalonde.

Il explique la victoire Turner par une organisation efficace et par les bons discours du leader. «En partant, le système est biaisé en faveur du statu quo, et c'est normal. S'il fallait que le chef parte défavorisé...», explique l'ex-député d'Outremont.

L'un des tout premiers à initier la fronde révisionniste, le sénateur Keith Davey, s'est lui aussi rallié au chef. «Je prends un modeste crédit pour avoir poussé M. Turner à être un peu plus progressiste», a-t-il déclaré hier devant peut-être des millions de téléspectateurs, une écharpe Turner au cou.

nouvelle b) de montrer que la synthèse contenue dans le *lead* (il se rallie) est exacte et fondée;

- le suivant porte sur son passé récent (silence pendant la campagne): c'est moins actuel mais politiquement important, vu le poids de l'homme dans le parti et son rôle préalable dans la contestation du leadership de M. Turner;
- un quatrième alinéa concerne l'avenir politique de M. Chrétien: cela ferait une nouvelle en soi s'il y avait du nouveau et du précis mais ce *peut-être ben qu'oui, peut-être ben qu'non* qui dure depuis des mois offre peu d'intérêt;
- on revient ensuite au passé récent (position pendant la campagne), à une question plusieurs fois posée dans les semaines précédentes et qui demeure sans réponse (donc une information faible);
- et on quitte l'ancien ministre sur ses impressions quant à un sujet parallèle: non plus le ralliement au leader mais des résolutions du congrès.

Chaque paragraphe correspond en gros à un sous-thème, même ceux qui forment un sous-bloc dans la nouvelle. Ainsi, pour les trois alinéas qui suivent le *lead* et précisent la réaction de M. Chrétien: a) bravo à M. Turner, b) sens du vote: unité du parti, c) sens du vote: force du parti face aux autres partis.

À ces sous-thèmes, ces branches secondaires, on peut **raccrocher certains détails**. On retient souvent, en effet, à l'étape de la sélection, des informations mineures, difficiles à placer dans la nouvelle si on les considère isolément. On ne parvient guère à leur trouver un emplacement logique dans le déroulement de la nouvelle ou il faudrait leur accorder un espace qu'elles ne méritent pas. En associant de tels détails à des branches secondaires – bien entendu, point trop n'en faut –, on garde à la nouvelle une structure forte.

Ainsi, l'auteur a relié au thème *force du parti* le fait que M. Chrétien «se dit soulagé». La nouvelle gravite autour de la position des principaux «révisionnistes» à l'issue du congrès et non de leur état d'âme. De plus, s'il contribue à rendre la nouvelle plus vivante, ce sentiment n'a guère de valeur journalistique. Plutôt que d'en faire une branche, de lui consacrer (où?) un alinéa faiblard, on traite cette information comme une boule de Noël et on la suspend à une branche secondaire.

La nouvelle composite

L'article sur le ralliement à M. Turner est un peu plus élaboré que les trois précédents, et un tantinet plus complexe, puisqu'il réunit trois nouvelles. Cependant, il n'y a pas de quoi se faire du mouron: les trois nouvelles étant proches parentes, le plan s'impose de lui-même.

L'écriture journalistique n'est pas toujours aussi simple. Quand on demande au journaliste «dix feuillets sur le congrès du PLC», les choses se corsent pour lui. Il va devoir traiter de choses fort disparates – par exemple les votes, les résolutions, les interventions de différents acteurs sur des sujets variés, les festivités, les rappels d'événements passés, etc. Comment alors éviter le fourre-tout, le ramassis? Et comment donner au texte le minimum d'**unité** qui s'impose?

Dans le cas d'un congrès du PLC, le journaliste canadien pourra se simplifier la vie tout bêtement en multipliant les nouvelles. Son agence ou son média réservent à un tel événement beaucoup d'espace. Il a donc tout loisir de répartir sa matière en deux, trois ou quatre articles, que la rédaction reliera par les renvois et la mise en pages. Chaque nouvelle racontera alors une seule «histoire», et l'unité du texte viendra tout naturellement.

Le journaliste pourra même varier le style d'un papier à l'autre: factuel et direct pour une nouvelle «dure», plus personnel pour une description d'ambiance et de tendances, un brin humoristique pour les festivités à majorettes. De telles variations stylistiques, qui seraient inacceptables à l'intérieur d'un article plus long, stimulent l'intérêt du lecteur. D'autre part, celui-ci s'attaque plus volontiers à deux ou à plusieurs courtes nouvelles, bien aérées par la mise en pages, qu'à un unique gros pavé. En principe donc, si **on a deux ou plusieurs nouvelles sur un même sujet, on fait deux ou plusieurs articles**, ce qui arrange à la fois l'auteur et le lecteur. Souvent d'ailleurs la rédaction fait à l'avance cette division, en affectant des journalistes différents à la couverture des diverses facettes d'un même événement.

Cette élégante solution n'est pas toujours suffisante. Il y a des limites au fractionnement et, pour les «gros» événements, même les articles partiels

À propos d'un même événement, deux articles associés par la mise en pages plutôt qu'un seul. Ainsi valorise-t-on le second thème, la réaction de l'opposition. De plus, on allège chacun des textes et on fait valoir deux signatures.

Le Devoir, 14 février 1987

Ottawa déclenche le grand débat sur la peine de mort

par

OTTAWA — Le gouvernement conservateur a posé hier le premier jalon pour la tenue d'un vote libre des députés sur le rétablissement de la peine de mort. Respectant ainsi une promesse électorale de Brian Mulroney, le vice-premier ministre Don Mazankowski a déposé aux Communes un avis de motion en ce sens.

L'opposition a vivement réagi. Le libéral Bob Kaplan s'est dit inquiet de voir ce débat soulevé au moment où le gouvernement connaît une crise de crédibilité face à la population. C'est le geste d'un gouvernement coincé dans « le couloir de la mort ».

Le chef néo-démocrate Ed Broadbent y voit un écran de fumée et entend bien s'opposer à cette motion. Le whip libéral Jean-Robert Gauthier, fondamentalement contre la peine capitale, critique le moment choisi pour présenter la motion. « C'est utiliser une question morale et émotive pour des raisons politiques et c'est très dangereux », a-t-il confié.

De toute façon, il y a encore loin de la coupe aux lèvres pour les tenants de la peine capitale car la proposition conservatrice prévoit une approche étapiste qui pourrait s'étendre sur plus d'un an. Certains disent jusqu'à 18 mois, soit à la veille

Voir page A-12 : Ottawa

C'est une diversion ! s'écrie John Turner

par

QUEBEC — Le gouvernement Mulroney tente une diversion en lançant à ce moment-ci le débat sur le rétablissement de la peine de mort, estime John Turner qui qualifie le procédé de tout à fait inopportun.

En visite dans la Vieille capitale, le chef du Parti libéral du Canada a ainsi condamné hier l'attitude du gouvernement « qui doit être déses-

péré pour agir ainsi », a-t-il dit.

M. Turner a fait ce commentaire hier après-midi à l'issue d'une rencontre de plus d'une heure avec le premier ministre libéral Robert Bourassa.

Le gouvernement Mulroney a pris l'opposition complètement par surprise : il n'y a eu aucune consultation préalable, a précisé M. Turner. L'échéancier du gouvernement a été précipité par la série de scandales

Voir page A-12 : Diversion

Les négociations constitutionnelles, le libre-échange et la peine de mort ont été au centre de la rencontre entre Robert Bourassa et le chef libéral fédéral, John Turner, hier à Québec.

Photo PC

peuvent être très chargés. De plus, cette solution ne s'applique pas toujours. Afin de satisfaire tous les médias clients, le journaliste d'agence doit fournir sur le congrès du PLC à la fois des nouvelles thématiques et un texte de synthèse. Le journaliste maison peut aussi avoir à produire une seule nouvelle du genre costaud. C'est souvent pour économiser l'espace – la nouvelle unique réduit la surface de titraille et de blanc –, ou alors, c'est une question de tradition. Certains médias estiment que les textes longs rebutent le public, d'autres, comme *Le Devoir*, considèrent que pour des événements importants ils sont tout à fait de mise (en pages).

Comment alors donner unité et lisibilité à une nouvelle composite? On n'y arrivera qu'en adoptant un **angle**, un axe, un fil directeur, qui introduit une certaine logique dans la présentation des informations et notamment dans les subdivisions principales du texte.

En fait, toute nouvelle bien faite a un angle, sinon elle pécherait par manque d'unité. Pour les événements simples, il s'impose de lui-même, tel l'angle «ralliements» de tout à l'heure. Pour les événements complexes et composites, il requiert un peu plus de réflexion et d'invention.

Selon les informations à transmettre, on pourra par exemple, pour la nouvelle sur le congrès du PLC, choisir l'angle «Turner» et organiser le corps de la nouvelle en deux parties, les éléments favorables et les éléments défavorables au chef, ou privilégier l'axe «position des ténors du parti». Le corps du texte est alors structuré soit autour des personnes en question (présentées selon leur ordre d'importance, évidemment!), soit autour des principaux sujets sur lesquels elles ont pris position, ou encore par rapport à la division entre pro-Turner et anti-Turner, etc. Il peut même arriver que l'angle soit fourni par la chronologie des événements, par exemple s'il s'agit d'une journée fertile en rebondissements et en suspense. Pareil article ne pourrait être qu'un complément à un ou à plusieurs autres textes de facture plus conventionnelle.

L'essentiel, c'est de trouver un angle, et un angle adapté aux informations à transmettre. Ainsi on évitera l'axe délégués anglophones contre francophones s'il ne correspond pas à un clivage réel dans les faits rapportés, si par exemple les conflits les plus forts opposent les provinces de l'Ouest à l'Ontario, la vieille garde aux jeunes loups, et non les francophones aux anglophones.

Judicieusement choisi, l'angle permettra de regrouper les informations selon quelques catégories maîtresses plutôt que de les présenter dans un ordre aléatoire, forcément déroutant pour le lecteur. S'il reste quelques broutilles ou clopinettes qui n'entrent pas dans les cases ainsi construites, rien ne s'oppose alors à ce qu'on les regroupe à la fin dans une case «autres».

Et s'il n'y a guère de rapport entre les diverses informations d'une même nouvelle? En trouvant quand même un angle, on introduira des liens entre les informations. Si ténus soient-ils, le lecteur aura l'impression de suivre un déroulement logique et non de plonger dans un fouillis.

Il ne faut pas oublier le fil directeur en cours de route! Supposons que vous ayiez à écrire un papier sur les activités du premier ministre ces jours-ci, et qu'il y a là-dedans à boire et à manger pour une tribu, et de toutes les cuisines. Supposons également que tout cela tombe à l'improviste sur M. Mulroney, qui avait plutôt prévu quelques jours de repos. Voilà un angle possible: beaucoup de pain sur la planche plutôt que des vacances. Vous attaquez alors avec quelque chose comme *Le premier ministre annule ses vacances en Floride et affronte une semaine surchargée à Ottawa*. Vous reprendrez ce thème en guise de transition ici et là (pas toutes les trois lignes!): *Au lieu de se la couler douce à Miami...,* *Plage et golf sont d'autant plus loin que...* Il faudra aussi y revenir (brièvement, concisément) dans la chute de l'article. Autrement dit, quand on entraîne son lecteur sur une telle voie, on ne l'abandonne pas en chemin.

La nouvelle disparate

Les activités d'une même personne à un certain moment, cela présente quand même un minimum d'unité. Mais si vous devez réunir, dans un même article, des informations si disparates que vous ne leur trouvez aucun angle unificateur?

Une dépêche de l'AFP sur l'Afrique du Sud reprise par *Le Devoir* (4 avril 1986) illustre bien ce cas. On y trouve une bonne vingtaine d'acteurs individuels ou collectifs, une flopée de quoi, un «sujet» passe-partout: l'actualité relative à ce pays. Sans un plan, et un plan détaillé jusqu'au paragraphe, cette nouvelle serait un fouillis. Pourtant, elle prouve bien qu'il est possible d'obtenir un texte clair et structuré, bref lisible, même avec une matière première hétéroclite, à la condition de se donner des principes de présentation des informations (le nouveau d'abord, ordre décroissant d'importance), et de construire des cases où ranger les données parentes.

Ici, le journaliste s'en est tiré en appliquant le principe de la pyramide multiple. L'auteur a posé trois «sous-pyramides», cases ou thèmes principaux: bannissement de Mme Mandela, réactions à l'appel de Mgr Tutu, autres incidents relatifs à l'apartheid.

Cela fait, l'auteur n'avait plus qu'à répartir ses informations dans les trois cases – en fait, dans le cas présent, à rédiger trois nouvelles qui s'enchaînent et qui chacune respecte les principes de la pyramide inversée et du tuyau de poêle, comme la structure d'ensemble le fait. Pas de *lead* synthèse, la matière est trop disparate. Il attaque simplement avec l'essentiel de la première nouvelle.

A. Bannissement

Le nouveau:
A.1 Pas levé, selon la police (l'essentiel)
A.2 Seulement réexaminé, selon le ministre ⎫ précisions
A.3 Rien de changé, selon le procureur public ⎭ sur A.1

Rappels explicatifs:
A.4 On avait la veille annoncé le contraire.
A.5 Ce pourquoi Mme Mandela était revenue à Soweto.

B. Réactions à l'appel de Mgr Tutu

Le nouveau: synthèse
B.1 Réactions globales: Noirs pour, Blancs contre

Rappel explicatif:
B.2 Mgr Tutu s'est prononcé récemment en faveur des sanctions.

Le nouveau: détails
B.3 Réactions: Sud-Africains blancs
B.4 Réactions: partis et syndicats noirs   (synthèse)
B.5   • congrès des syndicats   (détail)

Cette très ordinaire dépêche AFP illustre bien certaines règles fondamentales à l'écriture d'une nouvelle (article de journal ou dépêche).
- Dire ce qu'on a à dire sans annoncer qu'on va le dire: au fait!
- Une nouvelle est un arbre et non un tas de branches: un plan!
- Le nouveau (la nouvelle) d'abord, avant les éléments de contexte et de rappel: ordre de présentation des informations!
- Logique de la division en paragraphes et indépendance des paragraphes: plan détaillé!

AFRIQUE DU SUD

Le « bannissement » de Winnie Mandela encore en vigueur

A

1 JOHANNESBURG (AFP) — La mesure de «bannissement» interdisant à Mme Winnie Mandela de séjourner à Johannesburg et à Soweto n'a pas été levée, a déclaré hier un porte-parole de la police sud-africaine, démentant ainsi l'information annoncée la veille par un avocat de Mme Mandela.

2 Cette mesure de «bannissement», prise l'an dernier contre l'épouse du dirigeant historique du Congrès national africain (ANC), M. Nelson Mandela, est simplement réexaminée par le ministre de la Loi et de l'Ordre, M. Louis Le Grange, a ajouté le porte-parole.

3 Le procureur chargé du dossier de Mme Mandela a pour sa part déclaré qu'à sa connaissance, la mesure de «bannissement» était toujours en vigueur et que l'appel interjeté par ses avocats était toujours en suspens.

4 Mercredi, rappelle-t-on, un avocat de Mme Mandela, Me Ismael Ayob, avait déclaré que M. Le Grange avait décidé de mettre un terme à cette mesure de «bannissement» après que la Cour suprême de Port-Elizabeth eut annulé une mesure similaire prise à l'encontre de deux militants anti-apartheid de la province du Cap.

5 Mme Mandela est retournée mercredi à son domicile de Soweto, l'immence cité noire aux portes de Johannesburg, aussitôt après qu'un avocat lui eut annoncé la levée de son «bannissement».

1 Quant à l'appel de l'évêque anglican Desmond Tutu en faveur de sanctions économiques contre Pretoria, il a été bien accueilli hier dans la communauté noire mais a fait l'objet de vives critiques de la part des Blancs.

2 Lors d'une conférence de presse à Johannesburg, le lauréat du prix Nobel de la paix 1984 avait expliqué qu'il n'avait plus aucun espoir de voir le système d'apartheid démantelé et avait demandé à la communauté internationale d'aider, par l'application de sanctions économiques, les opposants à l'apartheid à édifier «une nouvelle Afrique du Sud, non raciale, démocratique et juste».

B

3 La plupart des Sud-Africains blancs ont condamné l'initiative de Mgr Tutu. Même Mme Helen Suzman, du Parti fédéral progressiste (PFP, opposition libérale blanche), s'est prononcée contre les sanctions en raison des conséquences qu'elles auraient pour les Noirs dans le domaine du travail.

4 Cependant, plusieurs organisations politiques ou syndicales noires ont rejeté cet argument.

5 Le Congrès des syndicats sud-africains (COSATU), qui revendique près de 500 000 membres, a estimé que les sanctions étaient la seule arme susceptible d'entraîner des changements dans le système d'apartheid.

6 Un porte-parole du Front démocratique uni (UDF), le plus important mouvement légal d'opposition, a affirmé que les sanctions constituaient «l'une des dernières options restant aux personnes qui souhaitent un changement pacifique».

7 À l'étranger, le gouvernement britannique a rejeté hier les appels de Mgr Tutu.

C

1 Par ailleurs, deux Noirs ont été tués hier par la police dans la cité noire de Vosloorus (50 km au sud-est de Johannesburg), qui était soumise à un virtuel état de siège à l'occasion des obsèques d'un militant de l'ANC, a annoncé la police.

2 Selon des habitants de la cité, quatre personnes au moins ont été abattues par les forces de sécurité et une autre a été hospitalisée dans un état grave.

3 Enfin, 29 personnes au moins ont été blessées et 91 autres arrêtées, hier à l'université de Californie à Berkeley, lors d'affrontements survenus entre la police et des étudiants qui protestaient contre l'apartheid, ont annoncé les autorités locales.

B.6   • principal parti   (détail)
B.7   Réactions : en Grande-Bretagne

C.   Autres incidents

     C.1   À Vosloorus, version de la police
     C.2   À Vosloorus, selon des habitants
     C.3   À Berkeley

Les trois thèmes apparaissent par ordre décroissant d'importance (pyramide principale). En effet :

- Mme Mandela avant les réactions à l'appel de Mgr Tutu car les informations sur ce dernier point sont moins *pointues*, moins précisément datées et éparpillées entre plusieurs acteurs ;
- Les incidents en C sont monnaie courante et ne concernent que quelques inconnus – peu de nouveauté, de signification et d'intérêt sur le plan international : à la fin. (Les médias locaux, ceux de Johannesburg et de Berkeley, vont au contraire traiter ces événements comme de la «grosse nouvelle» : proximité, profondeur et signification pour leur public).

Notons qu'il n'y a pas d'introduction (au fait !), pas de conclusion, et que même le passage d'une «sous-nouvelle» à l'autre se ramène à deux mots : *Quant à l'appel de l'évêque anglican...*, *Par ailleurs, deux Noirs ont été tués...*

D'AUTRES PLANS

On l'a déjà souligné : il n'y a pas de lois de l'écriture de presse, seulement des modèles et des principes directeurs, à appliquer avec souplesse et discernement. Il est vrai que la pyramide inversée représente la forme type de la nouvelle de base. Vrai aussi que sa maîtrise s'impose comme une exigence minimale du travail journalistique. Ceci dit, répétition et standardisation engendrent la monotonie. D'autre part, cette structure ne convient pas à tous les articles, ni même à toutes les nouvelles. On a vu, par exemple, qu'une nouvelle multiple requiert un réaménagement de la pyramide.

On songera donc à d'autres façons de structurer la nouvelle. Lesquelles ? Et quand cela est-il indiqué ? En ce qui concerne le *hard news*, je ne vois guère que trois cas où une certaine fantaisie déviationniste paraît acceptable : les nouvelles qui se prêtent à un plan semi-chronologique, les nouvelles à *lead* «déviant», les nouvelles longues.

Le plan semi-chronologique

La présentation des événements par ordre **chronologique** plutôt que par ordre d'importance nous éloigne radicalement du modèle pyramidal. Mal adapté à son sujet, ce plan facile peut engendrer l'ennui et frustrer le lecteur qui doit tout lire pour avoir le fin mot de l'histoire. On le réservera donc aux «histoires» à suspense, fertiles en rebondissements et dépourvues de temps morts, et au *soft news*.

Plus fréquent est le plan qu'on pourrait appeler «**semi-chronologique**». Souvent le *lead* ou les premiers alinéas d'une histoire simple, comme un petit fait divers, donnent l'essentiel de la nouvelle, ne laissant que des éléments secondaires entre lesquels il est difficile d'établir une hiérarchie. La façon la plus captivante d'organiser la suite du texte, ou la majeure partie de cette suite, peut consister alors à reprendre le récit des événements selon leur déroulement temporel. Une nouvelle du *Journal de Montréal* illustre ce type de plan.

Le Journal de Montréal, 14 février 1987

Meurtre crapuleux à Chicoutimi

Pendant un hold-up, une jeune fille de 17 ans abat froidement un épicier de quatre balles

QUÉBEC — Un épicier de Chicoutimi a été tué de quatre coups de feu, à 14 h 15 hier, par une jeune fille de 17 ans et un homme qui étaient venus le cambrioler. M. Léon Bélanger, 56 ans, a été assassiné sous les yeux de sa femme, que les suspects avaient menottée.

Le meurtre s'est produit dans la résidence privée de la victime, située au 216, Thomas Dupéré, à proximité de son commerce.

En arrivant chez l'épicier, les malfaiteurs ont menotté l'épouse de M. Bélanger et auraient réclamé l'argent, ce qu'aurait refusé ce dernier.

C'est alors que la jeune fille aurait tiré de sang-froid en direction de M. Bélanger, l'atteignant à quatre reprises à l'abdomen.

Pendant ce temps, la voisine du couple, qui avait entendu du bruit, a averti le fils du quinquagénaire, M. Michel Bélanger.

Ce dernier, qui habite tout près, est parti en vitesse, en prenant soin d'apporter un couteau. En arrivant sur les lieux, il aurait croisé les deux voleurs qui tentaient de s'enfuir en compagnie de trois autres acolytes.

Une lutte aurait suivi entre le fils du commerçant et la jeune fille, qui est une résidante de La Baie.

Celle-ci, dont l'identité ne peut être révélée à cause de son jeune âge, a été blessée de coups de couteau au thorax et au bras et a été conduite à l'hôpital de Chicoutimi. Elle devait être opérée, tard hier soir ou durant la nuit.

Immédiatement après le crime, les policiers de la Sûreté municipale de Chicoutimi ont arrêté un des suspects. Quelques heures plus tard, un deuxième homme était appréhendé.

Deux des complices étaient toujours au large en fin de soirée, mais la police était confiante de les arrêter, puisque leur identité est connue.

Tous les suspects, sauf la fille, sont âgés entre 20 et 30 ans.

C'est l'agent Michel Gagnon, de la Sûreté municipale de Chicoutimi, qui est responsable de l'enquête. Il est assisté des agents Ghislain Boivin et Claude Aubé.

À deux paragraphes qui synthétisent l'information succèdent neuf alinéas. Ceux-ci détaillent l'événement selon l'ordre chronologique; les deux derniers sont consacrés à des informations secondaires (secondaires par rapport au meurtre, objet central de la nouvelle). Malgré un style assez plat, parfois même incorrect («âgés *entre* 20 et 30 ans»), cette combinaison du principe de l'ordre décroissant des informations et du récit classique donne un article qui garde le lecteur en haleine jusqu'au bout.

La nouvelle à *lead* «déviant»

Un *lead* conventionnel, on le verra, livre d'emblée les informations les plus importantes. Il arrive toutefois que le journaliste attaque, tout à fait légitimement, avec un élément de nature à piquer la curiosité du lecteur plutôt qu'à la satisfaire, tel un proverbe, une citation, une question.

Comme le *lead*, si bref soit-il, constitue une des deux parties principales de la nouvelle, on peut voir là une infraction majeure à la règle de la pyramide inversée. Pour le reste cependant, une fois l'attaque posée, la plupart de ces textes reviennent au schéma de l'ordre décroissant d'importance des informations.

Ainsi, un article, qui s'ouvre sur un constat devinette du genre *Les terrains en Floride sont parfois des châteaux en Espagne*, suivra ensuite un cheminement très classique. Par exemple (évidemment d'autres plans «pyramidaux» sont possibles):

- douze hommes d'affaires de Québec victimes d'une escroquerie, dans une affaire de terrains en Floride, ces derniers jours (qui, quoi, où et quand);
- sommes en jeu (quoi);
- les escrocs (2e qui);
- le procédé utilisé (comment);
- nature et lieu des terrains vendus (quoi et détail);
- impressions, ferme propos, etc. de quelques escroqués (détails);
- liste des autres victimes (détail, si aucune n'est connue);
- les victimes ont porté plainte (ouverture sur la suite des événements).

En général, si on ne reprend pas après l'attaque l'ordre décroissant d'importance, c'est qu'on a choisi le plan chronologique – et qu'on œuvre dans le *soft news*. Ainsi,

— *les constructeurs de la route XXX n'ont pas prévu qu'elle pourrait servir de piste d'atterrissage pour Boeing 747. Ni M. Jean Létonné, un plombier de Chouette-la-vie, qui partait ce jour-là en vacances.*

— *M. Létonné roulait tout doucement hier, chantant à gorge déployée pour accompagner une radio poussée à fond, lorsqu'il entendit un bruit de moteur assez fort pour couvrir ce joyeux vacarme.*

— *Levant les yeux, il s'aperçut alors qu'on le doublait... à la verticale! À trois ou quatre mètres à peine au-dessus de sa voiture... Etc.*

Si cette nouvelle peut s'écarter si franchement de l'ordre pyramidal, c'est que, bien qu'elle soit précisément datée, elle relève du *soft news*, du *feature*, du «pittoresque», dirait Bernard Voyenne. C'est surtout l'incongruité de l'événement qui lui confère son attrait journalistique.

Son plan, qui adopte la forme du récit classique (et s'accompagne d'un style léger), serait du plus mauvais goût si l'histoire s'était terminée en tragédie. Dans ce cas, il aurait fallu choisir un *lead*, un plan et un style plus conservateurs: *Tant de personnes ont été tuées hier lorsqu'un 747 d'Air Canada a tenté un atterrissage forcé sur la route de...* On préciserait ensuite l'identité des victimes (*surtout des Montréalais revenant d'un voyage en...*), puis la cause présumée de l'accident, avant de reprendre toute l'histoire en détail: dernières minutes du vol selon la tour de contrôle et divers témoins, déclarations des dirigeants d'Air Canada et de divers personnages publics, ouverture d'une enquête, rappels d'accidents d'avion survenus dans les dernières années, etc.

On voit par cet exemple que, si un *lead déviant* peut coiffer tous les types de nouvelle, le plan chronologique ne convient guère au *hard news*, qui appelle

L'achat de Télé-Métropole

L'offre de Vidéotron a semblé séduire le président du CRTC

par

1 Vidéotron a tenté de convaincre le CRTC durant toute la journée d'hier que son « mariage » avec Télé-Métropole pouvait donner de beaux enfants.

2 C'est la deuxième fois cette année que CFTM se présente devant l'organisme de contrôle gouvernemental pour faire approuver une offre d'achat. Au printemps dernier Power Corporation s'était vu refusé par le CRTC la possibilité d'acheter Télé-Métropole, pour ne pas avoir prouvé que c'était vraiment dans l'intérêt public.

3 Dans son discours préliminaire le président du CRTC, André Bureau, a d'ailleurs mentionné que le requérant devait prouver que le transfert de propriété proposé entraînerait des avantages significatifs et sans équivoque pour la collectivié.

4 Alors qu'aux audiences de mars dernier André Bureau avait lancé devant les responsables de Power Corporation qu'il avait « rarement vu des engagements aussi vagues », le président du CRTC a publiquement déclaré hier à quelques reprises qu'il « reconnaissait que le projet de Vidéotron est attrayant et a de bonnes idées ».

5 À l'appui de sa demande hier le président de Vidéotron, André Chagnon, a principalement invoqué de nouveaux investissements technologiques, la création d'un secteur « recherche et développement » dynamique, et l'augmentation du contenu canadien par la création de nouvelles émissions qui viendraient occuper des créneaux précis. « Il nous faut attirer des partenaires étrangers en étant plus imaginatifs dans la programmation », a-t-il ajouté. Vidéotron promet d'investir $ 20 millions 500 dans de nouveaux programmes d'opération et $ 10

millions dans de nouvelles immobilisations. La valeur globale de la transaction s'élèverait à $134,148,040, surtout financé par un appel public (voir autre texte en section économique).

6 André Chagnon a fermement promis hier « qu'aucune intégration verticale » n'aurait lieu entre les deux compagnies, contrant d'avance les accusations de concentration de propriété, et annonçant la création d'un comité de contrôle qui recueillerait les éventuelles plaintes du public.

7 Et le président de Vidéotron a prudemment laissé entendre que l'achat de TM pouvait ouvrir de très intéressantes perspectives au niveau international, mais s'est engagé à ce que le développement de Vidéotron en France suscite avant tout des retombées au Québec. « CFTM est une entreprise gagnante qui peut nous ouvrir des portes», a-t-il déclaré devant le CRTC. « Cet achat nous permet de relever de nouveaux défis »

8 Comment se traduiront tous ces objectifs concrètement ? D'abord par la création d'un secteur de recherche et développement en programmation. Vidéotron parle de cette nouvelle structure comme d'une « innovation qui ne manquera pas d'influencer en profondeur l'évolution de Télé-Métropole ». Dirigé par un vice-président à la « R & D » relevant directement de la présidence, ce secteur verrait à accueillir les nouvelles idées, à attirer des jeunes écrivains en leur proposant un apprentissage professionnel, à accroître le nombre de scripteurs et de scénaristes formés aux exigences de la télévision, à anticiper l'évolution des goûts de la clientèle, etc. Andre Chagnon croit fermement que ce secteur puisse créer une dynamique nouvelle à l'intérieur de TM, et il entend donner au futur « vice-président de la R & D » un agenda très chargé, qui passe autant par le développe-

Photo CP

André Chagnon

ment d'une structure d'accueil pour les producteurs ou les auteurs que par la coordination des recherches sur l'auditoire.

9 CFTM accorde actuellement $ 250,000 à la R & D, et Vidéotron y ajouterait $ 200,000 à chaque année d'ici 1992, investissant $ 1 million dans ce secteur en cinq ans.

10 Le part de contenu canadien à Télé-Métropole est actuellement autour de 60 %. Vidéotron veut l'augmenter à 63 %, et augmenter la production locale de 61 heures semaine à 69 heures.

11 Pour ce qui est du secteur de l'information et des affaires publiques, Vidéotron veut d'abord ouvrir un nouveau créneau : le matin de 7 heures 30 à 9 heures CFTM présenterait *Matin-Montréal*, une grande émission d'information « d'un ton détendu », qui veut contrer l'attrait de certaines émissions américaines à cette heure matinale. Un ajout de sept heures et demie de temps d'antenne par semaine, au coût annuel de

SUITES DE LA PREMIÈRE PAGE

◆ Vidéotron

$1,6 millions. Mis à part cette nouvelle émission Vidéotron n'entend pas engager de nouveaux journalistes. Ses promesses dans le secteur de l'information sont plutôt d'ordre technologique.

12 Vidéotron, qui se targue être à la fine pointe des développements technologiques, entend en effet consacrer d'ici 1992 plus de 10 millions de dollars à l'amélioration de l'équipement actuel. On remarque, entre autre, l'informatisation complète de la salle des nouvelles ($ 200,000), l'utilisation de nouvelles sources de documentation écrite et audio-visuelle (qui sont demeurées vagues hier), et une impressionnante panoplie de nouveau matériel et d'améliorations techniques tels graphisme électronique, salle de pré-enregistrement, diffusion en stéréophonie, amélioration du car de reportage et son remplacement d'ici six ans, magnétoscopes numériques, téléciné 16/35 mm à haute définition, etc.

13 Aux audiences de mars dernier, Power Corporation avait plutôt parlé de doter TM « d'une véritable politique d'information garantissant la liberté professionnelle des journalistes », et de commander une étude sur les besoins de la station dans le domaine des affaires publiques.

14 Par ailleurs, Vidéotron promet d'investir en cinq ans $ 19,5 millions dans la production indépendante (TM prévoyait dépenser $600,000 en 86-87 chez les producteurs indépendants). Cette somme, provenant du budget de programmation, ferait augmenter la part des indépendants à TM de 1,3 % cette année à 10 % en 1992.

15 Pour ce qui est de l'ensemble de la programmation Vidéotron, tout en respectant la programmation actuelle, propose plusieurs changements. D'abord la création de MUSICART, un concours provincial qui veut « relancer » et « développer » l'industrie de la musique francophone en encourageant les auteurs-compositeurs-interprètes à se produire sur les ondes. Ce concours se terminerait à chaque année par la distribution de $ 100,000 en bourses, et par le don aux gagnants de 500 heures de studio pour l'enregistrement d'un disque, ainsi que la production d'un vidéo-clip. Le budget de ce concours annuel serait de $ 1,670,000, soit $9 millions en cinq ans, dont $ 6 millions d'argent neuf. Vidéotron tente actuellement d'impliquer l'organisme MusicAction dans le concours.

16 Vidéotron entend également créer un magazine de type affaires publiques pour enfants, *Zip-Zap*, avec nouvelles, jeux, dossiers, dessins d'enfants, etc, « pour amener les jeunes téléspectateurs à mieux comprendre les tenants et aboutissements de l'actualité ». Confiée au secteur indépendant, ce magazine nouveau genre entraînerait des dépenses de $ 3 millions en cinq ans.

17 De la même façon, Vidéotron veut créer une émission en *prime time* destinée aux jeunes et à l'esprit d'entreprise.

18 Par ailleurs, Vidéotron entend augmenter le pourcentage d'émissions doublées au Canada de 4,7 % à ce qu'il est actuellement à 18 % en 1992, une augmentation encore timide compte tenu que l'industrie canadienne du doublage accuse très fortement le contrecoup de la mainmise des maisons françaises dans le domaine. Vidéotron veut également augmenter le pourcentage d'émissions sous-titrées pour malentendants de 4 heures et demi à 8 heures et demi, ce qui a fait dire au président du CRTC André Bureau que c'était encore peu.

19 En fin de journée, le président de Vidéotron a dû faire face à un feu nourri de questions de la part du commissaire Louis Sherman concernant la « propriété mixte des médias » qui avait fait tant couler d'encre aux audiences du printemps. André Chagnon a répété sans cesse que Vidéotron et Télé-Métropole étaient deux entreprises distinctes et autonomes. « Ce sont deux mondes complètement séparés, il n'y a aucun intérêt à intégrer les deux entreprises », disait-il. Selon lui, le Québec aurait tout à gagner à une telle association puisque « seule une entreprise d'envergure peut accéder à des partenariats internationaux dans le secteur de la radiodiffusion ».

20 Pour rassurer le public et le CRTC, Vidéotron avait d'ailleurs prévu la création d'un « Comité de contrôle et d'équité externe » dont le mandat serait de recevoir toute plainte ayant trait à l'accès à son système de télédistribution. Ce comité instituerait enquête et ferait recommandation écrite au C.A. de Vidéotron, avec copie au CRTC. André Chagnon annonçait déjà hier que le comité serait formé de Jean Baillargeon, ex-secrétaire général du Conseil de Presse, Louise Martin, avocate, et Laurent Picard, professeur à McGill et ex-président de Radio-Canada, par ailleurs pressenti pour faire partie du nouveau C.A. de Télé-Métropole.

21 André Chagnon deviendrait d'ailleurs président du conseil d'administration de TM, Roland Giguère (l'actuel président) serait vice-président, et les gestionnaires actuels constitueraient la base de l'équipe de gestion. Aux cinq administrateurs actuels du C.A. de CFTM Vidéotron en amèneraait six autres: Colette Chabot, Michel Décary, Serge Gouin, Laurent Picard, Madeleine St-Jacques et André Chagnon.

22 Les audiences se continuent aujourd'hui alors que comparaissent devant le CRTC des groupes opposés à la transaction, dont le syndicat des journalistes de Télé-Métropole, l'Institut canadien d'éducation des adultes, la Ligue des droits et libertés, la Fédération professionnelle des journalistes du Québec. Le public peut d'ailleurs suivre en direct le déroulement de l'audience...sur les ondes d'un canal communautaire de Vidéotron.

(presque) toujours une présentation des informations par ordre décroissant d'importance.

Les nouvelles longues

Dans une nouvelle longue, cependant, il faut éviter de donner au lecteur l'impression que plus il avance dans le texte, moins ça devient intéressant, ce qu'une approche purement pyramidale risque de provoquer.

Les nouvelles longues étant habituellement multiples, on ne peut guère leur appliquer le modèle de la pyramide simple. Ce modèle découragerait le lecteur, puisque la dernière partie de l'article, en l'occurrence plusieurs feuillets, n'aurait à offrir que des rappels, des précisions secondaires, des détails. Quant à la pyramide multiple, elle ne réglera le problème que si toutes les «sous-nouvelles» sont suffisamment intéressantes. Sinon, retenir le lecteur jusqu'au bout relève de la mission impossible.

Pour garder son public au poste, l'auteur laissera son obsession du lecteur l'emporter sur son souci de la pyramide. Sans rejeter le principe de l'ordre décroissant, il se permettra quelques libertés anti-pyramidales. Notamment, il gardera en réserve quelques informations alléchantes et les placera de façon à réattiser ici et là la curiosité du lecteur, si possible en les signalant à l'occasion par des intertitres.

Une nouvelle du *Devoir* (2 décembre 1986) peut nous aider à comprendre ce principe de la relance de l'intérêt, tout en illustrant la nécessité d'adapter son plan au matériau dont on dispose, en donnant priorité à l'intérêt du lecteur.

Le texte d'environ huit feuillets s'organise autour de trois thèmes d'importance inégale, les engagements de Vidéotron, la réaction du président du Conseil de la radiodiffusion et des télécommunications canadiennes (CRTC) et le parallèle avec la demande précédente de Power Corporation. Les deux derniers ne sont pas assez centraux dans la nouvelle pour faire l'objet du *lead*. Le premier couvre une masse d'informations impossible à synthétiser en quelques lignes et parmi lesquelles aucune ne s'impose. L'auteur s'éloigne donc de la forme classique du *lead*, et attaque avec une généralité plutôt qu'avec des informations précises: Vidéotron défend son dossier devant le CRTC.

Autre brèche dans l'orthodoxie du plan, l'auteur enchaîne avec un rappel du passé (2), puis avec les règles du jeu posées par le CRTC (3), c'est-à-dire par des éléments de contexte et d'explication. C'est l'échec de Power Corporation qui explique la candidature de Vidéotron, le contenu de son dossier et les précisions apportées par le CRTC quant à ses exigences. Aussi (2) et (3) ont paru à l'auteur de nature à éclairer la suite du texte et à introduire un peu de suspense – donc d'intérêt – dans une nouvelle longue et complexe. Il les place par conséquent avant le dossier de Vidéotron, qui constitue pourtant le cœur de la nouvelle. Ce choix, comme toujours, n'est pas le seul possible mais il se justifie tout à fait ici.

La suite du plan est plus classique. Faute de pouvoir nous annoncer comment l'histoire s'est terminée, on nous dit tout de suite (4) comment elle *pourrait* se terminer (M. Bureau semble séduit). Suivent trois paragraphes qui synthétisent les positions du candidat (5-7), et onze autres qui les détaillent davantage (8-18), et dont certains sont d'un intérêt moindre que ce qui suit. À la charnière de ces deux blocs, une transition brève mais explicite, nécessaire vu l'abondance de la matière: *Comment se traduiront tous ces objectifs concrètement?* Le lecteur est situé, il sait où il va. Et ce *concrètement*, qui promet du précis, du palpable, est bien de nature à relancer l'intérêt du lecteur qui suit tant soit peu le dossier.

Une fois gavé de concret, le lecteur va-t-il décrocher? Sans doute pas, car l'auteur ajoute alors (19-20) un peu de piment. Il reprend une information mentionnée en (6) (pas d'intégration verticale) qui offre à la fois valeur intrinsèque (débat public) et intérêt (conflit), en l'annonçant comme telle: ... *le président de Vidéotron* **a dû faire face à un feu nourri de questions** *(...) concernant la «propriété mixte des médias»* **qui avait fait tant couler d'encre aux audiences** *du printemps.* Voilà qui encourage à poursuivre la lecture.

Le paragraphe suivant (21) présente des hypothèses de nominations dans un Télé-Métropole éventuellement propriété de Vidéotron, donc des informations faibles. Et l'article se termine de façon classique par une ouverture sur la suite des événements (22).

La fin est classique mais très soignée, notons-le. L'auteur fait ressortir les conflits auxquels on peut s'attendre en énumérant *des groupes opposés à la transaction.* Et sa chute a du piquant, puisqu'elle souligne l'ironie d'une situation où *le public peut (...) suivre en direct le déroulement de l'audience... sur les ondes d'un canal communautaire de Vidéotron.*

C'est que la nouvelle longue se distingue encore de la petite nouvelle en ce qu'elle peut échapper, en cas de raccourcissement par le *pupitre*, à la pratique de supprimer des alinéas en commençant par la fin. Si on juge une nouvelle assez importante pour lui accorder tant d'espace, on peut bien prendre la peine de la relire entièrement avant de la contracter. D'autre part, le souci du lecteur joue là encore et oblige non seulement à relancer son intérêt ici et là, mais à terminer autant que possible en beauté. Pour le récompenser de sa patience?... Peut-être, mais surtout parce qu'on sait que souvent, devant des articles plus élaborés, le lecteur ira à la chute même s'il a omis de lire certaines parties du texte. On sait aussi que, parfois, il décide de s'attaquer ou non à un papier après avoir jeté un coup d'œil au début et à la fin du texte.

En résumé, la nouvelle pure et dure, même lorsqu'elle n'applique pas intégralement le modèle pyramidal simple, s'en inspire généralement, à ces nuances près:

- dans une nouvelle de structure classique, le *lead* peut être déviant;
- dans une nouvelle, on peut livrer l'essentiel de l'information dans les premières lignes et suivre ensuite l'ordre de déroulement des événements (plan semi-chronologique);
- dans une nouvelle longue, il convient de garder des munitions pour relancer l'intérêt du lecteur dans le corps du texte, et de fignoler la chute.

Il s'agit là, en somme, d'écarts assez mineurs par rapport au modèle de la pyramide inversée. En matière de *hard news*, on ne poussera en général pas plus loin l'audace et la déviance.

Pour la nouvelle relevant du *soft news*, tous les plans sont acceptables. Tous ceux où on organise les informations selon une logique, où on se soucie du tuyau de poêle et où on tient le lecteur en éveil. Tout ici est question de jugement, d'imagination, d'adaptation au sujet. Je m'abstiendrai donc de donner des exemples, ou plutôt, j'en donnerai un seul, cette petite histoire de pigeon. Son plan, qui s'inspire de... la pyramide inversée, convient à merveille aux articles de *soft news*.

En effet, tel quel (comme dans ce cas) ou modifié pour l'adapter aux informations à transmettre, le schéma pyramidal reste le guide le plus sûr pour établir le plan d'une nouvelle, à la condition d'y chercher une inspiration et non une recette.

La Presse, 1ᵉʳ décembre 1986

Un acheteur paie $25 000 pour un pigeon voyageur

Agence France-Presse

LONDRES

• Un colombophile britannique a acquis un nouveau pensionnaire pour la somme de 41 000 livres sterling (environ $25 000), soit une dépense dix fois supérieure à ce qu'il aurait dû payer si ce volatile avait été en or, a-t-on appris dimanche à Londres.

Malgré son prix exorbitant, ce pigeon voyageur, baptisé Peter Pan, capable de voler sur une distance de 950 km et à une vitesse de 80 km à l'heure en moyenne, arrêtera là son voyage... puisqu'il est destiné à la reproduction.

Il a été acheté en Belgique par le plus grand complexe colombophile mondial situé à Hall Farm, Loughborough (Leicestershire, centre de l'Angleterre).

RAPPELS

• **Au fait! Au fait!**
Pas d'introduction,
pas de longues transitions,
pas de conclusion.

• **Introduire les informations par ordre décroissant d'importance.**

• **Les grandes divisions du texte**
– les branches maîtresses – sont clairement identifiables.

• **Les branches secondaires**
– thèmes et sous-thèmes – le sont aussi.

• **Chaque paragraphe correspond à un sous-thème.**

• **Les paragraphes sont rédigés de façon à pouvoir être déplacés sans modifier le texte.**

Chapitre IV
Rédiger

*À l'école on apprend ce qu'il ne faut pas
faire. Seule la pratique de l'écriture développe le savoir-écrire.*
Antonine Maillet, citée dans *Contact*
(vol. 1, n° 2, 1987)

Pour bien écrire, il faut être solidement préparé, comme je le souligne ailleurs :
disposer de données suffisantes et valables, maîtriser parfaitement son information, avoir sélectionné les éléments et les avoir placés par ordre d'importance.
Une fois qu'on a une idée claire de ce qu'on veut dire, on cherchera à bien le
dire. Cela concerne le **vocabulaire et la syntaxe**[1]. L'objectif est de parvenir, par
un choix judicieux des mots, par des phrases construites selon les règles de
l'art, à un **style journalistique**. Un **bon** style journalistique, s'entend.

Est-il possible de définir pareil style? Le style est chose personnelle – *Le
style, c'est l'homme !* Chaque journaliste a le sien. Contrairement aux langages
scientifiques ou techniques, les langues naturelles offrent toujours un nombre
illimité de façons de dire les choses, dans un journal comme ailleurs. Lesquelles
sont bonnes et «journalistiques»? Lesquelles ne le sont pas?

À PROSCRIRE ET À COMBATTRE

Éliminons d'emblée le *style journalistique*, lorsqu'il désigne l'écriture plate, sèche
et froide de scribes à la plume pauvre. Tout en reconnaissant leur existence, on
se gardera de les ériger en modèles. À l'opposé, rejetons le *style littéraire*.

Au temps des journaux d'opinion, le journaliste *s'exprimait*. Personnage
politique, idéologue, pamphlétaire, esthète, romancier ou poète, c'était souvent
un écrivain doublé d'un homme d'action (ou l'inverse), qui passait allègrement
du roman ou de l'essai aux gazettes, sans vraiment quitter la littérature. Il lui
fallait une belle plume, au sens où les professeurs de lettres l'entendent, ou une
plume trempée dans le vitriol.

---

1. Cela touche aussi à l'organisation globale du texte, au plan. Je laisse de côté cet aspect dont j'ai
déjà traité.

Maintenant que le journal est un produit industriel, le journaliste *informe*. Il se conçoit comme un communicateur, un *écrivant* mais non un écrivain[2]. Bien sûr, sa langue est correcte, son style, personnel et vivant. Cela ne l'empêche pas de fuir les effets littéraires, le vocabulaire recherché, les constructions rares, les connotations créatrices d'ambiguïté et de résonances, susceptibles de lectures multiples, qui font la richesse de l'œuvre littéraire et... l'échec du texte de presse.

L'écriture du journaliste est au service de l'information et non de l'expression personnelle ou de la création littéraire. Le journaliste est un artisan bien plus qu'un artiste. Le sculpteur a tout loisir de créer des objets aux formes inattendues, mais pas l'ébéniste. Une table à la surface ondulée pourra figurer au délicieux *Dictionnaire des objets introuvables* mais on ne la trouvera pas au magasin de meubles. La presse est en quelque sorte un magasin d'informations. Les journalistes efficaces subordonnent leurs éventuelles ambitions littéraires à leur rôle professionnel: faire savoir et faire comprendre, au plus grand nombre.

À RECHERCHER

Mais qu'est-ce qui caractérise le bon style journalistique? Mentionnons d'abord **l'adéquation au média et au public**. Ce qui est clair et passionnant pour le lecteur français du *Monde* échappera peut-être au lecteur québécois de *La Presse* ou du *Devoir*. À l'inverse, des expressions accordées à la culture populaire ou sportive du public du *Journal de Montréal* apparaîtront comme autant d'énigmes à d'autres personnes. Pour une large part, donc, c'est le public qui détermine le langage.

Il y a aussi l'**adéquation au genre rédactionnel et au sujet**. On ne rédige pas une notice nécrologique comme un reportage sur le safari photographique au Kenya. On change de ton en passant du billet sur les infidélités de Charles à Lady Di au compte rendu des négociations en cours sur le désarmement nucléaire.

Mais alors, qu'est-ce qui fait la bonne écriture de presse? Peut-on dégager, au-delà des différences liées au public, au média, au genre, au sujet, les constantes du bon style journalistique? Certainement! Ce style se caractérise essentiellement et toujours par l'**adéquation à sa fonction** qui, elle, est constante: bien informer, être compris, être lu.

- **Bien informer**: la langue doit être précise et juste;
- **Être compris**: le texte doit être intelligible et clair pour le public visé. On y arrive par la simplicité;
- **Être lu**: cela suppose un style intéressant, c'est-à-dire avant tout concret et beau.

Le style journalistique se caractérise aussi par la **concision**. Votre média n'a pas d'espace, votre lecteur pas de temps pour le verbiage.

---

2. Quant à la personne qui cumule les métiers d'écrivain et de journaliste, elle dira des choses différentes de façons différentes selon le chapeau qu'elle coiffe. Comme journaliste, elle vise d'abord à informer, non à laisser son nom à la postérité. On n'écrit pas une nouvelle ni même une chronique ou un billet comme on écrit un roman.

Faut-il préciser que la langue est aussi **correcte**? Pour devenir joueur de hockey, on apprend d'abord à patiner, ce qui suppose qu'on sait déjà marcher. Savoir «son» français, pour un informateur public, c'est tout juste savoir marcher. La langue est son premier et son principal outil de travail. Sans un outil de qualité, impossible de transmettre efficacement même les idées et les données les plus lumineuses, les plus exactes, les plus riches: il manquera de la précision, des nuances, de la clarté. D'autre part, quelles que soient ses autres qualités, un article ou un topo entaché de fautes de français demeure professionnellement inacceptable. Manier avec aisance une langue châtiée représente donc le degré zéro de la compétence journalistique, un *préalable* à l'apprentissage de l'écriture de presse (comme d'ailleurs de toute technique ou connaissance propre aux métiers de l'information et de la communication).

Ajoutons que, lorsqu'on s'exprime sur la place publique, c'est la moindre des choses que de respecter scrupuleusement le sens des mots, l'orthographe, la grammaire, la syntaxe, si on entend respecter son public et s'en faire respecter. Fermons vite la parenthèse, tant ces choses sont évidentes[3], et revenons à l'écriture de presse proprement dite.

UNE LANGUE CONCISE

La concision exclut la redondance mais l'apprentissage l'exige. Je répéterai donc que l'espace est compté et le lecteur, pressé. Il s'ensuit deux choses.

Premièrement, à sens équivalent et à clarté égale, la formulation **courte** vaut mieux que la longue.

Deuxièmement, il faut éliminer du texte tout élément dont on ne peut démontrer l'**utilité**.

Faire court

Le verbe vaut mieux que la locution verbale. On écrira *démanteler* plutôt *que procéder au démantèlement de*, *financer* plutôt que *assurer le financement de*, *démontrer* ou *montrer* plutôt que *faire la démonstration de*, etc.

Plus généralement, les mots courts sont préférables aux mots longs. Il y a à cela, outre l'économie d'espace, plusieurs raisons. D'abord, ils font le style plus vif, plus ramassé, plus incisif: plus intéressant. Ensuite, le lecteur les perçoit plus facilement et plus rapidement. Ainsi, il retiendra mieux une phrase faite de mots courts qu'une autre de longueur égale composée de mots plus longs. En d'autres termes, l'emploi de mots courts facilite la bonne compréhension et la lecture rapide.

D'autre part, la statistique linguistique nous apprend qu'il existe une forte corrélation négative entre la longueur des mots et la fréquence de leur emploi par une population donnée. En termes plus adaptés à l'écriture de presse: les

---

3. Évidentes mais parfois désespérantes pour les apprentis journalistes – nombreux hélas! – qui découvrent que leur français fait eau de toute part. C'est la mauvaise nouvelle: leur langue est malade. La bonne nouvelle: ça se soigne. Un français déficient est rarement un trait permanent, comme les yeux bleus ou les petits pieds. On trouvera en note, à la fin de ce chapitre, quelques suggestions de traitements.

linguistes ont constaté que les mots les plus usuels sont généralement courts et les mots longs, peu utilisés dans l'ensemble. Comparons :

- *plus* et *davantage* ;
- *aussi* et *également* ;
- *assez* et *suffisamment* ;
- *trop* et *excessivement* ;
- *pareil* et *identique* ;
- *semblable* et *analogue* ;
- *laid* et *inesthétique* ;
- *superflu* et *superfétatoire* ;
- *enquête* et *investigation* ;
- *pitié* et *commisération* ;
- *bonté* et *magnanimité* ;
- *feu* et *élément destructeur* ;
- *incendie* et *conflagration* ;
- *explosion* et *déflagration* ;
- *cacher* et *occulter*.

L'emploi de mots courts aide donc à respecter la règle du langage usuel (*cf. infra*). À condition, comme toujours, de ne pas exagérer. *Colère* est préférable à *ire*, un archaïsme.

Faire utile

En écriture de presse, l'inutile est nuisible. Il faut donc tout soumettre au test de l'utilité. Ce test est simple. Est utile :

- ce qui apporte une information nouvelle ;
- ce qui facilite la compréhension de l'information ;
- ce qui facilite la lecture du texte.

Un point, c'est tout. On soumettra au test chaque partie de texte, chaque phrase et même chaque mot.

Hervouet (1976), partant d'un monologue de Fernand Raynaud, nous suggère la méthode du marchand d'oranges qui fabrique un écriteau pour son étalage. *Ici on vend de belles oranges pas chères*, écrit-il. Après quoi, il contemple son œuvre. *Ici* ? Évidemment, pas chez le concurrent. Et de rayer *ici*. *On vend* ? Sûr qu'on ne les donne pas. Et de biffer. *De belles* ? Un vendeur ne présente jamais sa marchandise comme moche. Et de supprimer. *Pas chères* ? Même manège. Reste le mot *oranges*, ridicule au-dessus d'une montagne d'oranges. L'écriteau va aux orties.

Dans ce cas, la chasse à l'inutile a tourné au massacre. Dans la plupart des textes toutefois, elle permet tout juste d'éviter l'encombrement... De quoi proverbes, dictons et autres formules lapidaires tirent-ils leur force ? De leur concision. Sans chercher à écrire comme dans une fable de La Fontaine, on s'en inspirera.

Diverses recherches ont montré que les mots les plus souvent **utiles** (ceux qui contribuent à la compréhension et qu'on retient) sont les **verbes** et les **noms**, alors que les mots les plus souvent **inutiles** sont les **adjectifs** et les **adverbes**. Adjectifs et adverbes ont de plus le défaut d'affaiblir souvent l'expression qu'ils prétendent renforcer. Quelque chose coûte une fortune: lui faire coûter une véritable fortune ou pis, une véritable petite fortune, n'ajoute rien; cela enlèverait plutôt de la vigueur. On n'est pas plus ému quand on est complètement bouleversé que lorsqu'on est bouleversé, tout court, c'est-à-dire «en proie à une émotion violente et pénible», à «un grand trouble» (*Robert*).

Dans la chasse à l'inutile, ayons à l'œil les adverbes et les adjectifs. Suivons le conseil de Colette: écrivez d'abord, puis enlevez les adjectifs.

Grandes et petites **transitions** sont aussi à surveiller de près. *À ce propos, il faut sans doute aussi mentionner que... Il n'est peut-être pas inutile de rappeler que... Ainsi que nous l'avons déjà laissé entendre... Si on examine bien le fond, on pourrait qualifier ce rapport de... Il convient à ce sujet de signaler que... mais il va sans dire...* Tout ce verbiage est inutile. Si cela va sans dire, ne le dites pas et si ce n'est pas évident, n'affirmez pas que ce l'est. Pour le reste, examinez, qualifiez, signalez, mais sans annoncer que vous allez le faire.

Annoncez encore moins que vous l'avez déjà fait, ce qui est avouer le péché mortel de redondance. Dans ce contexte, faute avouée n'est pas pour autant pardonnée. Plutôt que d'avouer, réparez. Si, en vous relisant, vous vous rendez compte qu'une même information revient deux fois, **retouchez votre texte, jusqu'au plan si nécessaire, pour éliminer la redondance inutile.** Cela concerne les répétitions mais aussi les phrases, voire les alinéas, vides d'information nouvelle.

Les **conclusions** en forme de synthèse (ou de pseudo-synthèse) disparaîtront en général à cette étape. *Voilà ce qui ressort de la conférence de presse donnée hier par Mme Bacon pour faire le point sur les investissements culturels du Québec.* Sauf les quatre premiers mots, tout cela a déjà été dit (sinon votre nouvelle cloche: refaites-la). Quant à *Voilà ce qui ressort*, ou votre lecteur vous fait confiance, et cette affirmation est inutile, ou il ne vous fait pas confiance, auquel cas cet appel à sa foi ne changera rien.

La redondance utile

Il existe une redondance utile: celle qui, sans apporter d'information nouvelle (par définition), permet au destinataire d'un message de le percevoir facilement ou de le mieux comprendre.

Ainsi, à clarté égale, on choisira la formulation la plus courte mais on optera pour la plus longue si l'intelligibilité l'exige. *Suspendre sine die* est plus concis que *suspendre pour une période indéterminée* mais beaucoup ignorent le sens de cette formule latine. *Exit* donc la formule latine!

Ainsi encore, les explications, exemples, illustrations et rappels sans lesquels le lecteur devrait jouer aux devinettes ont leur place dans tout texte de presse, étant bien entendu que ces adjuvants de l'intelligibilité sont eux-mêmes amenés avec un maximum de concision.

Parmi les mesures destinées à amener des médecins en région, figure la prolongation d'un an de l'internat médical, avez-vous écrit. Quel rapport entre cette mesure et l'objectif visé, se demanderont les non-initiés, en l'occurrence la grande majorité du public. Il convient de **dégager le sens de l'information** en précisant les trois avantages escomptés: comme on profitera de cette prolongation pour faire faire une partie de l'internat en région, on y amènera ainsi des presque médecins; ils seront mieux préparés au type de médecine qui se pratique là et il leur viendra peut-être le goût de s'y établir. Voilà qui allonge votre nouvelle. Peu importe, puisque la clarté l'exige.

La règle d'or, ici: **si vous en parlez, dites-en assez pour que le lecteur comprenne de quoi il retourne.** Et en évaluant cet *assez*, songez que le lecteur n'a pas mené d'interviews sur le sujet, n'a pas assisté à la conférence de presse donnée par X, n'a pas entre les mains les pièces du dossier que vous avez monté, etc.

Les mots «vides» introduisent de la **redondance syntaxique**. Contrairement aux mots pleins (noms, verbes, etc.), ces mots outils n'ont pas de valeur sémantique, pas de signification en eux-mêmes. Ils servent simplement à construire la phrase, à la rendre conforme à l'usage. Ce faisant, ils la rendent aussi conforme aux habitudes de lecture du public. Par conséquent, la redondance qu'ils apportent accélère et facilite la lecture, en plus de diminuer les risques d'ambiguïté. Elle est utile.

Comparez: *Auteur dit faut rejeter mots inutiles* et *L'auteur dit qu'il faut rejeter les mots inutiles.* Un texte en «style» télégraphique, malgré sa concision, est long et difficile à lire, et forcément plat. Sans aller aussi loin, vous pouvez être tenté de prendre des libertés avec le français, en particulier avec la syntaxe, sous prétexte de faire court. Résistez à la tentation. **Prenez tout l'espace nécessaire à l'expression correcte et harmonieuse de ce que vous avez à dire** (mais pas un caractère de plus!).

«Redondons» un peu pour mieux faire saisir l'importance en écriture de presse de ces trois exigences fondamentales et parfois contradictoires: correction, clarté, concision. Répétons que **concision n'est pas brièveté**. Un texte court

---

Le Soleil, 1ᵉʳ septembre 1988

L'auteur a voulu faire court mais il aurait dû préciser dans son *lead* qu'il s'agit de la «psychose» des consommateurs et des distributeurs. Le lecteur n'aurait pas alors à se demander si vraiment des revenus peuvent être frappés de psychose! Le souci de la clarté doit toujours l'emporter sur celui de la brièveté.

Le président de l'UPA parle de psychose
La catastrophe coûte des millions aux agriculteurs

◆ La catastrophe de Saint-Basile-le-Grand coûte des millions de dollars aux agriculteurs et la psychose frappe les revenus de producteurs demeurant à des dizaines de kilomètres des lieux contaminés par les BPC.

par

C'est ce qu'a révélé, hier, le président de l'Union des producteurs agricoles (UPA), M. Jacques Proulx, lors d'une conférence de presse, à Longueuil, près de Montréal.

«C'est une phobie. Des producteurs situés à plus de 50 kilomètres de la zone contaminée aux BPC (biphényles polychlorés) voient leurs produits être refusés.» Dès le lendemain de l'incendie, a donné comme exemple le président de l'UPA, Provigo refusait systématiquement d'acheter tout ce qui venait de la Rive-Sud (de la région de Montréal). Sans nuance!

«Je n'ai pas entendu parler d'agissements semblables de la part d'autres chaînes alimentaires. Mais je ne serais pas surpris que cela se produise.»

Même si certains membres de l'UPA voient là une pratique pour abaisser les prix versés aux agriculteurs, M. Proulx ne croit pas que les grossistes soient de mauvaise foi. «Le plus gros dommage est dû à la psychose découlant du désastre» qu'a constitué l'incendie.

M. Proulx a cité les cas de producteurs de maïs, de patates et d'herbes fines. À raison de «$800, $900 ou $1,000 par jour par producteur, les pertes vont dépasser plusieurs millions de dollars. Et c'est sans compter le nombre de jours que ça durera.»

M. Proulx a réclamé du ministre de l'Agriculture des moyens pour rassurer les consommateurs et les grossistes en alimentation et les amener à distinguer les produits et... les régions. Il a demandé que le gouvernement accélère le processus pour obtenir les résultats des tests en laboratoire.

À Québec, l'attachée de presse du ministre de l'Agriculture M. Michel Pagé a reconnu «qu'il s'est créé une sorte de confusion bien compréhensible. Mais il est bien difficile pour le ministre de s'immiscer dans les relations commerciales.»

Cependant, Mme Dominique Fortin a souligné que le sous-ministre a rassuré les grandes chaînes d'alimentation. Elle a aussi précisé que, pour l'instant, «tous les produits de cette région, qui comprend Saint-Basile, Saint-Bruno, Sainte-Julie et Boucherville sont sous embargo». Le ministère s'attend à pouvoir dévoiler certains résultats des analyses demain. ●

Le Soleil, 15 août 1988

Québec devrait faire la promotion du français, selon les jeunes libéraux

♦ (LE SOLEIL-PC) • Parmi les propositions adoptées, hier, au congrès des jeunes libéraux du Québec, à Sherbrooke, deux touchaient particulièrement la promotion de la langue française. Selon les militants, le gouvernement devrait lancer une vaste campagne de promotion du français, doter des moyens nécessaires les organismes chargés de cette promotion et de la protection du français, expédier un exemplaire de la loi 101 à chaque citoyen et élargir les programmes de francisation à l'ensemble des entreprises ainsi qu'étendre à chacune d'entre elles l'obligation d'offrir des services en français.

Hommages aux disparus

Les jeunes libéraux ont aussi rendu hommage à trois personnalités récemment décédées, soit Félix Leclerc, le vulgarisateur scientifique Fernand Séguin et Francine McKenzie, qui était présidente du Conseil du statut de la femme.

Les Orioles péquistes

Le chef libéral Robert Bourassa a terminé son discours d'hier en s'amusant aux dépens du Parti québécois qu'il a comparé à l'équipe qui est la risée du baseball majeur cette année, les Orioles de Baltimore. Le PQ a récolté 35 pour 100 des votes aux élections partielles de juin dernier, ce qui correspond à peu près au pourcentage de victoires des Orioles, a souligné M. Bourassa. De plus, l'équipe de Baltimore a aussi établi un record en perdant 24 matchs d'affilée cette saison, série noire qui se compare aux défaites péquistes lors d'élections partielles (26).

Élection

Il y avait élection à deux postes de représentants régionaux chez les jeunes libéraux en fin de semaine. Marc Lavigne a été élu comme représentant des Bois-Francs et Michel Fournier comme délégué de l'Outaouais.

Inscriptions

Selon l'organisation du congrès, 1 253 jeunes se sont inscrits en fin de semaine au 6ᵉ congrès de la Commission jeunesse. Malgré tout, lors de certains votes sur des résolutions, il n'y avait que 200 militants qui se prononçaient.

Aide sociale

La présidente des jeunes libéraux Marie Gendron a rappelé que son groupe s'opposait toujours à la contribution parentale dans la réforme de l'aide sociale. Il s'agit d'une mesure par laquelle les parents d'un jeune assisté devront assumer eux-mêmes une partie de sa prestation.

Nomination de sénateurs

M. Bourassa a admis avoir parlé du mode de nomination des sénateurs lors de sa rencontre avec le premier ministre Brian Mulroney, à Montréal, samedi. À la suite de l'Accord du lac Meech, le Québec devra suggérer les noms des sénateurs qu'Ottawa nommera. Quatre sièges du Québec sont libres au Sénat canadien actuellement.

Jaurès cité

Tant M. Bourassa que la présidente de la Commission jeunesse Marie Gendron ont abondamment cité, hier, le leader socialiste français Jean Jaurès, assassiné en 1914.

Deux éminents libéraux citent abondamment Jaurès, lors d'un congrès libéral. Que c'est intéressant! Et qu'il est frustrant de ne pas savoir à quel propos ni à quel effet!

Beau cas de devinette, qu'on se gardera d'imiter. Il fallait en dire assez pour que le lecteur s'y retrouve. Si l'espace manque, alors mieux vaut s'abstenir.

L'erreur ici peut être due au journaliste mais aussi au *pupitre* qui, en vertu de la règle de la pyramide inversée, aurait raccourci l'article en commençant par la fin. Il aurait dû alors s'assurer que la nouvelle chute restait intelligible.

peut être bavard, un texte long, fort concis. Le premier dit peu de choses en beaucoup de mots, le second un maximum de choses en un minimum de mots, ou plutôt un optimum de mots.

Autant on chassera l'inutile, autant on évitera de confondre rédaction et contenu, forme et fond, mots inutiles et informations secondaires. Une information secondaire n'est pas toujours inutile, loin de là. Fort heureusement, l'information de presse ne nous parvient pas uniquement sous forme de capsules et de brèves !

En écriture de presse, la concision est une vertu cardinale. Une information aussi complète et attrayante que possible en est une autre. Il faut donc éviter le double écueil du verbiage et d'une écriture elliptique. Vous trouverez vite ce qui vous menace le plus.

Une obscure affaire de «confortement thermique» se transforme en aimable histoire de chaussettes à barrage. Plus besoin d'être ingénieur pour comprendre la nouvelle et s'y intéresser. Étudier «la résistance du barrage aux tremblements de terre» serait plus simple qu'étudier «son comportement sismique». Compte tenu du public cible, ne chipotons pas. Disons plutôt bravo au journaliste pour l'ensemble de sa nouvelle.

Le Devoir, 22 janvier 1988

UNE LANGUE SIMPLE

Quand vous voulez écrire: il pleut, écrivez: «il pleut».

G. Simenon, *L'événement du jeudi*
(19-25 mars 1987)

Le barrage Daniel Johnson aura désormais les pieds bien au chaud

par

Le barrage Daniel Johnson, situé à la Manicouagan, avait somme toute la grippe. Et pour mettre fin aux écoulements qui suintaient de nombreuses fissures, les ingénieurs ont décidé de lui mettre les pieds bien au chaud en hiver.

Comme l'oeuf de Colomb !

C'est ce qu'a fait savoir hier la direction d'Hydro-Québec en révélant les conclusions des études entreprises au cours des dernières années pour déterminer si ce barrage avait la stabilité requise pour y maintenir une production hydroélectrique maximale.

L'apparition d'une importante fissure en forme d'écaille, en mai 1981, ainsi que l'augmentation sensible des fuites d'eau dans les structures internes avaient suscité des doutes sur la stabilité du principal monument de la Révolution tranquille. Au point d'ailleurs que la direction de la société d'État décidait d'abord de diminuer la quantité d'eau stockée en amont et envisageait d'appuyer le barrage sur de nouveaux butoirs, une entreprise évaluée à plus de $ 350 millions.

L'examen de ce problème pendant des années se termine sur une conclusion optimiste: la « Manic », comme on la désigne toujours en chanson, demeure « solide et sécuritaire ».

Les appuis de béton que l'on avait envisagé de construire à la base des grandes voutes, il y a deux ans, ne sont plus requis.

Mais pour maintenir la « marge de sécurité actuelle » à long terme, Hydro-Québec devra s'attaquer à la cause des fissures et des écoulements: le gel. En effet, les problèmes relevés par les ingénieurs s'expliquent à leur avis par le différentiel thermique entre la surface extérieure du barrage, aux prises avec des températures sibériennes, et l'intérieur qui se rapproche de la température de l'eau.

Il suffira de garder désormais les pieds du barrage au chaud pour que diminuent ses écoulements saisonniers...

Le conseil d'administration d'Hydro-Québec a donné le feu vert à cette nouvelle stratégie et autorisé la réalisation du « confortement thermique », une expression hydro-québécoise pour désigner les futures chaussettes que l'on tricotera au barrage.

D'ici à ce que les piliers soient convenablement isolés, on les gardera à la chaleur dans des abris temporaires installés au bas des immenses voûtes.

Hydro-Québec estime qu'elle est désormais en mesure de relever le niveau de l'eau dans le bief amont et elle étudiera le comportement sismique du barrage. Elle colmatera par ailleurs les fissures et brèches par des méthodes classiques.

Des mots de tous les jours

Selon la théorie de l'information, une communication réussie exige que le destinataire perçoive un message (à peu près) identique à celui qu'a voulu transmettre la source. Rejoignant le bon sens, la théorie pose que, pour y arriver, la source doit utiliser dans la fabrication de son message un code connu du destinataire.

En termes plus simples, et plus journalistiques: puisque tous les lecteurs doivent comprendre le texte et le comprendre de la même façon, il faut employer des mots de tous les jours, des mots connus de tous, et dans le sens que tous leur accordent.

Or, ils ne sont pas si nombreux, ces mots connus de tous. La langue française comprend à peu près cent mille mots et elle s'enrichit d'environ mille à deux mille mots par an. Aucun francophone ne les connaît tous. L'ensemble des mots qu'on utilise soi-même, le vocabulaire actif, varie, selon les milieux et les personnes, de sept ou huit cents mots (moyenne des élèves du primaire) à cinq ou six mille mots et parfois plus. Quant au vocabulaire passif – l'ensemble des mots qu'on comprend sans les employer –, il peut dans le meilleur des cas couvrir de dix à douze mille termes. Enfin, trois mille mots seulement constituent 97 p. 100 du vocabulaire des francophones, et ces mots les plus usuels sont en grande majorité des mots simples.

Le Devoir, 22 janvier 1988

Les prêts de la BNC au tiers monde seront remboursés — Michel Bélanger

par
Presse canadienne

MONTRÉAL — Le président de la Banque Nationale du Canada, Michel Bélanger, ne s'inquiète pas outre-mesure des prêts consentis aux pays en voie de développement. Optimiste, il croit même que les nations qui ont obtenu les sommes les plus importantes seront éventuellement en mesure de les rembourser aux banques occidentales, dont la BNC.

Lors de l'assemblée annuelle des actionnaires de la Banque qui se tenait hier à Montréal, M. Bélanger a soutenu que des pays comme le Brésil et le Mexique, les plus endettés de tous, sont justement ceux qui pourraient rembourser les prêts qui leur ont été consentis par les banques occidentales. Ces deux pays, à eux seuls, devaient en 1986 plus de $ 1 milliard à la Banque Nationale.

Celle-ci a dû, comme les autres grandes banques canadiennes, augmenter en 1987 ce qu'il est convenu d'appeler la « provision générale pour pertes sur prêts aux pays de la liste de surveillance » qui comporte les noms de 34 nations en voie de développement. Plus simplement, les grandes banques canadiennes ont mis de côté des centaines millions de dollars en présumant qu'une fraction des prêts à ces pays pourraient ne jamais être remboursés.

Dans le cas de la Banque Nationale, c'est $ 500 millions qui ont été versés à titre de provision en 1987, portant ainsi à $ 846 millions la réserve. C'est l'équivalent de 36 % des $ 2.3 milliards qui sont dûs à la BNC par ces pays.

M. Bélanger juge largement suffisante cette proportion. Aux actionnaires, il a signalé que la situation à ce chapitre n'est pas aussi noire que l'on peut avoir tendance à le croire. En 1987, la Banque a quand même perçu des intérêts sur $ 1.6 des $ 2.3 milliards de prêts consentis. De plus, il s'est montré fort réceptif à la proposition du gouvernement du Mexique de transformer ces prêts en obligations garanties par le Trésor américain. « La proposition mexicaine est intéressante », a dit M. Bélanger tout en précisant que la position finale de la Banque Nationale à ce sujet n'est pas encore arrêtée. Par ailleurs, la BNC continuera de chercher à revendre certains de ces prêts, ce qui lui permettra d'augmenter graduellement ses réserves.

La provision pour pertes sur prêts a eu pour effet de transformer en déficit de $ 83.6 millions le solde des opérations de l'exercice financier 1987 de la BNC. Avant cette provision, la BNC affichait des bénéfices de $ 214.4 millions.

Pour l'année en cours, prévoit-on, il ne devrait pas y avoir d'ajout substantiel aux provisions ce qui permettra à la Banque Nationale, comme les autres grandes banques d'ailleurs, à afficher des profits nets au terme de l'exercice financier. Le président et chef des opérations André Bérard a dit espérer que le bénéfice net croîtra de 10 à 15 %. Il souhaite également atteindre un rendement de 16 à 16.5 % sur l'avoir des actionnaires, comparativement à 15.6 % cette année.

Quant aux projets d'expansion de la Banque cette année, M. Bérard a indiqué que 10 nouvelles succursales devraient être ouvertes en Ontario (qui en compte déjà 63) tandis qu'une demi-douzaine seraient ajoutées au réseau québécois qui en compte déjà 474.

Enfin, dans la voie du décloisonnement des institutions financières, M. Bélanger a précisé que l'offre de services de fiducie par la Banque est une possibilité qui l'intéresse mais à propos de laquelle il s'interroge. Il ne semble pas qu'il s'agisse là d'un dossier prioritaire.

Une nouvelle plutôt aride, pour laquelle on peut difficilement tricoter des chaussettes... Elle devrait pourtant satisfaire son public cible: les lecteurs qui s'intéressent à l'actualité financière, notamment parce que l'auteur a rédigé l'attaque dans un style simple et limpide. De plus, il explique clairement le sens de l'expression la plus rébarbative: «la provision générale pour pertes sur prêts aux pays de la liste de surveillance».

Lorsqu'on écrit pour le grand public, on sait donc qu'une partie de ses lecteurs dispose d'un vocabulaire passif restreint, fait surtout de mots usuels. On sait aussi que la lecture de la presse se fait rapidement, dans un contexte de loisir ou de transport et de refus de l'effort. On ne demande donc pas au lecteur de jouer du dictionnaire.

La première qualité d'une bonne écriture de presse est donc sa simplicité et en particulier l'usage d'un vocabulaire familier au commun des mortels.

Des obstacles

Cette qualité première d'une bonne écriture de presse est facile à dire, facile à comprendre, et parfois difficile à mettre en pratique. N'y arriveront pas sans effort ceux et celles qui s'expriment habituellement de façon alambiquée ou qui sont comme poissons dans l'eau dans divers langages, techniques, politique, scientifique, littéraire ou autres. Écrire pour la presse les obligera à modifier radicalement leurs habitudes langagières (leur façon de s'exprimer). D'autres, au style plus sobre, éprouveront néanmoins de la difficulté à rédiger en termes simples certains textes. Voici pourquoi.

Souvent, **la nature même de l'information à transmettre** requiert l'usage de mots rares ou recherchés. Il est question d'*habeas corpus*, de prévarication et de libelle diffamatoire, de bureautique et de productique ou de la théorie de la désintégration positive proposée par tel psychologue. Ciel! Il n'y a pas d'autres mots pour désigner avec précision ces choses. La ministre a accusé son collègue de procrastination, pas d'autre chose. On n'a pas le droit, sous prétexte de simplicité, de déformer l'information.

Que faire? Garder ces mots rares mais les expliquer brièvement, en termes simples et dès leur première mention. Autant que possible sans en avoir l'air: le lecteur veut suivre l'actualité, pas un cours! Y aller légèrement, dans ses propres mots, sans s'encombrer de références ni chercher à donner au public une formation complète sur la matière. S'en tenir aux éléments nécessaires à la compréhension du texte. *Le meurtrier a eu recours à l'héparine, substance qui empêche le sang de se coaguler...* et non *l'héparine, que le* Robert *définit comme une substance polysaccharidique acide à propriétés anticoagulantes (...).* Le polysaccharidique acide, intelligible pour les chimistes, n'ajoute ici que de la confusion; les propriétés anticoagulantes appartiennent au langage de la médecine, pas à celui de tous les jours.

Souvent, il suffit d'accoler au mot détestable un synonyme ou une périphrase: *Mme X a accusé le chef du Gouvernement de procrastination. D'après elle, cette habitude de tout remettre au lendemain a provoqué...*

Autre **obstacle**: on doit souvent travailler à partir de textes adaptés à leur public premier mais pas au grand public. Un rapport médical fourmille de termes techniques et il n'y a rien à redire à cela. Encore faut-il le traduire pour son public. J'ai appris récemment dans un quotidien québécois qu'un bébé était mort du «choc hypovolémique causé par le tranchement de l'artère jugulaire»! En clair: on lui avait tranché la gorge. Sans commentaire.

S'il y a lieu de récrire en tout ou en partie des textes destinés à un public limité, il faut éviter d'en modifier le sens mais ne pas craindre d'en changer la forme. Ainsi, le passage suivant, tiré de *La francisation en marche* (octobre 1986):

> *Une des manifestations les plus importantes du caractère évolutif du fran-
> çais (...) et du dynamisme des francophones vis-à-vis de leur langue est
> certes cette nouvelle tendance à vouloir rendre compte du rôle accru et
> toujours en croissance des femmes dans l'ensemble des activités humaines,
> en féminisant les titres et les appellations d'emploi. Dans la perspective
> (...) des mesures interventionnistes de la part des États, comme la pro-
> mulgation de lois à caractère linguistique, par exemple, il est du plus grand
> intérêt pour l'avenir d'une langue comme le français que de telles inter-
> ventions ne soient pas simplement localisées au seul plan national mais
> entreprises en concertation avec tous les États francophones et dirigées vers
> un plus grand universalisme de la langue française.*

pourrait donner, pour un grand public, quelque chose comme :

> *Les francophones bougent, et font bouger leur langue. La féminisation des
> titres et des appellations d'emploi illustre à merveille ce dynamisme : le
> français évolue et s'adapte pour rendre compte du rôle croissant des femmes
> dans toutes les activités humaines. Plusieurs États s'occupent de langue,
> notamment en y consacrant des lois. Ils le font actuellement sans se concer-
> ter. Pour mieux assurer l'avenir du français, tous les États francophones
> devraient établir une politique commune, visant à rendre le français plus
> universel.*

Autre obstacle à la simplicité : en information publique, on doit souvent utiliser, outre des sources techniques, des sources qui se distinguent par un style à coucher dehors.

Les diverses bureaucraties, sans en avoir le monopole, inventent quantité d'expressions, combinant exclusivité et barbarisme. Ces régions-là sont pleines de s'éduquant(s?) sur la problématique desquels il y a urgence de se positionner, dans la perspective d'une mise en œuvre de politiques sur le plan de la désinstitutionnalisation d'apprentissages que par ailleurs les instances publiques incorporent au niveau de leurs orientations globales comme des prestations auxquelles les bénéficiaires de l'extension de l'enseignement ont droit et elles ont fait la priorisation de ce projet. Par exemple...

Voilà qui exclut clochards et vagabonds même promus *personnes itiné-rantes*. Ils s'en consoleraient en se noyant dans des flots de bière, pardon, dans les produits de *l'industrie brassicole*, qu'on les comprendrait. Ne sommes-nous pas tous menacés de devenir *bénéficiaires*, de l'assistance publique ou des pompes funèbres – mille excuses, des services des thanatologues ? Et pourquoi pas, à la station-service, des *carburologues* ? Ou encore des *feedbackologues* au lieu de diplômés en communication (*sic* toujours) ? Faut-il pleurer, faut-il en rire ?[4]

On voit fleurir ce genre de charabia dans d'innombrables déclarations, conférences, discours, communiqués, rapports, qui constituent pour les journalistes une matière première. Il faudra dire les choses autrement. Et tant pis,

---

4. Avec tel cordonnier *savatologue*, docteur ès godasses de surcroît, aucune hésitation, le rire l'emporte. Mais il fait de l'humour, pas de l'épate, et il écrit dans sa vitrine, pas dans la presse grand public.

ou plutôt tant mieux, si le vide de pensée et d'action que dissimule souvent le baragouin s'en trouve révélé au grand jour[5].

Le communiqué de presse affirmait-il que *l'attitude du ministre conduit à secondariser la problématique du sport amateur*? On pardonnera peut-être l'attitude du ministre, pas la façon dont son opposant la décrit! De grâce, traduisez pour votre lecteur que selon M. X, le ministre accorde trop peu d'importance au sport amateur. Et renoncez à jamais aux *problématiques*: une telle horreur n'a pas sa place en écriture de presse.

Les recherches du juriste l'ont amené à conclure que *la sévérité de la magistrature est inversement proportionnelle à l'efficacité du pouvoir judiciaire*. On apprendra à son public que, d'après ce chercheur, plus un tribunal est lent et inefficace, plus les juges ont tendance à rendre des sentences sévères, et inversement. Le juriste a sans doute *exemplifié* abondamment, ce qui permettra de donner beaucoup d'exemples pour illustrer sa trouvaille. Quant au conférencier, même s'il a savamment traité des *facteurs de cancérisation*, on se contentera de faire avec lui la revue des causes du cancer.

Une fois encore, il s'agit tout simplement d'écrire pour son lecteur. La solution de facilité qui consiste à lui refiler le jargon des sources marque l'incompétence chez un informateur. Le jargon est dans l'air du temps. Même mon casse-croûte habituel offre maintenant des hot dogs à *rethermaliser* plutôt qu'à réchauffer. Alors, vigilance!

Il arrive que **les obstacles se combinent**, que le sujet à traiter soit aussi complexe que le langage des sources est inaccessible. Ce n'est pas une raison pour baisser les bras. On ne renoncera donc pas à un style simple parce que l'information à transmettre ne l'est pas. Au contraire, plus la difficulté du sujet croît, plus il faut soigner la clarté, donner des explications et des exemples, trouver une façon de le présenter dans des mots usuels. On ne se résignera pas davantage à simplifier à outrance le fond, la complexité des événements et des situations, sous prétexte qu'elle est impossible à rendre pour le grand public. Cela s'appelle de la déformation, de la fausse information.

Certes, il est souvent bien compliqué d'être simple! Cependant, les choses les plus ardues peuvent se dire avec simplicité et clarté, comme le montrent chaque jour les grands vulgarisateurs et les bons journalistes. Il suffit... d'y travailler très fort.

Un **truc** pourra sans doute vous faciliter la tâche. Avant de rédiger, expliquez de quoi il retourne à un jeune de douze ou treize ans à l'esprit vif (vous voulez être clair, pas infantile).

Supposons que vous sortiez d'une conférence de presse où le ministre de la Justice, discourant sur le *phénomène de la psychologie du délinquant*, a révélé que *la problématique de la criminalité féminine diffère de la problématique de la criminalité masculine (sic)*. Répétez cela à la jeune personne et elle vous mord, en toute légitime défense. Fort de cette motivation, vous trouverez bien le moyen de lui apprendre, sans massacrer ni le français ni l'information, que

---

5. J'exagère un peu mais n'invente rien et ne tais mes sources que pour ménager leur modestie. Tous les exemples de ce chapitre proviennent de tels textes et parfois, *horresco referens*, de la presse elle-même. (Sur le rôle mystificateur des blablas obscurs, on lira avec plaisir et profit le roman de René-Victor Pilhes, *L'imprécateur*). Parfois, il est vrai, le jargon part d'un bon sentiment. Quand même, que pensent les *psychiatrisés* de se voir ainsi transformés en objets passifs de l'action médicale?

les femmes ne commettent pas le même genre de crimes que les hommes. Si vous n'y arrivez pas, c'est que vous n'avez pas bien saisi la pensée du ministre: retournez à la case zéro, à la maîtrise de l'information à transmettre.

Vous verrez que l'exercice – qui peut se faire mentalement, pour un jeune public imaginaire – favorise à la fois la rigueur de l'information et la clarté de l'expression.

Des pièges

Piège anti-simplicité numéro un: croire que ce que la vie nous a rendu familier l'est aussi aux autres.

Un syndicaliste s'imagine volontiers que tout le monde sait distinguer le syndicat local de la fédération ou de la centrale syndicale. Il n'en est rien, et si cette distinction est au cœur d'un article, il faudra lui consacrer quelques mots. Pour le professeur de Laval, distinguer un département d'une faculté est chose élémentaire. Cela ne l'empêche pas de perdre pied quand un collègue de l'Université du Québec lui parle module et familles.

Quant au diplômé de l'une ou l'autre institution, il se souviendra qu'en général une mineure est une personne de moins de dix-huit ans. Par conséquent, dans son article sur les nouveaux programmes à l'université, il décrira un brin mineures et majeures pour tous ceux qui ignorent tant la réalité que la terminologie de ces choses scolaires. Qu'il se rappelle alors les difficultés éprouvées à expliquer à des gens qui n'ont pas connu l'université ce que c'est que de faire des études en sociologie, en biochimie ou... en communication. S'il écrit pour un média de masse, son public compte une forte proportion de non-initiés.

Un groupe appréciable d'étudiants m'a assuré dans un examen (universitaire) que l'Hydro-Québec et la Communauté urbaine de Québec offrent de bons exemples d'entreprises privées. C'était anticiper beaucoup sur la mode de la privatisation... Le journaliste qui écrit un papier sur la fonction publique réfléchira à cela, et aux enquêtes selon lesquelles bon nombre de citoyens s'avouent incapables de nommer leur(s) premier(s) ministre(s) tout en réduisant allègrement l'État québécois à la police et au bien-être social.

Ces gens ne sont pas «ignorants». Simplement, ils ne savent pas les mêmes choses que ceux qui les informent. À ces derniers d'en tenir compte car, contrairement à ce qu'on croit souvent, les premiers consomment aussi de l'information, écrite comme électronique. Ils ont le droit de s'y retrouver.

Évidemment, le journaliste n'a pas pour rôle de tout enseigner à tout le monde. Il s'en tient à l'information d'actualité, ce qui lui interdit de gloser sur la nature de l'université ou celle de l'entreprise. N'empêche qu'il doit garder à l'esprit que tout le monde n'est pas aussi familier que lui, à cause de son métier, avec le langage des tribunaux, de l'économie, du théâtre, de la justice, etc. Dût-il souffrir à la tâche, il arrivera à expliquer les termes rares qu'il ne peut éviter et, pour le reste, à s'exprimer avec des mots connus de tous, employés dans un sens accepté de tous.

Autre piège anti-simplicité: le rapport privilégié avec son milieu professionnel plutôt qu'avec son public.

Le public des médias de masse ne communique guère avec ses informateurs: quelques lettres ou appels téléphoniques, de brèves réponses à des sondages occasionnels et superficiels, et puis voilà. Avec qui le journaliste discute-t-il d'actualité, de sélection de l'information, d'interprétation des événements, de fiabilité des sources, d'écriture, de ses articles, de ceux des autres, bref, de métier? Avec ses supérieurs hiérarchiques, avec les collègues de sa *boîte* et des médias concurrents, qu'il rencontre quotidiennement, qui le lisent et qu'il lit (ne fût-ce qu'à des fins de comparaison et de compétition). Qui l'apprécie, qui le moque, qui le félicite, qui détermine son statut professionnel? D'autres professionnels de l'information.

Dans ce contexte, on ne s'étonnera pas que le public imaginaire du journaliste, celui auquel il pense en rédigeant ses articles, soit formé la plupart du temps de gens du métier, comme l'indiquent certaines recherches. Cela se comprend. Il reste qu'il doit se soucier avant tout de son public, anonyme mais adoré, et combattre cette tendance, qui l'éloigne d'un langage accessible à tous.

Troisième piège, très méchant, attention!: la tendance à vouloir faire chic: savant, cultivé, instruit, ferré, initié, branché, *in*.

On croit éblouir le lecteur par l'étalage de sa science, par l'ampleur et l'ésotérisme de sa palette terminologique? On ne fait que l'assommer. À moins qu'on ne le fasse rigoler. *Hé! Hé!*, ricane-t-il, *la culture, c'est comme la confiture, moins on en a, plus on l'étale*. Ou s'insurger: *Quand on est incapable de se faire comprendre, on n'écrit pas dans les journaux!* Ou voir rouge: *Conscientiser! Conscientiser! Il se prend pour qui, celui-là? Il voudrait pas me psychiatriser aussi?*

Le manque de simplicité peut donc provoquer, outre l'incompréhension, toutes sortes de réactions aux antipodes de l'admiration recherchée. Raison de plus pour chercher à informer plutôt qu'à épater. Fait-on un article sur M. Paul Desmarais? Même au sortir d'un cours de sociologie, on s'abstiendra d'écrire qu'il a connu une forte mobilité sociale ascendante, ou d'affirmer que cela – question de conscientisation, sûrement – le porte à occulter le poids de la stratification sociale dans le concret de sa réalité. *Poil au nez!* répondra le lecteur, s'il est d'humeur enjouée. De bonne humeur ou pas, il s'empressera de chercher ailleurs de la prose plus lisible.

Ce défaut gâte beaucoup de travaux d'étudiants qui s'imaginent que le correcteur est dupe du charabia ou préfère, à l'expression juste et simple d'une pensée claire et précise, l'hermétisme et les *buzzwords* (mot rare désignant des termes peu connus et aptes à épater la galerie). Même là, il faut faire la différence entre langage technique et jargon. Dans un texte de presse, ce qui dans un travail scolaire était déjà agaçant (et improductif) devient intolérable.

Chœur des protestations étudiantes, tant de fois entendu: «C'est bien la peine de faire des études universitaires pour s'exprimer comme à l'école primaire!»

Premier élément de réponse: si vous refusez d'écrire pour le grand public, votre place est partout sauf en information publique! Plus fondamentalement: il ne s'agit pas, surtout pas, d'écrire comme à l'école primaire. On vise à faire simple et beau, simple et efficace, mais simplicité n'est ni pauvreté, ni platitude. Valéry, souvent cité en exemple pour la simplicité de sa langue, l'est aussi pour la profondeur de sa pensée et... ses qualités de styliste. Flaubert n'écrivait pas comme Lacan, ni Balzac comme Julia Kristeva. Plus près de nous et du journalisme, le plaisir de lire, par exemple, Lysiane Gagnon, Nathalie Petrowsky ou Jean-V. Dufresne vient autant de la forme que du fond et pourtant ces journalistes écrivent simplement, sans phrases alambiquées et sans mots «à cinq piastres».

En plus d'embellir les textes et de les rendre plus intelligibles, la simplicité fera éviter bien des faux pas à ceux dont le vocabulaire est pauvre. Ils risqueront moins alors d'employer des mots dans des acceptions impropres, tel ce scribe qui annonçait récemment la tenue d'une activité «sans lucrativité financière» de son association...

Simple, ni simplet ni simpliste

La règle de la simplicité ne doit jamais faire oublier l'exigence d'un **français correct**. Il est plus simple d'acheter une voiture que de faire l'acquisition d'un véhicule automobile, mais l'achat d'un char est réservé aux militaires (ou aux organisateurs du défilé de la Saint-Jean). Comme le dit un de mes collègues, *Évitez les tournures familières: vos lecteurs, y sont pas niaiseux!*

Dans un reportage sur la calvitie, un journaliste de la télévision française donnait un jour à voir des *hommes au dôme céphalique en voie de désertification*. Le même jour, un de ses collègues de la presse écrite évoquait une personnalité qui portait plainte contre son voisin à cause des *vocalisations excessives* de ses chiens. Le premier voulait faire rire. Sa plaisanterie a dû échapper à bien des téléspectateurs. Le second a fait rire à coup sûr... en se couvrant de ridicule[6]. Ceci dit, on n'admettrait pas plus *Ce monsieur, là, il perd ses cheveux* ou *Les pauvres petites bêtes, elles font trop de tapage*. Ne bêtifions pas!

Se rappeler qu'il existe **différents niveaux d'expression** linguistique. Des termes courants acceptables dans un contexte familier peuvent détonner sur la place publique. Vous n'offusquerez que les puristes en médisant de «votre docteur» au bar du coin. Dans un article, en revanche, rien ne justifie qu'on dise *un docteur* pour *un médecin*, mot aussi connu, aussi usuel (un médecin de famille). Vous savez bien qu'il y a des docteurs ailleurs qu'en médecine – en communication même!

Le souci de simplicité ne doit pas faire renoncer à un vocabulaire riche, à un **style varié**. Pour éviter la répétition, source d'ennui, on fera appel à l'occasion à des mots moins courants. Il faut alors s'assurer que le contexte en éclaire le sens. Dans un entrefilet sur les tribunaux, on parlera de *juges*. Dans un article plus élaboré, on fera alterner *juge* et *magistrat*, quoique *juge* soit plus usuel et, dans ce cas, plus précis. Après tout, le lecteur au vocabulaire le plus pauvre peut l'enrichir, ce qui arrivera si les mots nouveaux qu'on lui présente sont bien appelés. Voilà une retombée positive d'une bonne écriture de presse, encore que tel ne soit pas son objectif premier, et que ni cet argument ni celui du style n'excuseront jamais l'hermétisme ou la pédanterie qui font employer sans nécessité des termes vraiment rares.

Ceci dit, la pièce rare des uns est la monnaie courante des autres. L'habitué des *Cahiers de droit* fait la grimace quand on se croit tenu de lui expliquer «règlement *ultra vires*». Dans une revue sociologique, la stratification sociale passe comme du beurre dans la poêle, la névrose d'angoisse n'inquiète nullement un public de psychologues, tandis que les linguistes font joujou avec les axes syntagmatique et paradigmatique.

---

6. Ce n'est pas sa faute, me direz-vous, la plainte était rédigée ainsi. Mais oui, c'est sa faute! C'est lui qui écrit son texte, lui qui le signe; il est responsable de son langage.

D'accord, vous écrivez dans la presse, pas dans une revue scientifique. N'oubliez pas pour autant que le lecteur du *Devoir*, s'il aimerait voir préciser que tel *publiciste* œuvre en droit public et non en publicité, n'a en revanche pas besoin de se faire définir «constitutionnaliste».

Tenir compte de son public, c'est aussi éviter de l'ennuyer en disant des choses qu'il sait déjà, de le décevoir en s'enfermant dans un vocabulaire rudimentaire. Sans compter, on l'a vu, qu'il est parfois nécessaire d'employer des mots rares pour rendre des concepts précis et des réalités complexes, c'est-à-dire simplement pour donner une information exacte.

Toutefois, quels que soient le sujet, le média et le public visés, il existe toujours des façons (relativement) simples et des façons compliquées de dire les choses. Qu'il écrive dans un quotidien de masse ou dans une feuille confidentielle, celui qui choisit la seconde manière, qui, entre autres choses, emploie sans raison des termes peu familiers à ses lecteurs, se rend coupable de jargonnage, ce qui fait qu'il communique mal, et informe mal.

En particulier...

Voici une liste partielle des choses à éviter, pour rester accessible à tous.

- Les mots exclusifs aux langages techniques ou scientifiques
  On a observé une dislocation tectonique sur une lune d'Uranus. Le séismographe a enregistré une secousse tellurique à San José. Il s'agit d'une rupture de l'écorce terrestre et d'un bon vieux tremblement de terre. Commençons par dire les choses ainsi, quitte à recourir aux termes plus techniques ensuite, si le contexte les rend clairs.
- Les jargons sociaux de toutes sortes
  Les bénéficiaires ont raconté leur vécu de femmes. Au cours de cette émission, M. Mitterand est apparu tout à fait branché, voire chébran, face à un interviewer in, flyé, au boutte. Ce caviar est amusant, dit l'immarcescible Virgule de Guillemets. Les minorités visibles sont souvent victimes de discrimination.
- Les régionalismes
  Ce flo, ce petit mousse, a réussi un exploit que bien des adultes lui envieraient. Il a demandé en guise de récompense une tarte à la farlouche.
- Les néologismes
  L'homme d'affaires s'est clairement positionné sur la prétendue tiermondialisation qui menacerait de néantiser l'économie britannique.
- Les archaïsmes
  Après l'avoir ouï moultes fois, il m'appert qu'icelui est l'homme idoine.
- Les allusions culturelles
  Cette victoire à la Pyrrhus l'a conduit de Charybde en Scylla. On est six millions, faut se parler, a dit en gros la conférencière aux cégépiens. Mais ils n'étaient pas 12 012 à la messe.
- Les mots étrangers
  Ils viennent de tous les idiomes. Latin: *a priori, a fortiori, sub judice.* Allemand: *weltanschaung* (vision du monde). Mais ce sont surtout les mots anglais qui sont légion sous la plume des Québécois, de quoi provoquer un *breakdown*, mais combattre ce *trend* risque de conduire au *burnout* et de révéler un *generation gap*.

Ceci dit, si on organise un *brainstorming* là-dessus, on n'invitera pas trop de journalistes français. La plupart ne parlent que de *look*, d'usine *center*, de *sponsors* et de *sponsorisation*, de *team sport*, de *cash flow*, de mode *black*, de *dealers*, d'*overdose*, de *junkies*... Question de *marketing*, sans doute. Apparemment, un *jackpot* fait saliver plus qu'un gros lot. En tout cas, même *Le Monde* donne l'impression que le propriétaire d'un réseau de télévision a tout à envier à celui d'un *network*. Et depuis qu'un éditorialiste du cru a écrit «It is not my cup of tea, comme disent les Anglais», on lit ou entend trois fois par jour dans les médias français «Ce n'est pas ma tasse de thé». Tant qu'à traduire, ne pourraient-ils pas aussi transposer et s'intéresser plutôt à leur verre de vin?...

Suffit! La plupart des mots étrangers incriminés, qui sont de plus des néologismes, sont mal connus du grand public et plus difficiles à assimiler pour lui qu'un nouveau mot français. Presque tous existent en version française et on les privilégiera, tout comme on préférera les bonnes traductions aux mauvaises: pour *brainstorming*, par exemple, le joli et expressif *remue-méninges* plutôt que l'insipide *tempête sous le chapiteau*. On n'acceptera les mots étrangers que s'ils sont usuels et n'ont pas d'équivalent français (*kung fu, western, water-polo...*).

Et une règle ab-so-lue: ne jamais employer des mots qu'on ne comprend pas soi-même!

UNE LANGUE PRÉCISE

Ça y est, vous écrivez simplement, avec des mots usuels et de préférence courts. Encore faut-il livrer une information exacte et précise! Cela exclut le vague, l'à peu près, le terme impropre...

Ainsi, tout *prévenu* n'est pas un *coupable*. *Infraction*, *délit* et *crime* ne sont pas synonymes, encore qu'entrer chez le voisin par *effraction* constitue bien une *infraction* à la loi (et «entrer par infraction», une infraction à la langue française). Pour rester dans le domaine du droit, on a plus ou moins à craindre des rigueurs de la justice selon qu'on est accusé de coups et blessures ayant entraîné la mort, d'homicide, d'assassinat ou de meurtre mais à tout coup, on risque un séjour dans une *prison* ou dans un *pénitencier*, selon le cas.

Il s'agit là de termes techniques, *juridiques* en l'occurrence. Impossible de «couvrir le Palais de justice» sans maîtriser ces termes du métier, sans savoir, par exemple, qu'une étude légale est une recherche que la loi n'interdit pas de mener et non point un bureau d'avocats ou un cabinet juridique.

Il n'y a pas que l'information spécialisée à exiger de la rigueur terminologique. Wilander donne une poignée de main à son *adversaire* Ivan Lendl à l'issue du match: pure routine. Vous lui faites serrer la paluche de son *ennemi*: vous venez de déclencher des rumeurs sur une guerre entre les deux sportifs. Le maire a accepté un *compromis*: voilà un homme raisonnable; une *compromission*: le voici malhonnête. Lénine, homme de gauche, a écrit un livre intitulé *Le gauchisme, maladie infantile du communisme*: on évitera donc de confondre un homme de gauche et un gauchiste. Un journaliste expliquait récemment que les Inuit ont réclamé la création d'un district électoral autochtone *sous prétexte* que leur communauté diffère des autres. Faute de savoir qu'un prétexte est une mauvaise raison, le journaliste présente la demande sous un jour négatif.

On le voit, pas d'information exacte, précise et dépourvue d'ambiguïté en dehors du mot approprié, de l'expression juste. Se méfier particulièrement des variations sur une même racine. Combattre son *inclination* à ne pas tenir compte de l'*inclinaison* du toit quand un sentiment d'*isolement* fait songer à améliorer l'*isolation* de la maison, surtout que le *prolongement* (espace) du toit entraînera une *prolongation* (temps) des travaux. Ce ne sont pas là questions *oiseuses* d'un *oisif* mais choses nécessaires à une écriture précise.

Quant aux mots de longueur inégale dérivés d'une même racine, ils devraient déclencher le réflexe du mot court. La *technique* diffère de la *technologie* autant que le *problème* de la *problématique*! Exposer la *méthodologie* qu'on a suivie pour retrouver son chemin ou pondre une brève, c'est commettre un triple péché de pédantisme, d'hermétisme et d'imprécision. Il arrive que le mot long soit aussi le mot juste mais rarement qu'on ne puisse trouver une formulation qui permette de l'éviter. «Faciliter l'accès à l'université» est aussi précis qu'«accroître l'accessibilité aux études supérieures» et formulé dans un langage plus... accessible.

Il faut éliminer de son texte non seulement toute imprécision qui peut induire en erreur mais aussi tout ce qui peut prêter à des *interprétations* différentes, à des *suppositions*, à des *déductions*, et autres produits de l'imagination débordante et, dans ce cas, indésirable du lecteur. On n'y arrivera qu'avec une vigilance de tous les instants. Les gens ont en effet l'imagination fertile et l'art de trouver aux phrases les sens les plus inattendus, pour peu qu'on laisse la porte entrouverte à la folle du logis. Quiconque a «prétesté» un questionnaire apparemment étanche à l'ambiguïté sait bien qu'il se trouve toujours quelqu'un pour montrer que telle ou telle question au sens «évident» peut s'interpréter autrement.

Il s'en trouvera mille si le sens n'a plus rien d'«évident», comme dans cette dépêche de la Presse canadienne que reprenait *Le Devoir* (1er juin 1987);

1. *POINTE-AU-PIC – La campagne de boycottage que voulait mener aux États-Unis la Confédération des syndicats nationaux contre le manoir Richelieu et la chaîne d'hôtels et restaurants appartenant à l'homme d'affaires Raymond Malenfant, pourrait bien avoir lieu quand même, étant prise en charge cependant par des syndicats américains.*

2. *Le vice-président du Syndicat américain de la santé, M. Dennis Rivera, a indiqué samedi que sa centrale syndicale allait entreprendre une campagne de publicité aux États-Unis. Il était venu de New York pour appuyer les ex-travailleurs du manoir Richelieu à l'occasion de la manifestation qui avait lieu alors à Pointe-au-Pic.*

3. *On sait qu'un tribunal a interdit à la CSN d'entreprendre une telle campagne de publicité, acceptant ainsi une requête présentée par M. Malenfant.*

4. *M. Rivera a annoncé que des ex-travailleurs du manoir seront présents, dans les prochaines semaines, lorsqu'une campagne de boycottage sera lancée contre le manoir sur la côte est américaine.*

5. *M. Rivera est vice-président de la Drug, Hospital and Health Care Employees Union, affiliée à la puissante union américaine AFL-CIO. Le syndicat de M. Rivera compte 80 000 membres dans la Nouvelle-Angleterre et le Nord-Est américain.*

Si les questions ne se bousculent pas dans votre esprit, c'est que vous connaissiez déjà l'information ou que vous vous en désintéressez totalement! Pour ma part, j'ai rarement vu une aussi jolie collection de devinettes en si peu d'espace. En guise d'échantillon:

- La plus belle, dans le *lead*: *pourrait bien avoir lieu quand même. Pourrait*: aura, aura pas lieu? Pourquoi *quand même*? Vous le saurez si, et seulement si, vous vous rendez au troisième alinéa. ... *étant prise en charge cependant par...* (admirez au passage la qualité du français): c'est conditionnel, comme l'indique le *pourrait* précédent. Mais alors pourquoi l'affirmation apparente aux alinéas 2 (*a indiqué que (...) allait entreprendre une campagne*) et 3 (*a annoncé que (...) lorsqu'une campagne (...) sera lancée*)? Le *cependant* vient accentuer encore l'incertitude créée par le *quand même*: vite à l'alinéa 3.
- Où M. Rivera s'exprimait-il? À Pointe-au-Pic, sans doute. Grammaticalement, la seule chose dont on est sûr qu'elle se passait là est la manifestation; M. Rivera aurait bien pu venir de New York à Montréal ou à Tombouctou, et que cela reste à *l'occasion de la manifestation qui avait alors lieu à Pointe-au-Pic*.
- De quoi cet excellent syndicaliste est-il vice-président au juste? D'un syndicat appelé *Syndicat américain de la santé*, comme la majuscule le laisserait croire? Il semblerait que ce soit plutôt du Drug, Hospital, etc. Dans ce cas, la majuscule est une coquille, et on peut conclure que le Drug, etc. est le syndicat américain de la santé (*vice-président du Syndicat*, etc.). Pourtant le *syndicat de M. Rivera* n'a apparemment de membres que *dans la Nouvelle-Angleterre et le Nord-Est américain*. Ailleurs aux États-Unis, il n'y a pas de syndicats de la santé? Et à propos de *la Nouvelle-Angleterre* et du *Nord-Est*, la première aurait-elle déménagé au Sud-Ouest sans prévenir personne? Et la *côte est* du quatrième paragraphe, elle n'a pas de sud?
- Pour en revenir aux syndicats, qu'est-ce que c'est que ce syndicat (alinéas 2 et 3) qui est aussi une *Union affiliée à une puissante union* (3)? Je donne ma langue au chat. Le titreur aussi, apparemment, qui n'a voulu conclure ni sur la certitude de l'événement ni sur la nature des participants. Il a titré, généreux mais prudent, *Les syndicats américains mèneraient la campagne de boycottage contre Malenfant* (mes soulignés).

Heureusement, peu de dépêches de la P.C. ressemblent à celle-là.

Si on tient à créer de l'ambiguïté, rien ne vaut le **vague**. *On a mis sur pied un programme d'aide.* Qui ça? Pour qui? *Elle a exprimé son désaccord sur le sujet.* Mais encore? Sur lequel des vingt-deux thèmes dont il vient d'être question? Quel type d'expression: elle a froncé les sourcils, a répondu aux arguments de l'autre, a tenté de l'étrangler? Quel genre de désaccord: elle a rejeté un détail tout en acceptant l'ensemble, mis plusieurs informations en doute, affirmé exactement le contraire? Elle a nuancé tels propos, les a niés, les a qualifiés d'imbéciles et de nazis?

Pour produire du vague, rien de plus efficace que les phénomènes et les problèmes. Ah! *le phénomène de la psychologie du délinquant*! Ou encore *le phénomène de la modernité*: c'est beau, c'est grand, c'est généreux. Ça accueille la brosse à dents électrique, l'angoisse nucléaire, les livres vendus au kilo, la peinture constructiviste, les *born* again, les écolos, les montres à eau, les bungalows... Tout, n'importe quoi, et son contraire.

Pour varier un peu le style, passer des phénomènes aux *problèmes*, tout aussi hospitaliers. D'une information sur des citoyens qui contestent des décisions de Revenu Québec devant les tribunaux, des étudiants m'ont fait une nouvelle sur *les gens qui ont des problèmes avec l'impôt*. C'est ce que j'appelle élargir les perspectives. Ainsi se trouve admise dans le club toute personne qui manque d'argent pour payer ses impôts, n'arrive pas à remplir seule sa déclaration de revenus, reçoit en retard les formulaires de son employeur, fait l'objet de poursuites par le fisc, en arrache dans ses études en fiscalité...

Après le flou artistique, *la formulation aberrante* offre le meilleur moyen d'injecter de l'imprécision dans un texte.

> *Vous n'êtes pas sans ignorer que la cause du problème est due à plusieurs raisons. Ce point est à l'étude du mandat de la commission d'enquête, mandat qui doit suggérer des moyens d'améliorer les problèmes et d'approfondir les lacunes.*

Écrivez cela et il se trouvera des gens pour dire que vous ne devriez pas *ignorer* qu'une cause due à quelque chose, c'est de la causalité au carré, au cube si ce quelque chose est de surcroît un ensemble de causes. Ni *être sans savoir* que lorsque la maladie s'améliore, le malade dépérit, même si le mandat de son médecin étudie très fort pour découvrir un remède. On aurait tort de *sans* faire pour si peu, cela va *s'en* dire. Nous avons déjà assez de *difficultés avec nos problèmes* comme ça. Quand même, il pourrait *sans* dire des choses sur les rapports entre efficacité et correction de la langue... Notamment, qu'écrire au son *ait* aussi une bonne façon de semer la confusion.

À cause de sa cocasserie, on pourrait croire que la formulation aberrante est une rareté ou le monopole des esprits brouillons. Il n'en est rien! Tout lecteur de la presse un peu attentif pourra amasser en peu de temps une superbe collection de perles, dont plusieurs offertes par les meilleures plumes. Même chose pour le professeur qui lit les travaux d'étudiants, même très doués, ou... relit sa propre prose. En corrigeant un seul très court travail sur les conditions de vie dans les prisons, j'en ai relevé une bonne cinquantaine. Il y avait là *des objectifs qui visent à* (très populaires), des *incarcérés surpeuplés*, cela, *faute de manque de place*, des règlements concernant *l'admissibilité à cette alternative*, des mesures qui *faisaient état* des soins de santé, d'autres mesures qui *offraient un programme*, etc. *Des policiers subissaient des coupures, des surveillants allaient acquérir un volet social*. J'ai appris aussi que les criminels au Québec sont moins dangereux qu'ailleurs: nos assassins sont de braves gens bien de chez nous!

Trêve de plaisanteries. Répétons que **le lecteur ne doit jamais jouer aux devinettes**. Il faut donc, nous l'avons déjà vu, livrer toute l'information nécessaire à la compréhension immédiate du texte. En ce qui concerne la façon de la présenter, il faut toujours trouver le mot précis, le mot juste, bannir les termes vagues ou impropres ainsi que les formulations aberrantes.

Comment y arriver? Je vois deux moyens de développer la précision. D'abord relire ses brouillons d'un œil féroce, malveillant, en cherchant la petite bête – en l'occurrence, tout mot et toute formulation susceptibles d'être compris de travers ou de faire surgir des questions sur le sens précis de l'information (voir l'épisode *Elle a manifesté son désaccord*).

Ensuite, jouer abondamment du dictionnaire, cette merveille qui vous apprend en deux secondes que *à cet effet* ne saurait signifier *à ce sujet*, ni *opportunité* se substituer à *occasion*. Jouer en particulier du dictionnaire analogique, cette merveille des merveilles qui fait trouver un mot qu'on ignore à partir d'un parent qu'on connaît, un mot juste qui se dérobe à partir d'un autre moins précis (dans le contexte) mais associé par le dictionnaire à celui qu'on cherche.

Dans le doute, ne jamais s'abstenir: courir et recourir au dictionnaire! Cent fois sur le métier remettez votre ouvrage, et mille fois sur le bureau, votre dictionnaire.

UNE LANGUE VIVANTE

Vos textes transmettent une information précise et facile à comprendre. Ne vous assoyez pas sur vos lauriers! Il faut encore **intéresser** le lecteur. Pour cela, d'une part lui offrir des textes bien fignolés, de lecture agréable. D'autre part le toucher, évoquer pour lui des personnes et des situations qu'il connaît, l'amener à se sentir concerné: le faire participer à l'information.

Une présentation concrète de l'information

Il est toujours possible, me direz-vous, de faire participer le lecteur à la construction d'une usine automobile à Saint-Bruno, encore que pour le public gaspésien... Mais que faire de l'effondrement des cours mondiaux de la potasse? Il y a des sujets qui dispensent presque d'avoir du talent: l'anthropophagie de Bokassa, les enfants esclaves de Manille, le SIDA dans le monde, la grève des hôpitaux ou des transports en commun ici, les Jeux olympiques, etc. Comment ne pas les gâcher? Et dans les autres cas, comment attirer le lecteur?

Le mot-clé, ici, c'est rendre l'information **concrète**. Question de langue (on y reviendra) mais aussi, plus généralement, de manière de présenter l'information. Il faut arriver à rapprocher de son public ces événements qui *a priori* lui passent mille coudées au-dessus de la tête, soit par manque d'intérêt, soit par incompréhension et, évidemment, ne pas le détourner de sujets pour lui plus alléchants par une présentation plate et abstraite. En d'autres termes, on doit mettre en valeur ce qui est proche et concret et trouver le moyen d'injecter du concret, du tangible, dans l'étranger et l'abstrait.

Les tractations entre les pays de l'Organisation des pays exportateurs de pétrole (OPEP) se déroulent à l'autre bout du monde, en plus d'être complexes et difficiles à suivre. Pour intéresser le lecteur, il faudra lui faire sentir (en quelques mots) qu'il est **concerné**, ou que ses voisins ou concitoyens le sont: on va payer l'«huile à chauffage» (mazout léger) ou l'essence plus cher, ou moins cher, l'emploi dans la région ou le pays va s'en trouver stimulé ou affaibli, etc.

Pour d'autres événements lointains, les rapports avec le public n'apparaissent qu'à travers une analyse en profondeur sur le moyen ou le long terme. Certes, les économies mondiales sont interdépendantes, de sorte que la façon dont on résoudra la crise de l'endettement des pays du tiers monde finira par toucher tout le monde. Ce n'est pas simple à glisser, mine de rien et en termes concrets, dans une nouvelle sur les négociations en cours entre le Brésil et le Fonds monétaire international. Aussi gardera-t-on ce type d'explications pour des médias (revues et magazines) et des genres rédactionnels (analyses et dossiers) qui s'y prêtent. Dans l'information rapportée, on y renoncera, à moins qu'elle ne porte directement sur le sujet (appel du pape ou position d'un sommet international à ce propos, par exemple).

On n'en cherchera pas moins à concrétiser l'information, en montrant qu'elle met en cause des **êtres humains bien réels**[7]. On donnera alors à voir non pas seulement des relations entre superinstitutions (États, grands organismes internationaux, etc.) mais leurs retombées pour les hommes et les femmes concernés: plus ou moins de chômeurs, de victimes de la faim, d'enfants qui pourront ou ne pourront pas fréquenter l'école, etc.

Des choses très matérielles peuvent, surtout en atteignant «l'hyper-dimension», devenir abstraites. Le lecteur convertit lui-même sans difficulté dix mille dollars en mois de travail ou en petite voiture. Il sait qu'un million de dollars représente beaucoup d'argent. Mais cent millions, cent milliards dépassent l'imagination concrète de la plupart des gens, qu'il s'agisse de dollars, de hot dogs ou de journées de travail.

Quand on joue avec de tels chiffres, il convient de les ancrer dans la réalité, de les ramener à une échelle humaine en établissant des proportions, des comparaisons, des équivalences, etc. Un être humain sur dix fait ceci, le budget annuel de cette multinationale est trois fois celui du Québec. L'argent consacré chaque jour par ce pays à l'armement suffirait à nourrir tel autre pendant un an. Avec les sommes coulées dans le Stade olympique, on aurait pu construire une piscine non moins olympique dans x centaines de localités du Québec, avec le béton coulé dans la Manic, construire une route à deux voies de Sept-Îles à Saint-Truc, etc. (Mais attention, certains de ces exemples ne sont pas «innocents»: les réserver à l'information commentée.)

Même les êtres humains peuvent paraître abstraits en se multipliant, surtout s'ils vivent loin de nous. On pourra rapprocher les cinq cent mille morts de telle guerre en cours en disant, par exemple, que ce bilan équivaut à passer par les armes toute la ville de Québec, ou on dira (comme *Le Devoir*, 15 mars 1988): *Il y a eu 25 millions de naissances par année en Chine entre 1962 et 1972, soit à peu près la population du Canada à chaque année.*

À la suite de beaucoup d'acteurs sociaux (à moins que ce ne soit l'inverse), la presse raffole des chiffres. Ceux-ci donnent à tout des apparences de précision; on les assène à qui mieux mieux comme autant de «preuves» de ceci ou de cela. D'où des guerres des chiffres qui passionnent les combattants mais laissent souvent le public aussi froid que les guerres de drapeaux de nos représentants fédéraux et provinciaux à l'étranger. Attention, donc, de ne pas en abuser.

D'ailleurs, même petits, les chiffres ne sont pas nécessairement «parlants» pour le lecteur. La hausse d'un taux de chômage, c'est abstrait; cent mille chômeurs de plus, c'est concret. *Dix mille dollars pour la campagne à la mairie de St-Foy de M. X*, titrait le quotidien. Et alors? Est-ce un record d'économie? Est-ce un peu excessif? totalement déraisonnable? La plupart des gens n'en ont pas la moindre idée. Il faut leur fournir un point de comparaison, par exemple la dépense moyenne des autres candidats, et titrer avec autre chose.

Comparaisons, proportions et exemples doivent éclairer l'information, pas l'étouffer! Allons-y brièvement et sans systématisme: inutile de trouver une comparaison pour chacun des vingt-deux nombres d'une nouvelle. Surtout, que

---

7. En information rapportée, on fera cette démonstration indirectement, à travers ses sources, puisque le journaliste doit demeurer «invisible». (Voir le chapitre VI.)

ce souci de concret ne fasse pas oublier d'autres règles de l'écriture de presse, par exemple celle qui interdit au journaliste de prendre position ailleurs que dans l'information commentée. Alors, même s'il est exact que le revenu quotidien du patron équivaut au salaire annuel du mieux payé de ses employés, on évitera cet exemple dans sa nouvelle sur la grève en cours, quoique rien n'empêche de citer un gréviste qui fait ce calcul, si cela entre dans l'argumentation syndicale.

Un vocabulaire concret

Le moyen le plus efficace de rendre son langage concret, c'est de l'«humaniser». En fin de compte, l'information publique porte presque toujours sur «du monde», *des hommes et des femmes* qui agissent ou qui subissent, gagnent ou perdent, produisent ou consomment, etc. C'est dans ces termes qu'il faut, autant que possible, présenter l'information au public. Les êtres humains seront toujours plus intéressants pour lui que les notions abstraites et les généralités. Rien de ce qui est humain ne lui est étranger... à condition de le lui présenter comme tel.

Par conséquent, préférer les *patrons* ou les *dirigeants d'entreprises* (selon le contexte) au *patronat* et aux *milieux patronaux*, les *syndiqués* aux *institutions syndicales*, les *étudiants* ou les *enseignants* au *monde de l'enseignement*, les *agriculteurs* à *l'agriculture*, etc.

Dans d'autres contextes que celui de l'écriture de presse, les règles du jeu peuvent différer. Ainsi, comme il n'y a pas de science du particulier, les gens de science ont volontiers recours à des catégories abstraites et générales. Ainsi encore, les partisans de la «désexisation» ou de l'«androgynisation» de la langue suggèrent de désigner si possible la fonction plutôt que la personne pour éviter des répétitions: la *direction* plutôt que le *directeur* ou la *directrice*, etc. Si valable que soit l'objectif, on se gardera de suivre systématiquement cette pratique dans la presse, sauf dans les rares médias qui donnent priorité à la désexisation de la langue. D'abord parce qu'un style abstrait est moins vivant. Ensuite parce que l'abstraction stylistique produit ce qu'on pourrait appeler de l'abstraction politique (au sens large). En lisant que la direction d'une entreprise a fait tel choix, on aura peut-être l'impression qu'une machine impersonnelle et abstraite en est arrivée là par une espèce de fatalité. Il en ira tout autrement si on apprend que le président Untel a pris telle décision.

En écriture de presse, donc, on donnera à voir des êtres humains à l'œuvre et à l'épreuve, on parlera de choses tangibles et concrètes.

Même les gens du comté ne se précipiteront pas sur un article intitulé *Lotbinière a-t-il un marché socio-culturel?* (manchette du *Peuple de Lotbinière*, 24 juin 1985). De quoi est-il question? De salles de spectacle, d'un sondage régional sur leur fréquentation et de la construction éventuelle d'une nouvelle salle dans le comté. En plus d'être faux – le spectacle en salle n'est pas tout le «socio-culturel» –, le titre pose une question académique et abstraite. Pourtant, à en croire les résultats du sondage rapporté, le sujet pourrait intéresser beaucoup de lecteurs du *Peuple*. Au lieu de les décourager ainsi, pourquoi ne pas se demander, par exemple, si le comté pourrait *faire vivre une nouvelle salle de spectacle*. C'est de cela qu'il s'agit; précision de l'information. *Vivre* est un mot fort, une *nouvelle salle de spectacle* a pour les habitants de la région des résonances autrement plus réelles qu'un *marché socio-culturel*: le style concret fait le texte vivant.

Un article adjacent nous apprenait qu'une *étude de viabilité* avait conclu que *la viabilité d'un comité permanent d'organisation culturelle est possible* et que *cet organisme* élaborerait un projet de salle *multifonctionnelle et polyvalente*. Ce jour-là, décidément, la culture, ainsi (mal) traitée par le *Peuple*, ne risquait pas de faire accourir les foules!

Une langue riche et belle

Si vous décrivez une vedette comme toute simple, votre lecteur comprendra que vous l'avez trouvée ouverte, accueillante et accessible, et que cela n'exclut pas que vous admiriez aussi chez elle une forte et belle personnalité. En écriture, de même, *simplicité n'est pas pauvreté* (Hervouet).

Comment arriver à bien écrire? Il s'est publié et se publiera sur la question des centaines de livres, que je n'ai pas la prétention de remplacer ni de résumer. Je me limiterai ici à quelques éléments, sur lesquels l'expérience m'a appris qu'il n'est pas inutile d'insister.

D'abord, délayage et verbiage font dormir le lecteur. Mais passons sur la concision, dont j'ai déjà souligné qu'elle contribue à la vivacité du style.

À l'inverse, **clichés, poncifs** et **lieux communs** alourdissent le style. Un comédien peut être beau sans être beau comme un dieu, ou comme un pâtre grec. Belle comme le jour, long comme un jour sans pain, etc.: de telles images ont déjà eu la force de la nouveauté mais il y a de cela belle lurette. Mieux vaut se passer de comparaisons que de tomber dans le ressassé. En outre, les clichés font souvent pécher contre la précision: les assassins n'ont pas tous une mine patibulaire, et par définition, les professeurs vraiment éminents sont rares. Il arrive que certains le deviennent par la seule grâce des médias. Un journaliste qualifie son informateur d'éminence, ses collègues des médias reprennent en chœur, et voilà un honnête professeur promu au rang de notoriété...

Dans ce cas, tant pis pour la vérité et tant mieux pour le promu. Toutefois, les lieux communs, tout auréolés qu'ils sont de sagesse séculaire, peuvent aussi s'avérer destructeurs. L'affreux *Il n'y a pas de fumée sans feu* donnera encore longtemps de la force à la calomnie malgré tous les démentis du monde.

À bas donc les clichés, poncifs et autres lieux communs, qui font obstacle à la justesse de l'information souvent et à l'agrément de la langue toujours. On se méfiera en particulier des *clichés proprement journalistiques*. Il n'y a guère, en effet, que des journalistes pour appeler le feu ou les flammes *l'élément destructeur*, l'incendie une *conflagration* ou un grand voilier une *cathédrale de la mer*. On se gardera bien de conclure que l'emploi de ces clichés représente le fin du fin du professionnalisme!

La simplicité produit la clarté de l'expression mais aussi souvent la beauté du style. Chaque fois qu'on s'en éloigne, on risque la lourdeur, sinon l'incorrection. Pourquoi *ce dernier, celui-ci, cette dernière, celle-ci* quand *il* ou *elle* suffisent? Pourquoi toujours *lequel* au lieu de *qui*? *M. X a rencontré hier dans la capitale provinciale Mme Y; celui-ci a exposé à cette dernière ses vues, lesquelles...* Voilà un *celui-ci* trop loin de son antécédent pour être correct. Et quel galimatias! Renonçons à ces pronoms à rallonge s'ils ne sont pas nécessaires à la clarté de la phrase.

Combattons également les **tics verbaux**. Il est possible de trouver dans un texte assez long un ou deux *en ce qui concerne*, un ou deux *sur le plan de* parfaitement appropriés, mais pas quinze! Quant à l'insupportable *au niveau de*, depuis que j'en ai relevé plusieurs douzaines dans une seule fournée de brèves (dont six dans un alinéa de douze lignes), je recommande instamment de s'en abstenir. Il doit se trouver bien des lecteurs qui, comme moi, en ont assez de lire que les gens malhabiles au marteau se font mal *au niveau des doigts* ou que telle personne réussit bien *au niveau de sa carrière*.

L'ennui naquit un jour de l'uniformité. Un ingrédient essentiel du style vivant est la **variété**. Il faut multiplier les façons de dire, chercher les synonymes, les formulations équivalentes... On verra à renouveler constamment aussi bien sa *syntaxe* que son *vocabulaire*; par exemple, enchaîner, après quelques phrases très brèves, avec une autre un peu plus longue; passer du style direct à l'indirect, du nom sujet à l'infinitif sujet, de propositions indépendantes à des principales avec subordonnées (pas douze à la fois, les subordonnées!), etc.

Pour obtenir un texte dynamique, choisir le **mot fort**, riche, savoureux, pétant de santé. Au premier rang des suspects, *être, avoir* et *faire*, ces faiblards qui pèchent en outre contre la précision et la variété. Livrons-leur une guerre permanente – mais attention de ne pas remplacer une répétition par une autre, par exemple en substituant systématiquement *posséder* à *avoir* («posséder une attitude»!).

Cela dit, pour acquérir une langue vivante, **cherchez le verbe!** De tous les mots, c'est le plus apte à traduire l'action, à faire voir des gens qui agissent, des choses qui bougent, des événements qui se bousculent... Comparez: *Il y a eu au Conseil une décision en faveur de la construction, de la rénovation ou de la restauration de résidences* à ceci: *Les conseillers ont décidé de faire construire, rénover ou restaurer des résidences*.

Un verbe fort donne un titre vivant. Faites agir!

Le Soleil, 22 septembre 1987

Un CF-18 plonge dans la rivière Saguenay

♦ Un chasseur CF-18 des Forces canadiennes s'est écrasé dans la rivière Saguenay, hier après-midi, peu de temps après son décollage de la base militaire de Bagotville. Le pilote et unique occupant de l'appareil, le major Mike Stacey, de Montréal, a sauté en parachute et s'en est tiré avec des blessures mineures. Les pertes financières découlant de cet écrasement sont évaluées entre $30 et $40 millions. C'est le cinquième écrasement d'un CF-18 des Forces canadiennes depuis trois ans. Le Canada a acheté 136 appareils de ce type du fabricant McDonnell Douglas. «Un premier avion est passé et a pris la direction de Chicoutimi. Pour ce qui est du deuxième, une boule de feu est sortie à l'arrière et il y a eu comme une explosion», a raconté un témoin, Gaston Beaudoin, habitué aux manœuvres des militaires au-dessus du Saguenay. Immédiatement après l'explosion, les moteurs se sont arrêtés. Il a vu le pilote s'éjecter et plonger vers le Saguenay. «Immédiatement après la sortie du pilote, l'avion s'est mis à tournoyer dans le ciel. Il a ensuite entrepris sa descente».

Les détails, page A-3

Faites agir, donc. Et pour cela, choisissez le **mode actif**. Dehors les tournures passives! Vous avez écrit: *Un discours a ensuite été prononcé par M. X. Il a été acclamé par les congressistes.* Biffez-moi tout cela, et faites agir: *M. X a prononcé un discours. Les congressistes l'ont acclamé.* Méfiez-vous dans ce cas comme dans d'autres de l'influence de l'anglais sur notre syntaxe. L'anglais admet l'usage fréquent de la forme passive, alors qu'elle heurte le génie de la langue française. *It has been said by someone that this is to be considered as an exception*, sans être élégant, étonne moins que *Il a été dit par quelqu'un que cela doit être considéré comme une exception* (!).

Autre inconvénient de la forme passive : elle produit souvent de la nouvelle sans acteurs. *Le budget a été augmenté de..., Il a été décidé que..., Des travaux ont été entrepris pour...* Non seulement on ne nous montre pas les gens comme actifs mais on les fait disparaître! Le budget s'est-il augmenté tout seul? Non. Alors n'en donnez pas l'impression.

Comme dans cette brève (Téléjournal de Radio-Canada, 19 avril 1988): *L'accusation de possession de drogue qui avait été portée contre l'ex-femme de Pierre Trudeau, Margaret Kemper, est tombée aujourd'hui.* Boum!

On préférera aussi les **tournures positives** aux tournures négatives. On *refusera* au lieu de *ne pas accepter*, on *niera* des propos au lieu de *dire qu'ils ne sont pas vrais*, etc. (Remarquez, au passage, comme la forme positive favorise la concision). Surtout, on n'oubliera pas de ne jamais utiliser de doubles négations... L'abus des tournures négatives nous menace tous, dans un pays où les personnes jolies sont dites *pas laides* et les très jolies *pas laides du tout*, où on se porte toujours *pas mal* plutôt qu'assez bien et où la température est *pas froide* à quarante degrés au-dessus de zéro et *pas chaude* à quarante en-dessous!

Il ne s'agit pas de bannir toute forme négative. La négation existe en français, comme le montre la phrase précédente. Ainsi, l'euphémisme et la litote, qui sont bien dans l'esprit de la langue française, requièrent la négation (souvent pour le premier, par définition pour la seconde). Si vous affirmez en dégustant un grand cru que *ce petit blanc n'est pas mauvais*, vous ajoutez quelque chose au message *Voilà un excellent vin* : une note d'humour, ou de snobisme. Plus généralement, *ne pas s'objecter à une démarche*, c'est autre chose que *de l'appuyer*, *ne pas y voir d'inconvénients* ne saurait signifier *qu'on y voit tous les avantages du monde*.

Il en va de même, d'ailleurs, des tournures passives. *Être dépassé par les événements* rend bien l'état d'impuissance auquel on est réduit dans ces cas-là. Et vous écrirez bien *Le ministre dissident n'a pas été invité à la soirée qui a suivi cette rencontre* puisqu'il s'agit de souligner une exclusion, que le ministre *subit* pour sa pénitence. On le voit, même une formulation à la fois passive et négative peut à l'occasion se justifier.

Il reste qu'on a tendance à abuser des tournures négatives et passives et que celles-ci ont tendance à alourdir le style. On les réservera donc aux cas où leur usage introduit dans le texte une nuance utile à la précision de l'information.

Les fleurs de rhétorique, on l'a vu, sont incompatibles avec le style journalistique. En revanche, bien utilisées, les **figures** de rhétorique, de mots ou de construction, font beaucoup pour alléger le style. Elles sont légion et portent les noms les plus bizarres, de l'épenthèse à l'apocope, en passant par la catachrèse après un détour par l'antonomase. Pour tout savoir sur elles, vous voudrez bien consulter votre grammaire préférée. Pour le moment, retenons simplement qu'une langue imagée a plus de vigueur qu'une autre. *Toute la ville est en émoi* fait plus nerveux que *tous les habitants de la ville*, la *source* ou la *racine* d'un mal, plus concret que la *cause* ou le *facteur*.

Figures et images peuvent aussi conduire tout droit à la catastrophe. Utilisée parcimonieusement, la litote a du *punch*; omniprésente, elle ennuie. La métaphore rend de bons et loyaux services à qui sait la bien choisir mais gare au ridicule! Écrivez qu'un nouveau chef prend les rênes d'un restaurant (*sic*), et votre lecteur se demandera si votre plume ne s'est pas un peu emballée. Quant à la métaphore double ou multiple, renoncez-y à tout jamais. Il faut presque du génie pour la réussir. Pensez au célèbre char de l'État qui naviguait sur un océan de problèmes! Une dépêche de l'AFP attaquait (le 16 mai 1989) avec ceci: *Le premier pas vers la convertibilité du rouble devrait voir le jour avant la fin de l'année.* Un premier pas qui voit le jour... De même allez-y *moderato* avec la métonymie, sinon vous risquez de décrire un jour un lieu inexploré comme un endroit où la main de l'homme n'a jamais mis le pied...

Les figures, c'est comme le parfum, séduisant à petite dose, étouffant en trop grande quantité. On les utilisera donc avec prudence et discrétion. Surtout, on donnera toujours priorité à la clarté sur les effets de style. Votre lecteur ne doit jamais se demander ce que vous voulez dire exactement. Encore moins mal interpréter votre texte, ce qui arrivera si, par exemple, il prend au pied de la lettre ce que vous entendez au sens figuré. L'hyperbole (exagération), d'ailleurs très difficile à réussir, comporte souvent un tel risque. *Elle est venue mille fois dans cette région depuis cinq ans.* Ah, vraiment? Environ quatre fois par semaine? Si souvent? Cette fausse précision peut semer le doute dans l'esprit du lecteur. Bannissez donc l'hyperbole, à moins d'être à cent vingt pour cent sûr de votre affaire!

Quoi de plus agréable à lire qu'un texte plein d'**humour**? Que vaudraient *Le principe de Peter*, les articles du *Journal of Irreproducible Results* et *L'acceptation globale* si les choses y étaient dites sur le mode grave? Combien de personnes liraient *L'imposture scientifique en dix leçons* si cette défense de la méthode scientifique contre le charlatanisme ne rejetait *les contes de la science vague* en niant que Rika Zaraï soit *soluble dans la médecine*[8]?

En revanche quoi de plus triste que la plaisanterie ratée, la tentative d'humour qui tombe à plat? Dans le domaine de l'humour, la demande est forte, l'offre faible. Si vous ne faites pas partie des rares privilégiés de l'humour, ne forcez pas votre talent, laissez à d'autres le soin de faire rire ou sourire.

Surtout, sachez que, passé un certain âge, la plupart des gens ne trouvent rien de spécialement drôle au joual ou à la vulgarité (en admettant que votre média accepte ces pratiques). *Pipi, caca* suffit à déclencher l'hilarité dans un groupe d'enfants, mais votre public ne vous appréciera pas plus si vous faites dire à un interviewé *Shu tanné en ciboère* plutôt que *J'en ai assez*. Au contraire, il se trouvera sûrement plusieurs lecteurs pour s'en offusquer. Ces évidences n'en sont pas pour tout le monde, si j'en juge par le «comique» de certaines feuilles. Si donc vous savez manier élégamment l'humour, bénissez le ciel mais gardez quand même cette arme pour les thèmes et les genres rédactionnels qui s'y prêtent.

Tous les thèmes peuvent prêter à rire, y compris la mort, mais pas dans un journal! Sauf dans le cas d'un journal satirique, vos lecteurs bondiront si vous riez d'eux ou si vous prenez à la blague des choses pour eux sacrées ou graves. Il y a parmi eux des agriculteurs qui détestent les fines allusions aux *habitants*, des enseignants que les histoires d'*intellectuels à lunettes* et de *têtes d'œuf* hérissent et des femmes au foyer qui refusent de se faire traiter d'*Yvettes*. Respectez votre public. Et ne tournez pas en dérision ce qu'il respecte. Il a circulé des plaisanteries aussi drôles que féroces sur les sept astronautes de la NASA morts dans l'explosion de la navette, ou sur les icônes qui saignent à Sainte-Marthe; gardez-les pour des cercles restreints, ou pour *Croc*.

---

8. M. de Pracontal, Paris, Éditions La Découverte, 1986. «Un livre superbe qui fait grimper votre QI de vingt points», comme le dit l'auteur à propos d'un autre livre.

L'humour ne convient pas à tous les genres. Le billet l'appelle. La chronique d'opinion le permet. L'éditorial ne l'interdit pas... Son emploi est beaucoup plus délicat en information rapportée ou expliquée. Tout alors est question de jugement et de sujets. Un reportage sur le festival du rire? Le moment est bien choisi pour essayer de faire rire. Une nouvelle sur un fait divers tragique? Jamais! Plus généralement, en information pure et dure, l'humour n'a guère sa place. Les dépêches d'agence n'en font presque jamais – encore que j'aie vu une nouvelle de la P.C. sur un ministre qui allait faire le joli cœur dans sa circonscription... le jour de la Saint-Valentin.

Quoi qu'il m'en coûte de prévenir encore mon lecteur contre une chose aussi délicieuse, je dois ajouter que l'humour contrevient souvent à la règle de la clarté universelle. Tel chroniqueur brocarde les sexistes en reprenant par ironie leurs raisonnements et se retrouve avec une avalanche de lettres... dénonçant son sexisme. Des dizaines de personnes ont félicité (sans rire) Yvon Deschamps pour la volée de bois vert qu'il administrait aux syndicats dans *Les unions, qu'ossa donne?* Il convient donc d'utiliser l'humour avec la plus grande prudence.

LA SYNTAXE DE L'ÉCRITURE DE PRESSE

La structure des phrases figure évidemment parmi les ingrédients d'une langue correcte, concise, simple et vivante. Si j'ai gardé ce sujet pour le dessert, c'est pour éviter la redondance, car chaque règle syntaxique propre à l'écriture de presse a à voir avec deux ou plusieurs des qualités de langue recherchées. (Quant au paragraphe et au plan, j'en ai déjà traité dans le chapitre III.)

Des phrases courtes

On sait par les tests de lisibilité que le lecteur comprend et retient mieux une phrase courte qu'une phrase longue. L'obsession du lecteur étant notre première qualité, nous rédigerons des phrases courtes.

Le Canard enchaîné, 3 décembre 1986

Bande de concis!

Dans une brochure du ministère de l'Économie intitulée « *Quelques règles simples pour être lu* », on apprend que,

« selon leur public [*Les journalistes*] adaptent la longueur moyenne de leur phrase.

● Pour le lecteur du « Reader's Digest » : 17 mots maximum.

● Pour le lecteur du « Monde » : entre 20 et 25 mots. »

Et pour les lecteurs du « Canard », on doit compter en bons mots?

De toutes les règles de l'écriture de presse, celle-là est sans doute la plus généralement reconnue. On raconte souvent dans les milieux journalistiques que le fondateur du *Times* de Londres avait coutume de dire à tout journaliste débutant: *Un sujet, un verbe, un complément! Pour ajouter un adjectif, il vous faut ma permission.*

L'anecdote est peut-être apocryphe (mot rare). On l'attribue d'ailleurs parfois à Beuve-Méry du *Monde* ou à d'autres grands rédacteurs. Elle a le mérite de souligner l'importance de la phrase courte dans le style journalistique. Tout comme cette plaisanterie, attribuée par *Libération* (17 novembre 1986) à des journalistes du *Figaro* que critiquaient (dans l'intimité) la complaisance de leur journal face au pouvoir: *Chez nous, c'est: un sujet, un verbe, un compliment!*

À partir de combien de mots une phrase est-elle longue? Dans un journal grand public, quinze à dix-sept mots constituent la limite. Pour un public cible très scolarisé, il est permis de pousser des pointes à vingt, vingt-cinq mots.

Une information, une phrase

Pour obtenir des phrases courtes, pratiquez bien sûr la chasse aux mots inutiles. En outre, respectez le principe suivant: une information, une phrase, une phrase, une information. Si votre phrase, quoique concise, est longue, c'est qu'elle contient deux ou plusieurs informations. Scindez-la en deux ou en plusieurs phrases.

On fait évidemment exception à cette règle pour les informations condensables en deux ou trois mots. Ainsi, on insérera *hier à Québec* après *Trois cents étudiants ont manifesté contre l'augmentation des frais de scolarité*. En revanche, pour décrire le parcours de la manifestation, il faudra une, deux ou plusieurs autres phrases, selon le nombre de détails retenus. Et si une information qu'on pourrait livrer en quelques mots comporte quelque valeur journalistique, de l'imprévu par exemple, on lui accordera son juste espace. La manifestation en question s'est produite *après* qu'on a eu renoncé à augmenter les frais de scolarité? Cela mérite une phrase.

En livrant les informations une à une, en autant de phrases denses et courtes, on s'assure que le lecteur s'y retrouvera facilement et rapidement. Cela permet également de mettre chaque information de quelque importance en valeur, plutôt que de l'escamoter dans un entassement de propositions[9].

Des difficultés

Des phrases courtes, des phrases monovalentes: c'est essentiel. Pourtant, on trouve à foison dans n'importe quel journal des phrases de quarante, cinquante, voire soixante-dix mots et plus, y compris et même surtout dans les *leads*, qu'il convient pourtant de rédiger avec un soin particulier.

Il faut dire que les journalistes écrivent souvent sous pression. Seuls ceux qui maîtrisent parfaitement le style journalistique parviennent alors à en respecter toutes les règles. D'autre part, ils cherchent à économiser l'espace. Or, à nombre de caractères égal, on peut entasser plus d'informations dans une phrase longue que dans quelques phrases plus courtes.

---

9. Nous reviendrons dans le chapitre consacré au *lead* sur les règles de rédaction concernant la mise en valeur des informations importantes.

> *Deux ressortissants italiens, membres des Brigades rouges italiennes, Roberto Peli, trente et un ans, et Umberto Passigatti, vingt-sept ans, arrêtés au mois d'octobre 1986 à Gif-sur-Yvette (Essonne), ont été condamnés, mercredi 17 juin, à neuf mois de prison ferme pour vol, recel de voiture, détention et usage de fausses pièces d'identité par la cinquième chambre correctionnelle du tribunal de grande instance d'Évry.* (Le Monde, *20 juin 1987*)

Ouf! Plus de soixante mots, et que de matière! Pour respecter nos deux règles, il faudrait, à tout le moins, répartir les éléments de description des accusés sur deux phrases et consacrer une phrase distincte à chacune des informations suivantes: l'arrestation, les motifs de la condamnation, l'autorité judiciaire concernée. Par exemple:

> *Deux membres des Brigades rouges italiennes, Roberto Peli et Umberto Passigatti, ont été condamnés à neuf mois de prison ferme mercredi 17 juin.* **Les deux hommes, âgés respectivement de 31 et 27 ans, sont des** *ressortissants italiens.* **Ils ont été trouvés coupables** *de vol, recel de voiture, détention et usage de fausses pièces d'identité.* **C'est la cinquième chambre** *correctionnelle du tribunal de grande instance d'Évry* **qui a prononcé la sentence.** **Les deux brigadistes** *avaient été arrêtés à Gif-sur-Yvette au mois d'octobre 1986.*

On pourrait formuler cela autrement, et mieux. Mais impossible de passer ainsi d'une à plusieurs phrases sans ajouter un certain nombre de mots (plus d'une vingtaine, dans le cas présent). Tant pis: la lisibilité reste toujours la priorité numéro un.

Autre difficulté: les titres et fonctions des acteurs de la nouvelle, la correspondance complète des sigles et autres précisions indispensables en écriture de presse allongent nécessairement la phrase. Soit: *La cinquième chambre correctionnelle du tribunal de grande instance d'Évry a prononcé la sentence.* On a une phrase minimale, un sujet, un verbe, un complément, mais le sujet seul requiert onze mots.

D'autre part, il y a des limites à la fragmentation: il faut dire dès l'attaque qui sont les condamnés, c'est-à-dire leur nom et leur principale caractéristique journalistique, en l'occurrence leur appartenance aux Brigades rouges. D'où, dans mon exercice de réécriture, une première phrase de vingt-trois mots: longuette, pour un grand public, mais incompressible.

On se résignera donc à des phrases de vingt, vingt-cinq mots quand, et seulement quand, elles sont «incontournables», c'est-à-dire rarement. On s'en permettra une de trente mots à Noël, en sachant que cet écart annuel représente la limite supérieure de l'audace en la matière.

Des phrases de structure simple

La longueur de la phrase importe moins que sa structure. Sans être souhaitable, une phrase fort longue peut rester lisible, si elle est de structure simple et bien rédigée (c'est le cas de la phrase du *Monde* ci-dessus, malgré sa longueur). De même si elle énumère des actions en répétant la même forme syntaxique simple, en alignant des sous-phrases simples et facilement isolables. Ainsi:

Les manifestants sont arrivés à 14 heures,
ils ont mis en place un service d'ordre,
puis ils ont scandé des slogans anti-cela,
après quoi les dirigeants ont prononcé des discours,
et le tout s'est terminé dans le calme vers 16 heures.

Il faut donc préférer les propositions indépendantes, coordonnées ou juxtaposées – entendez: les structures simples – aux principales avec subordonnées, circonstancielles et compagnie. Celles-là sont difficiles pour le lecteur, empêtré dans les qui-que-dont-au-sujet-desquels de la syntaxe, et tout autant pour les auteurs s'ils ne sont pas virtuoses en la matière. Ils font alors d'une pierre deux coups en optant pour des phrases simples.

Courtes, les incises!

La capacité de mémoire immédiate des lecteurs varie de huit à seize mots. C'est pourquoi on doit faire des phrases et surtout des sous-phrases courtes. Pour la même raison, il faut limiter les incises à dix ou douze mots courts au plus, sinon le lecteur retient l'incise mais oublie ce qui la précède: il perd le fil. À bannir définitivement: les incises multiples, qu'elles soient courtes ou interminables, à la René Lévesque. *Monsieur Chose – dont chacun sait qu'il n'en est pas à sa première expérience dans ce domaine – on se souviendra longtemps de son passage aux Pêcheries – et d'ailleurs même ses adversaires le reconnaissent – estime pour sa part que...*

Plus généralement, il ne faut jamais séparer par plus d'une douzaine de mots deux mots reliés entre eux – le verbe de son sujet, le pronom de son antécédent, un mot ou une proposition de son complément, etc. Revenons à notre dépêche PC, décidément riche en enseignements:

La campagne de boycottage que voulait mener aux États-Unis la Confédération des syndicats nationaux contre le manoir Richelieu et la chaîne d'hôtels et restaurants appartenant à l'homme d'affaires Raymond Malenfant, pourrait bien avoir lieu quand même, étant prise en charge cependant par des syndicats américains.

Quand on y arrive, on a de fortes chances d'avoir oublié ce qui *pourrait bien avoir lieu*, à savoir la campagne de boycottage, abandonnée quelque trente mots plus haut (et remarquez, quand enfin le verbe vient, la virgule qui s'obstine encore à le séparer de son sujet).

Une structure prédictible

Plus la syntaxe est conforme à l'usage le plus courant, plus la phrase est facile à lire pour le lecteur. On évitera donc les constructions qui, tout en étant correctes, représentent des fantaisies syntaxiques ou relèvent du style littéraire. Par exemple, certaines inversions: *Grande fut sa stupéfaction en découvrant que...*

Il convient aussi de resituer régulièrement le lecteur, de lui rappeler de quoi il est question, en particulier en début de phrase. *C'est pourquoi l'association a choisi de...*: votre lecteur sait que vous allez annoncer une décision prise par cette association et que cette décision se fonde sur le motif que vous venez d'invoquer. L'enchaînement de vos informations étant ainsi souligné, le lecteur attaque cette dernière phrase en sachant à quoi s'attendre. C'est non seulement la syntaxe mais le texte même qui est prédictible, et la lecture en sera d'autant facilitée.

Il faut enfin jalonner votre texte de rappels. Plusieurs paragraphes consécutifs portent sur les faits et gestes d'un même acteur social? Il ne suffit pas de l'identifier une fois – *Mme Machin, historienne et présidente de la Ligue de ceci* – puis de la désigner par un seul pronom: *Elle a fait ceci... Elle a déclaré cela...* Il faut, toutes les deux, trois ou quatre phrases (selon leur longueur, selon le nombre d'acteurs en cause), rappeler de qui il s'agit: *Mme Machin a... La présidente de la Ligue a... L'historienne s'est dite...* (La règle «du tuyau de poêle» exige aussi qu'on écrive de cette façon. Voir le chapitre III.)

De même, si les informations que vous donnez sur cette personne portent sur une série de comportements (des actions, des prises de position sur différents thèmes, des revendications, etc.), vous combinerez le rappel de son identité à celui de l'objet général de son intervention: *Elle a dit ceci..., a également souligné que..., a en outre rappelé..., a aussi affirmé..., en revanche a nié..., a cependant confirmé..., Quant à la question de..., En ce qui a trait à..., Cependant..., Toutefois..., etc.*

Toutes ces expressions rappellent au lecteur que les différentes informations de votre article, ou de telle partie de votre article, se rattachent à un même thème unificateur.

Ces mots de transition sont aussi utiles comme points de repère dans des phrases un peu longues, comme liens entre deux informations parentes mais séparées par plusieurs mots:

> *(Le bilan de la coopération francophone a été dressé) par, d'un côté, le chef de la délégation du pays sortant, Mme Lucette Michaux-Chevry, secrétaire d'État français à la francophonie, d'autre part le représentant de la prochaine puissance invitante, Mme Monique Landry, ministre canadien des relations internationales.* (Le Monde, *12-13 juillet 1987*)

D'un côté annonce qu'au moins deux personnes sont concernées, *d'autre part* signale qu'on passe à la deuxième. De tels repères permettent au lecteur de s'orienter dans une phrase (inévitablement) surchargée.

Notons que ces mots de transition ne visent qu'à rendre le texte lisible et prédictible. Ils n'ont rien à voir avec les transitions inutiles où l'auteur explicite sa démarche, du genre *Maintenant que nous avons vu ceci, nous allons aborder cela*, dont j'ai déjà dit tout le mal qu'il fallait penser.

DEUX OU TROIS EXEMPLES

N'écrivez pas...	**... mais plutôt**
Mots inutiles	
• Elle affirme qu'il est faux de prétendre que...	• Elle nie que...
• «Inquiets de la situation dans laquelle les jeunes sont placés par le peu de débouchés qui s'offrent à eux dans le monde du travail...» (*sic*)	• Inquiets de la rareté des emplois pour les jeunes...
• L'investigation s'est étendue sur une période de deux ans et a nécessité des investissements de...	• L'enquête a duré deux ans et coûté tant.
Tournures passives et négatives	
• Une enquête a été effectuée par l'agence.	• L'agence a mené une enquête.
• Il ne s'occupe pas assez de...	• Il néglige...
• Elle n'a pas voulu donner son accord.	• Elle a refusé son accord.
• Lafleur ne rate pas sa rentrée.	• Lafleur réussit sa rentrée. Lafleur revient en lion.
Mots rares	
• L'impact des stress environnementaux atmosphériques sur la décroissance de la productivité de l'écosystème forestier.	• Les liens entre la pollution de l'air et la baisse du rendement des forêts.
• La compagnie Donohue craint pour ses approvisionnements en matière ligneuse.	• La société Donohue craint pour ses approvisionnements en bois.
• Le niveau d'hydrolicité des réservoirs d'Hydro-Québec...	• Le niveau de l'eau dans les réservoirs d'Hydro-Québec...

... et un exercice

Chaque jour, repérez dans votre journal des phrases qui comportent des mots inutiles, des mots rares inutiles ou inexpliqués, des tournures passives ou négatives injustifiées. Récrivez-les.

NOTES SUR LA FAÇON D'AMÉLIORER SON FRANÇAIS

Des habitudes

> — *Si j'aurais réussi cet examen...*
> — *Si quoi?*
> — *Si je l'aurais pas échoué...*
> — *Pardon?*
> — *Okay, je sais, les «si» mangent les «rais». Mais je suis en vacances!*

Voilà une attitude qui garantit qu'on ne progressera guère en français. La langue, en effet, est une question d'**habitudes**. Des habitudes si profondément ancrées qu'elles en deviennent «naturelles». On peut porter avec aisance ses habits du dimanche mais, quand on arbore son français du dimanche, s'il diffère trop de celui de la semaine, on trébuche à tout coup dans ses atours: le «naturel» revient au galop.

La seule façon d'améliorer sa langue, c'est donc de se forger un nouveau «naturel», de remplacer de mauvaises habitudes par de bonnes habitudes. Cela suppose une attention constante et un travail régulier.

Un travail régulier: fixez-vous des objectifs sur trois mois, sur six mois, sur un an. Choisissez des moyens de les atteindre. Travaillez-y tous les jours, de vingt minutes à une heure.

Une attention constante. Ce travail systématique portera beaucoup plus de fruits si, le reste de la journée, vous demeurez à l'affût de tout ce qui concerne la langue. Si le moindre doute vous fait courir au dictionnaire et à la grammaire. Si vous dévorez tous les textes traitant des difficultés de la langue qui vous passent sous les yeux. Si vous plongez dans toute conversation métalinguistique qui survient dans votre entourage. Vous acquerrez ainsi non seulement de bonnes habitudes langagières mais, plus fondamentalement, la bonne habitude d'y travailler, qui vous permettra de continuer indéfiniment à améliorer votre langue.

Un tout

La langue est chose multiple et indivisible. On ne peut pas «parler comme un pied» le plus souvent et correctement à l'occasion, ou mal parler et bien écrire. Il faut se convaincre d'autre part que le français n'est pas seulement ni même principalement une question d'orthographe. Le vocabulaire, la grammaire, la syntaxe, la ponctuation contribuent autant, et plus, à la qualité de l'expression.

Des outils

Enrichissez votre bibliothèque des ouvrages énumérés ci-après. Consultez-les à propos de tout et de rien, au moindre prétexte et même sans prétexte aucun.

- un bon dictionnaire de langue. Vous possédez déjà un dictionnaire encyclopédique? Conservez-le. C'est extrêmement utile pour la culture générale, pour savoir qui était Hitler, pour distinguer le Tibet du Tibesti, et mille autres choses moins élémentaires. Mais procurez-vous un bon dictionnaire de langue, par exemple le *Petit Robert*;

- une ou deux bonnes grammaires, par exemple *Le bon usage* de Grévisse et son *Précis de grammaire*;
- des dictionnaires des difficultés, par exemple *Le français correct. Guide pratique*, du même Grévisse, le *Dictionnaire des difficultés de la langue française* de Larousse, le *Dictionnaire des difficultés de la langue française au Canada* de Dagenais et le *Multidictionnaire des difficultés de la langue française*, de Marie-Éva De Villers. Faites-en des livres de chevet.

L'emploi d'un dictionnaire des synonymes peut aussi contribuer à une expression plus précise et plus variée. Renoncer toutefois aux ouvrages qui donnent seulement, pour chaque mot vedette, une liste de mots «synonymes». Ceux-là sont plus dangereux qu'utiles, étant donné que les mots sont polysémiques – changent de sens selon le contexte. Choisir donc un ouvrage qui distingue les différentes acceptions d'un mot vedette et apporte, par des exemples et des citations, des éléments de contexte. Le *Nouveau dictionnaire des synonymes* de Genouvrier, Désirat et Hordé («Références Larousse»), par exemple.

Des moyens

Si votre français a besoin de plus que des retouches, il serait bon de suivre un ou des cours de français correctif. La plupart des institutions collégiales et universitaires en offrent.

Certains cours permettent de travailler à distance et à son rythme, sans avoir besoin de se déplacer toutes les semaines. C'est le cas de CAFÉ, le Cours autodidactique de français écrit offert par l'université de Montréal et fort bien conçu. La Télé-Université de l'Université du Québec (TÉLUQ) offre aussi des cours de français, dont *Français pour tous, français pour tout*.

Si vous êtes étudiant(e), vous recevrez régulièrement des travaux corrigés sur lesquels on a signalé des fautes de français. Chaque fois que cela se produit, il faut d'abord vous assurer que vous avez bien compris en quoi consiste l'erreur. Ensuite, jurez-vous que jamais, jamais, on ne vous y reprendra. En un seul trimestre, vous arriverez ainsi à éliminer une bonne quantité de mauvaises habitudes.

D'autre part, il faut **lire**, beaucoup et bien. Il s'agit ici non pas d'une lecture-consommation mais d'une lecture active: curieuse, attentive, soucieuse de tout ce qui concerne la qualité de la langue et l'efficacité de l'expression. Des bons textes, pour s'en inspirer, et des mauvais, pour savoir quoi éviter.

Une suggestion, pour développer l'habitude de la lecture productive. Trouvez chaque jour, dans la une de votre quotidien préféré, cinq phrases qui vous frappent par leur clarté, leur concision, leur élégance. Analysez-les pour découvrir à quoi cela tient.

Trouvez également cinq phrases boiteuses et entachées de fautes de français (soyez assuré qu'il y en a au moins cinq!). Identifiez ce qui cloche. Récrivez-les.

Enfin, comme c'est en forgeant qu'on devient forgeron, il faut **écrire**, beaucoup écrire. La correction et surtout la facilité, l'aisance, ne viennent qu'avec la pratique. Si possible, trouvez quelqu'un qui accepte de corriger et de commenter vos textes. Quelqu'un de compétent en la matière, évidemment, sinon son intervention risque d'empirer les choses plutôt que de les améliorer.

Chapitre V
Le *lead*

UN IMPORTANT PERSONNAGE

Le *lead* est le noyau de la nouvelle, elle-même ingrédient de base de l'information journalistique. C'est dire qu'il joue, dans l'écriture comme dans la lecture de presse, un rôle fondamental.

À l'instar du titre, le *lead* vise à **attirer** le lecteur, à piquer sa curiosité, à l'inciter à poursuivre sa lecture de la nouvelle. On doit donc le rédiger dans un style particulièrement alerte, qui donne le goût d'aller plus loin.

Destiné à séduire le lecteur, le *lead* doit aussi le servir. Comme le titre, mais de manière plus détaillée, il **balise** le journal. À chacun alors de décider si tel ou tel sujet mérite plus de son temps. Dans le cas contraire, le *lead* l'aura quand même **informé**, lui aura appris l'essentiel de l'information. Un lecteur pressé qui parcourt les titres d'un journal puis les *leads* des nouvelles qui l'intéressent se tient au courant de l'actualité dans les domaines de son choix – si titres et *leads* sont bien faits, évidemment. Offrir au public un concentré de l'actualité, telle est la principale fonction des *leads*.

Dans un «journal omnibus» grand public, comme le sont la plupart de nos quotidiens, on trouve de tout, pour tous. Même si le thème à traiter vous paraît sans intérêt, il y a tout à parier qu'au moins une partie des lecteurs pense différemment. Un bon informateur traite donc une petite nouvelle de rien du tout avec autant d'égards que le *scoop* du siècle. Quelle que soit la nouvelle qu'il ouvre, **tout *lead* mérite qu'on lui accorde le plus grand soin.**

Les *leads* exercent encore d'autres fonctions, dont celle de faciliter le travail **d'écriture périphérique**. Un coup d'œil sur un *lead* bien troussé, et le rédacteur du *pupitre* décide illico du type de mise en pages qui convient à la nouvelle: espace, emplacement, corps et graisse des caractères du titre et du texte, photo d'accompagnement ou non, filet, encadré, inversé, etc.

Qualité tout aussi essentielle, du point de vue de l'auteur de la nouvelle, le bon *lead* aide aussi le *pupitre* à **titrer**. Même s'il n'a pas le temps de lire tout l'article, le rédacteur le coiffera d'un titre approprié: exact, précis, concret, et en parfaite correspondance avec le texte. Étant donné le rôle central de la titraille dans le choix des lecteurs, ce n'est pas là un mince avantage pour qui veut être lu.

Il arrive qu'un bon titreur pas trop pressé, qui a lu attentivement tout l'article, compense par le titre l'ambiguïté, l'abstraction ou la platitude d'un mauvais *lead*. On aurait tort, toutefois, de compter là-dessus... Les bons titreurs existent, j'en ai rencontré, mais ils sont habituellement pressés.

Pour que l'écriture périphérique du journal mette en valeur votre prose, faites donc des *leads* de première qualité.

Projet d'un immeuble de services à Laval construit conjointement par la ville et la Chambre de commerce

par _____

La ville et la Chambre de commerce de Laval s'unissent pour doter cette municipalité d'un immeuble qui logera des services municipaux, provinciaux et privés. On consacrera 1,5 million à sa construction. C'est la première association du genre au Québec.

La Presse a appris qu'un accord de principe était intervenu, hier après-midi, à l'hôtel de ville, entre le maire Claude Lefebvre et le président de la Chambre de commerce, M. Giovanni Rizzuto. Il reste maintenant au maire Lefebvre à obtenir l'approbation du conseil municipal et du comité exécutif.

Le terrain envisagé pour recevoir cet édifice appartient à la ville; il sera fourni gratuitement. Il est situé rue des Châteaux près du boulevard Chomedey, à quelques mètres de l'hôtel de ville. Tous les frais de construction et autres seront partagés à parts égales par la ville et la Chambre de commerce. Un comité de gestion sera responsable de la bonne marche de ce centre.

L'annonce de l'accord devrait être faite ce matin par le maire, à l'ouverture du Salon et de l'industrie et du commerce de Laval.

L'immeuble logera les bureaux du ministère de l'Industrie et du Commerce, ceux de la Corporation de développement économique de Laval (CODEL), de la Bourse régionale, du Guichet unique réservé aux hommes d'affaires lavallois, de l'Office du développement du tourisme et des congrès de Laval, ainsi que ceux de la Chambre de commerce.

L'idée de doter Laval d'un tel *centre de services*, comme on l'appelle déjà dans les milieux officiels, a été lancée il y a trois ans à la Chambre de commerce même. Dès son arrivée à la présidence en septembre dernier, M. Rizzuto a entamé de sérieux pourparlers avec le président de la CODEL, M. Gilles Vaillancourt.

Les discussions ont été longues parce que les deux parties ne s'entendaient pas sur certains points. Avant de prendre une décision, le maire Lefebvre a consulté l'un des procureurs de la municipalité.

Les deux parties tiennent à préciser que la ville et la Chambre de commerce ne s'engagent pas dans ce projet à titre de promoteurs. Le futur immeuble de deux étages n'abritera que des organismes de service. Tous les occupants devront payer un loyer.

La Presse, 6 mai 1987

Le *lead* de cette petite nouvelle sans prétention sert bien et le lecteur et le titreur. À la fin du *lead*, le premier peut décider de «décrocher», tout en sachant l'essentiel, et le second peut faire son titre sans lire toute la nouvelle.

QU'EST-CE QU'UN *LEAD*?

Dans la presse nord-américaine – et ailleurs –, on n'attaque pas une nouvelle n'importe comment. La nouvelle commence par un *lead*. Emblème de la compétence professionnelle, c'est aussi souvent le cauchemar du journaliste. En apparence tout simple (sinon, il est raté!), il n'en requiert pas moins réflexion et travail ardu.

La double exigence à laquelle répond le *lead* est en effet quelque peu contradictoire: synthétiser l'information tout en donnant au lecteur le goût d'en savoir davantage et lui permettre d'interrompre sa lecture tout en l'incitant à la poursuivre. La nouvelle, on l'a vu, s'oppose au récit ou au conte en ceci qu'elle commence par la «conclusion». Elle livre d'entrée de jeu la clé de l'énigme, le mot de la fin, les informations les plus cruciales. Comment alors inciter le lecteur à rester au poste? Il faut pour cela, outre un peu de chance, un *lead* bien pensé et bien rédigé, qui mette en relief l'importance des informations, tout en offrant une lecture aisée, agréable.

Pour en donner une définition simple, disons que le *lead*, c'est le début d'une nouvelle, ce qui suit immédiatement le titre. Parfois condensé en une seule courte phrase, il atteint rarement et ne dépasse jamais une quinzaine de lignes (de soixante caractères). En un, deux ou trois courts paragraphes, il livre l'essentiel de l'information.

Avant de passer aux règles de fabrication du *lead*, quelques précisions terminologiques et un avertissement s'imposent.

LEAD? PRÉAMBULE? CHAPEAU? ATTAQUE? *CATCH-PHRASE*?

On l'appelle souvent *préambule*. Puisqu'en matière de langage, l'usage est roi, ce terme apparaît acceptable. Il comporte toutefois un inconvénient: il dénote habituellement, en dehors du contexte journalistique, un exposé de motifs ou d'intentions, un discours ou une démarche qui *précède* l'essentiel du texte ou de l'action: tout le contraire d'un bon *lead*, qui va droit au fait.

On dit aussi parfois *chapeau*. Le terme introduit une confusion entre le *lead* et ce que les dictionnaires, spécialisés ou pas, appellent en général un chapeau, au sens journalistique, à savoir *Un texte court qui surmonte et présente un autre texte* (Petit Robert), un *Texte rédactionnel (...) pour présenter un article ou faire à son propos une mise au point* (Voyenne, 1967). Or, le *lead* ne *présente* pas un *autre* texte, il est le début et la partie la plus importante d'un texte. De surcroît, *chapeau* a aussi une acception typographique, celle d'un texte composé sur une plus grande justification qu'un autre texte qu'il surmonte et qu'il semble ainsi coiffer. Le chapeau, au sens journalistique, est habituellement présenté sous forme de chapeau au sens typographique. Recourir au même mot pour désigner une troisième réalité du monde de la presse, c'est risquer la confusion.

Il y a lieu aussi de distinguer *lead* et *attaque*. Tout article a une attaque, c'est-à-dire une façon de commencer, qu'il convient de soigner. Seule la nouvelle a un *lead* proprement dit, c'est-à-dire une ouverture qui respecte les règles spécifiques que nous allons examiner.

Le *lead* se distingue enfin du *catch-phrase* anglo-saxon, qui désigne la première phrase d'un article, en soulignant qu'on doit la rédiger de façon à «attraper» le lecteur. Il arrive assez souvent que le *lead* se résume au *catch-phrase*, mais c'est loin d'être toujours le cas[1].

Pour éviter toute ambiguïté, mieux vaut privilégier le mot anglais *lead*, d'ailleurs passé dans l'usage journalistique courant.

DES MILLIARDS DE *LEADS*

Le respect des règles ici énoncées ne constitue jamais qu'un ingrédient du bon *lead*, ingrédient nécessaire mais nullement suffisant. Il restera toujours à bien choisir son contenu et à imaginer une façon vivante de le présenter. Il y a donc autant de bons *leads* que l'art et l'imagination des auteurs peuvent en inventer. Autrement dit, leur nombre est illimité. Autrement dit, leur rédaction est affaire de jugement et de talent. Autrement dit, il n'existe pas de recette garantissant un excellent *lead*, quoique le respect des normes évite les *leads* exécrables.

Ce chapitre, comme les autres, est axé sur les fonctions minimales et fondamentales de l'écriture de presse et non sur la prouesse ou la virtuosité. Par conséquent, on y insiste sur les principes de base, assez stricts, plutôt que sur les variations personnelles, d'ailleurs imprévisibles et incodifiables. Que le lecteur se rappelle toutefois qu'il doit produire de l'informatif et de l'intéressant

---

1. Certains auteurs définissent le *lead* comme la première phrase d'une nouvelle, comme équivalent du *catch-phrase*. C'est mettre beaucoup d'accent sur l'«accrochage» et trop peu sur les autres fonctions du *lead*. Aussi la plupart adoptent-ils plutôt une définition qui va dans le sens de celle que je propose.

même avec des sujets ternes et dans un cadre contraignant. Telle est la marque d'une bonne écriture de presse. Pas de fantaisie déviante mais pas de platitude répétitive. Tel est le défi (personne ne vous a promis un lit de roses...). Dans le *lead* plus encore qu'ailleurs, il importe de relever ce défi.

LE CONTENU DU *LEAD*

Que rejeter hors du *lead*?

Il faut refouler hors du *lead* toute information non indispensable à la saisie immédiate et «intelligente» de l'événement rapporté. «Le meilleur *lead* est le plus court», dit-on souvent. Formule séduisante mais incomplète: **le meilleur *lead* est le plus court possible.**

Ce possible est délimité par deux facteurs en particulier: la complexité de l'événement et le degré de familiarité du public cible avec le contexte.

Un coup d'État dans un lointain pays agité dont vous avez dû chercher l'emplacement et le statut politique dans une encyclopédie? Le *lead* devra livrer assez d'information pour que le lecteur s'y retrouve sans avoir à lire tout l'article, c'est-à-dire beaucoup. De la pluie après trois mois de sécheresse dans la région immédiate? Vous pouvez réduire le *lead* à une courte phrase et même, une fois n'est pas coutume, à un segment de phrase: «Enfin, de la pluie!»

Le *lead* annonce d'autres informations, ou des informations plus détaillées, mais il ne pose **pas de devinettes.** On bannira donc du *lead* toute donnée sur laquelle on ne reviendra pas dans le corps de l'article, à moins qu'elle ne se suffise à elle-même.

Les policiers l'ont arrêté après une poursuite pleine de péripéties: bon pour le *lead*, si vous donnez ensuite le détail de ces péripéties; superflu, dans le cas contraire. *Ce geste du comité, qui a suscité diverses oppositions...* Vous allez détailler dans l'article l'origine et la nature de ces oppositions? Parfait! Vous les abandonnerez, ou y reviendrez en trois lignes à la fin d'un article de dix feuillets? Alors, boutez les diverses oppositions hors du *lead*.

Que retenir?

Imaginez que votre *chef de pupitre* vous accorde dix secondes, pas une de plus, pour lui faire part du contenu de la nouvelle que vous vous apprêtez à rédiger. Ou encore, supposez qu'il vous demande, l'infâme, de produire avec les mille informations que vous avez accumulées une brève de quelques lignes.

Qu'allez-vous retenir? **L'essentiel.** L'essentiel seulement. Si possible, tout l'essentiel. Voilà avec quoi vous ferez le *lead*. Chercher, avant même de rédiger la nouvelle, un titre efficace (concret et explicite) aide aussi à cerner l'essentiel.

Pour déterminer l'essentiel, il faut vous reporter non pas à vos sources mais à vos propres critères de sélection et de hiérarchisation de l'information (voir le chapitre II).

Le ministre annonce la création d'un programme d'aide à l'investissement? Concentrez le tir là-dessus, même si le ministre a passé le plus clair de sa conférence de presse à rejeter la responsabilité du marasme actuel sur le gouvernement précédent. Comme toutes les ritournelles, cette attribution rituelle des malheurs du pays à l'opposition offre peu d'intérêt journalistique, surtout à la centième répétition. Peut-être faudra-t-il en faire état, mais pas dans le *lead*. En revanche, si on a soulevé pendant la période de questions un lièvre de belle taille, plus alléchant que l'objet officiel de la conférence, pleins feux sur le lièvre. Gardez alors le programme d'aide pour le corps de l'article, ou pour un autre article.

Lorsqu'on prépare son *lead*, on se demande donc ce qui est **le plus nouveau** — le plus récent, le plus imprévisible, le plus inhabituel, etc. Qu'est-ce qui est **le plus important**, a le plus de valeur intrinsèque? Qu'est-ce qui est **le plus intéressant** pour le public visé? Les éléments qui cotent le plus haut à l'index de ces trois valeurs sont ceux qu'on devrait retrouver au début d'une nouvelle.

Voici un *lead* qui, côté sélection, ne casse pas des briques.

Le coordonnateur de l'Office des droits des détenus a affirmé que trois prévenus — il a parlé de 5 à 10 témoins directs — qui se trouvaient à Parthenais au moment de l'évasion tragique de Roch Binette, le 20 mai,

---

La chute mortelle d'un détenu aurait été « hâtée », selon des témoins

L'Office des droits des détenus demande une enquête

par

■ Le coordonnateur de l'Office des droits des détenus a affirmé que trois prévenus — il a parlé de 5 à 10 témoins directs — qui se trouvaient à Parthenais au moment de l'évasion tragique de Roch Binette, le 20 mai, étaient prêts à venir témoigner que des gardiens auraient pu avoir aidé la chute mortelle de l'évadé.

On se souvient que Binette avait fait une chute mortelle en tentant de s'évader de l'étage des détenus du QG de la SQ, en se laissant glisser le long de draps noués les uns aux autres; ce câble improvisé se serait rompu, selon la version officielle rendue publique le lendemain.

Pour le moment, les trois témoins dont un est depuis en liberté, tiennent à garder l'anonymat de peur de représailles éventuelles.

Enquête demandée

Au cours d'une conférence de presse, hier, M. Jean-Claude Bernheim, en compagnie de l'avocat de l'Office, Steve Fineberg, a demandé au ministre de la Justice du Québec, M. Herbert Marx, la tenue d'une enquête sur cette mort. Il souhaite qu'elle soit «impartiale et publique, et dirigée par trois personnes indépendantes de la Justice» pour faire toute la lumière sur cet événement dramatique.

Car, M. Bernheim demeure persuadé que les autorités du Centre de prévention de Montréal (Parthenais) ont «camouflé des informations cruciales» avec la complicité de fonctionnaires du Solliciteur général du Québec et du ministère de la Justice qu'il accuse même de «négligence». Qui plus est, à son avis, à Parthenais, il s'est installé une sorte de «conspiration du silence», comme cela se produit souvent dans ces cas-là.

Des mutations

Selon le coordonnateur de l'ODD, les agents de la paix impliqués dans cette affaire auraient même été mutés du 11e étage où tout s'était déroulé. Il a cependant été impossible d'obtenir une confirmation de ces mutations, de la part de la direction de Parthenais qui n'a pas répondu à notre appel.

Selon les trois témoins de l'accident tragique, au moment de l'évasion, Binette aurait été pris en flagrant délit. Une altercation s'était ensuivie et pendant que le gardien allait chercher du renfort, Binette s'évadait au moyen des draps noués ensemble. L'un des gardiens d'une équipe arrivée en renfort, aurait crié: «Je le veux, l'écœurant, coupe le cable.» Même si un autre insistait: «Ben non, on va le remonter.» Finalement, deux autres gardiens se seraient emparés du drap en le tirant violemment et en le secouant, ce qui devait précipiter la chute de Binette.

«Pourquoi n'ont-ils pas tout simplement alerté les policiers de la SQ, qui pouvaient le cueillir en bas? s'est étonné M. Bernheim. Il n'était vraiment pas nécessaire de tirer sur le drap.» Il explique cette attitude par une certaine situation conflictuelle entre gardiens et détenus. D'ailleurs, pour lui il n'y a rien d'étonnant dans un tel comportement des gardiens dans une prison.

Si l'ODD a attendu aussi longtemps pour faire ces révélations, c'est que matériellement il était difficile de trouver des témoins prêts à signer des affidavit.

Pas de décision finale

Enfin, M. Bernheim a soutenu avoir tenté d'obtenir une copie du rapport du coroner Larose, mais qu'on lui avait dit d'attendre plus tard.

Pour sa part le coroner en chef du Québec, le Dr Jean Grenier, joint à son bureau de Québec, a précisé à LA PRESSE que ce dossier relatif à la mort de Roch Binette était toujours à l'étude, même après la remise, le 9 juillet, du rapport d'investigation du coroner Larose. À son avis, le document est public et disponible pour qui veut l'obtenir.

«Il n'y a toujours pas de décision finale prise dans ce dossier, a précisé M. Grenier. Avec ces faits nouveaux, ça change évidemment les choses et je peux toujours ordonner une enquête publique à la lumière de ces mêmes faits nouveaux. Il s'agira de savoir si le ministère de la Justice envisage de son côté s'il y a lieu de faire une enquête.»

Entre-temps, Fabrice Châtelier, complice d'évasion de Binette, est toujours au large.

étaient prêts à venir témoigner que des gardiens auraient pu avoir aidé la chute mortelle de l'évadé. (La Presse, 5 décembre 1986)

L'auteur place le nœud de l'information à la fin du *lead* et, au lieu de consacrer une phrase à chaque information-clé, il essaie de tout dire en même temps. Résultat: ça cloche aussi côté rédaction, avec une phrase mal tournée de près de soixante mots, un écart de vingt-six mots entre le sujet *trois prévenus* et son verbe et une devinette, née du rapprochement des trois prévenus prêts à témoigner et de cinq à dix témoins directs.

Qu'est-ce qui est nouveau? L'évasion tragique? Elle date de six mois. Qu'est-ce qui est important et intéressant? Que des gens soient prêts à témoigner? Oui, mais les précisions sur ces gens et leur nombre peuvent attendre: l'objet de leur éventuel témoignage devrait avoir priorité. Que l'ODD l'ait annoncé? Certainement, mais est-il urgent ici de savoir par la voix de qui?

Le sens de la nouvelle, c'est avant tout: des gardiens auraient provoqué la chute mortelle d'un détenu et l'ODD affirme avoir des témoins. Voilà donc ce qu'il faudrait apprendre d'abord au lecteur. On pourrait ajouter: l'ODD réclame une enquête publique. En effet, cette demande souligne la gravité de l'accusation et annonce d'autres accusations contre les autorités pénitentiaires et judiciaires dont fera état la nouvelle; elle laisse en outre prévoir un véritable feuilleton journalistique.

Encore le nouveau!

Enfonçons encore une fois le clou de la nouveauté, pour combattre une tendance trop répandue chez les apprentis journalistes à faire de l'essai, historique ou sociologique, plutôt que de la nouvelle.

Il arrive parfois que la signification d'un événement réside autant dans ses liens avec des événements passés que dans les faits les plus récents. On en tiendra compte alors en rédigeant le *lead*. Ainsi fait *Le Monde* (12 août 1987), dans une nouvelle sur un attentat qui n'a occasionné que des blessures légères et a raté son objectif.

Le pays basque a connu, le lundi 10 août, son troisième attentat en cinq jours. Il a été commis à Eibar (...)

Tout en attaquant avec l'essentiel – attendat au pays basque –, l'auteur a choisi de nous apprendre tout de suite que cet événement d'une portée limitée s'inscrit dans une série qui, elle, détermine une situation grave. Toutefois, il le fait brièvement et revient illico, dans le *lead* même, à ses moutons, c'est-à-dire à l'actualité immédiate. De même, si deux DC-10 s'écrasent à quelques jours d'intervalle, on fera dès le *lead* le rapprochement entre les deux faits.

Le plus souvent, toutefois, les rappels n'ont pas leur place dans l'attaque et ils n'apparaîtront, fort brièvement, dans le *lead* que si leur absence compromet la compréhension de l'information. De même pour les explications.

Quand le feuilleton sur la parité des prestations d'aide sociale pour les jeunes assistés a commencé, on pouvait amorcer la nouvelle en demandant: *Peut-on vivre avec 136 $ par mois? Les jeunes assistés sociaux affirment que non et réclament (...).* Après des semaines et des mois de débats, quand divers acteurs sociaux interviennent dans le dossier, on fera le *lead* avec leurs interventions,

Le Devoir, 25 juillet 1989

Me Léo-René Maranda
devra subir son procès

par

LE CRIMINALISTE montréalais Léo-René Maranda devra subir son procès sous peu pour répondre à différentes accusations relatives à la possession pour fin de trafic de cocaïne, de hashish et de marijuana.

L'affaire remonte à 1985, mais Me Maranda avait tenté de faire casser les chefs d'accusation au motif que le juge de paix qui les avait signées ne possédait pas l'impartialité requise pour l'exercice de son activité judiciaire.

Mais dans un jugement unanime rendu hier, les juges Maurice Jacques, Melvin Rothman et Paul Lebel,

de la Cour d'appel, non sans rappeler une abondante jurisprudence à cet effet, ont statué à leur tour que le statut des juges de paix ne leur interdisait pas de poser certains actes comme l'émission de sommations tant en vertu des lois provinciales que du Code criminel.

Me Maranda avait notamment allégué que le geste posé par le juge Breton, ratifiant des dénonciations de la GRC, allait à l'encontre des dispositions de la Loi fédérale sur les stupéfiants. Mais le criminaliste n'avait d'ailleurs pu obtenir gain de cause sur ce point devant la Cour supérieure.

En outre, les trois magistrats du plus haut tribunal québécois, parta-

Voir page 8: Maranda

Ces deux *leads* sont fort correctement axés sur les informations les plus récentes, même si ces informations sont indissociables d'événements plus anciens.

La CEQ n'a pas l'intention de quitter son bureau de Ste-Foy

◆ Il est hors de question, pour le moment du moins, que la Centrale de l'enseignement du Québec ferme son bureau de Sainte-Foy et déménage ses pénates à Montréal.

par

Plusieurs rumeurs voulant qu'une telle fermeture soit faite ont récemment circulé dans le milieu de l'enseignement. S'appuyant sur une décision prise le mois dernier par le conseil général de la CEQ, le directeur du bureau de Sainte-Foy et directeur des ressources humaines de la centrale, M. Denis Arsenault, les a carrément démenties.

Bien sûr, des changements sont intervenus au cours des dernières années. Ainsi, l'an dernier, la direction générale a été déplacée de Sainte-Foy à Montréal. Depuis ce temps, le siège social a officiellement été transféré vers la

métropole.

De plus, le conseil général a récemment convenu de procéder à la construction d'un nouveau siège social à Anjou, en banlieue de Montréal. Jusqu'à maintenant, la CEQ était locataire des bureaux de la rue Jarry. D'ici quelques mois, elle sera donc propriétaire, autant à Montréal qu'à Québec. Une partie des deux immeubles sera toutefois offerte en location.

En tout, $1.8 million sera investi pour la nouvelle construction et pour un aménagement à Québec. L'argent proviendra d'un prêt du fonds de résistance syndicale. Pour Sainte-Foy, une dépense d'environ $600 000 est prévue pour « rationaliser l'aménagement ». De cette façon, explique M. Arsenault, le premier étage de l'immeuble pourrait être loué.

Selon le directeur du bureau, le

même nombre de personnes, à peu de choses près, travaillent à Montréal et à Québec. Si l'on exclut les élus et les personnes libérées pour ne considérer que les employés salariés, on en dénombre toutefois 90 à Sainte-Foy et 55 à Montréal.

« Le seul secteur où il continue à y avoir une certaine pression est le secrétariat, a confié M. Arsenault au SOLEIL. Nous en avons encore trois ou quatre de trop à Québec, surtout depuis le départ du Syndicat des professionnels du gouvernement du Québec. On peut tout de même dire qu'à la suite d'une quinzaine de déménagements d'individus de Québec à Montréal, et vice-versa, les choses sont maintenant stabilisées. »

Le directeur reconnaît que si la centrale agissait en « bon administrateur », il serait plus efficace de concentrer les activités à un seul en-

droit, de préférence à Montréal, à cause des pressions qu'exercent les nouveaux syndicats membres provenant surtout de la région métropolitaine. « Humainement toutefois, d'ajouter M. Arsenault, nous préférons conserver notre bureau de Québec. Les syndiqués de tout l'Est du Québec y sont attachés et il comporte toute une connotation historique. »

Actuellement, l'édifice de Sainte-Foy abrite tous les services de la comptabilité, de l'information, de la documentation et de l'audio-visuel. Quant à l'éducation syndicale et la recherche, elles sont réparties à peu près également entre Montréal et Québec. Enfin, le service des relations de travail est surtout concentré dans la métropole. En somme, la moitié des huit directions logent dans la capitale, où on retrouve notamment la Commission des enseignants de commissions scolaires.●

Le Soleil, 1ᵉʳ décembre 1987

et non avec la description de la difficile situation des jeunes assistés. Quoi de nouveau? La Ligue des droits de l'homme prend position, jugeant discriminatoire la non-parité? M. Bourassa promet la parité pendant la campagne électorale? Il reporte l'échéance une fois au pouvoir? Voilà la matière du *lead*. La situation des jeunes assistés, quoique toujours digne d'intérêt, attendra la suite de l'article.

Le ministre de la Justice rend public le rapport d'une commission d'enquête. Annonçant la chose, le journaliste va droit aux conclusions: *Les constructeurs du pont de la rivière Sainte-Marguerite sont exonérés de tout blâme.* Suivra immédiatement un rappel minimal: le pont s'est écroulé x mois plus tôt, faisant tant de morts. Quant aux détails sur l'accident, sur la création de la commission, sa composition et son mandat, ils n'apparaîtront que plus tard dans le texte. Et cela, même si le communiqué qui vous apprend la nouvelle consacre, lui, trois pages à ces rappels et explications avant d'en venir au nouveau, à savoir aux conclusions de la commission.

Dans le cadre des travaux de la Commission d'enquête Malouf, l'ex-maire de Montréal a fait préparer plusieurs rapports par divers fonctionnaires. Aujourd'hui, on apprend qu'à son avis, l'éléphant blanc (rose?) qui pendant dix ans a fait couler tant d'encre n'a jamais existé. Vision d'ivrogne! Il n'y a jamais eu de déficit olympique! Mieux, les Jeux ont été fort rentables pour les gouvernements! Oubliez, le temps d'un *lead*, la Commission Malouf, les rapports, les rappels et les explications. Pleins feux, plutôt, sur les révélations fracassantes. (Voir *Le Devoir*, 1er juin 1987.)

La réponse « officieuse » de Jean Drapeau au juge Malouf

Il n'y a jamais eu de déficit olympique
■ « Les Jeux ont été fort rentables pour les gouvernements »

par

Il n'y a jamais eu de déficit olympique. Les Jeux de 1976 ont été l'occasion pour les gouvernements fédéral et québécois de s'approprier des revenus et de faire des emprunts qu'on a ensuite, pour des raisons de commodité politique, préféré attribuer à l'organisation des Jeux.

C'est la thèse centrale de la réponse que le maire Jean Drapeau avait fait préparer au rapport de la Commission d'enquête Malouf et dont LE DEVOIR a pu consulter les dernières ébauches.

« L'entreprise olympique, si elle s'est avérée coûteuse pour les organisateurs, a par contre bénéficié aux autres gouvernements. Elle leur a donné, au nom de l'Olympisme, l'excuse nécessaire pour s'approprier des revenus qu'en temps normal ils n'auraient pas osé exiger », affirme l'un des documents.

Ailleurs, on demande au lecteur de juger lui-même « si déficit il y a, et si

EXCLUSIF

l'emprunt réalisé ne l'a pas été pour des fins autres que celles des Jeux, mais que politiquement on jugeait préférable d'attribuer à ce poste ».

Ces documents inédits — qui constituent un certain nombre de chapitres de la réplique longtemps promise par M. Drapeau au juge Malouf — ont tous été commandés et revus par l'ex-maire de Montréal, ont affirmé des fonctionnaires qui ont été appelés à les rédiger.

S'il n'en a formellement approuvé aucun, « il trouvait toujours quelque chose à redire », affirme un des fonctionnaires qui a travaillé au dossier, « il ne fait pas de doute que la réponse finale du maire Drapeau serait largement inspirée de ces documents », s'il avait donné suite à son projet.

Le 15 juin 1980, quelques jours après la publication du rapport du juge Albert Malouf, le maire Jean

Drapeau avait promis une réponse par écrit « en juillet ». Elle devait ensuite être remise à une date indéterminée et ne fut finalement jamais publiée.

Les ébauches commandées par l'ex-maire Drapeau affirment que le gouvernement québécois aurait dû agir comme le gouvernement fédéral après Expo 67 alors qu'il avait fait « radier des livres de la Cie de l'Exposition universelle une somme d'environ $125 millions représentant sa part du déficit ».

Selon le gouvernement fédéral de l'époque, même si les coûts de construction et d'organisation excédaient les revenus de l'Expo, « les bénéfices directs et indirects s'avéraient si élevés qu'on ne pouvait décemment conclure à un déficit de l'Exposition universelle ».

Le gouvernement du Québec aurait pu procéder au même genre d'analyse et la réplique affirme que « seules des raisons politiques le portent à agir ainsi puisqu'il réalise ou

devrait réaliser alors que l'entreprise olympique s'est avérée fort rentable ».

Selon la version de l'ex-maire de Montréal, lorsqu'on a parlé d'un déficit d'un milliard de dollars pour les Jeux, on a tenu compte uniquement de l'écart entre les prévisions initiales et les coûts de réalisation. Mais, « un déficit est généralement défini comme l'écart entre tous les revenus et toutes les dépenses reliées à un projet ».

Dans cette optique, les Jeux de 1976 n'auraient pas fait de déficit, selon M. Drapeau, puisque les revenus générés par les Jeux ne sont pas allés uniquement au Comité organisateur (COJO) et à la Régie des installations olympiques (RIO), mais ont largement profité aux divers paliers de gouvernement.

« Il est évident que les Jeux olympiques ont, pour certains, été l'occasion d'un 'Free Lunch' », lit-on dans

Voir page 10 : Déficit

Rappelons que le banal des uns est parfois l'inattendu des autres. Au décès de Camille Chamoun, le 7 août 1987, les médias d'information ont mis l'accent sur le fait qu'il était mort de mort naturelle: chez les dirigeants des factions libanaises, c'est l'exception plutôt que la règle, et M. Chamoun avait échappé à cinq attentats avant de mourir banalement dans son lit.

LIBAN

Camille Chamoun meurt de mort naturelle

Après avoir échappé à cinq attentats, l'un des derniers chefs historiques du camp chrétien est mort vendredi à l'âge de 87 ans. D'une crise cardiaque.

Libération, 8-9 août 1987

Disons aussi qu'on doit **signaler la nouveauté** des événements, surtout si elle n'est pas évidente pour tous. Il faut dès le *lead* faire savoir que ça s'est passé hier ou aujourd'hui, souligner, lorsqu'il y a lieu, qu'il s'agit d'une première.

> *La ville et la Chambre de Commerce de Laval s'unissent pour (construire) un immeuble qui logera des services municipaux, provinciaux et privés. (...) C'est la première association du genre au Québec.* (La Presse, 6 mai 1987; mes soulignés)

> *Dans une décision sans précédent, la Cour suprême des États-Unis a refusé hier...*

> *Aujourd'hui, pour la première fois depuis 40 ans, les Polonais éliront...*

Deux nouvelles dont l'ouverture souligne le nouveau: «Créant un précédent», «À la surprise générale». Cette dernière attaque ne vaut que si la surprise est bel et bien générale! À noter, pour la nouvelle sur l'avortement, un titre valable d'une année à l'autre...

Le Devoir, 12 juillet 1988

Le gouvernement reporte le débat sur l'avortement

par

OTTAWA — À la surprise générale, le gouvernement a décidé de remettre à plus tard le débat sur l'avortement, mettant même en doute la possibilité qu'il ait lieu avant les vacances des députés ou même avant la tenue d'une élection hâtive.

Alors que la Chambre devait juger hier de la recevabilité de la motion du gouvernement, le leader adjoint du gouvernement en Chambre Doug Lewis informait les partis d'opposition qu'il retirait ce point de l'ordre du jour.

Ce geste de dernière minute a suscité une série de questions sur les motifs du gouvernement, le leader néo-démocrate en Chambre, Nelson Riis, notant que cela ouvrait encore davantage la voie à l'annonce rapide d'une élection.

« La chose qui peut retarder la levée de la Chambre est un long débat sur l'avortement. La facon d'éviter cela est de le retirer de l'agenda, être ainsi capable de boucler cette session et permettre de nettoyer le terrain en vue d'une élection », a-t-il dit.

Pourtant vendredi dernier, Doug Lewis semblait décidé d'aller de l'avant avec cette question. Il avait clairement établi son calendrier de travail. Les députés devaient tenir le débat de procédures hier et entreprendre la discussion de fond jeudi et vendredi prochains pour finalement tenir un vote libre lundi.

Le changement subit d'attitude de M. Lewis fut donc un choc pour l'opposition qui avait passé la fin de semaine à se préparer, ont avoué Nelson Riis et le libéral Jacques Guilbault.

Voir page 8 : Avortement

Les émeutiers d'Archambault vont pouvoir intenter un recours collectif de $ 18 millions

par

Créant un précédent dans les annales judiciaires canadiennes, la Cour d'appel du Québec vient d'autoriser un ex-détenu du pénitencier Archambault à exercer un recours collectif contre M. André Le Marier qui, au moment de l'émeute du 25 juillet 1982, agissait comme directeur de l'institution.

Vice-président du Comité des détenus au moment des incidents (il purgeait une peine de trois ans), Roger LaSalle réclame quelque $ 18 millions au nom de 424 compagnons d'infortune qui, selon la requête, auraient été privés de leurs droits fon-

damentaux tout en étant victimes de traitements cruels depuis le moment de l'émeute jusqu'au 3 septembre d'après.

Trois gardiens et deux détenus avaient perdu la vie dans la mutinerie qui s'était poursuivie durant plusieurs heures.

La Cour supérieure avait rejeté la demande de LaSalle, prétextant qu'elle n'avait pas juridiction au dossier. Selon elle, c'est plutôt la Cour fédérale qui aurait dû étudier la question, étant donné qu'elle estimait que la requête n'était en fait qu'une poursuite déguisée en responsabilité extra-contractuelle contre la Couronne et que tout le processus devrait être dirigé contre l'autorité fé-

dérale et non à titre individuel contre M. Robert Kaplan (alors solliciteur général) et M. Le Marier. Sans compter, avait dit le juge Fernand Legault, que 90 autres actions, intentées aux mêmes événements, avaient pendant ce temps été accueillies en Cour fédérale. Ce qui, selon lui, reconnaissait implicitement la juridiction de ce dernier tribunal.

Toutefois, les juges Kaufman, Chouinard et Chevalier, qui se disent d'accord avec la décision en ce qui touche le solliciteur général du temps, estiment qu'il en va tout autrement pour le cas de l'ex-directeur d'Archambault, attendu que celui-ci aurait posé des gestes allant bien au-delà de ses fonctions.

Le plus haut tribunal du Québec se garde bien de rendre jugement sur la valeur même de la requête de La-Salle, mais il est d'avis que les allégués l'accompagnant semblent justifier l'exercice d'un recours collectif en Cour supérieure, car c'est justement devant cette juridiction que se discutent les dispositions du Code civil québécois.

LaSalle et ses 424 anciens compagnons réclament chacun $ 8,000 pour avoir été aspergés de gaz les 26 et 27 juillet 1982 et pour avoir été privés de

Le Devoir, 22 janvier 1988

Et la source?

La source de la nouvelle doit-elle apparaître dans le *lead*? Une fois de plus, il va falloir exercer son jugement. En gros, le principe est le suivant. Non, si la source est à la fois officielle, crédible et évidente pour le lecteur. Oui, dans les autres cas (sauf les exceptions...).

La Cour d'appel du Québec tranche en faveur de... Votre lecteur ignore pour le moment si vous l'avez appris par un communiqué, une conférence de presse, une interview avec un des juges ou en vous procurant un document au greffe. Il est convaincu cependant que vous tenez votre information de la Cour elle-même, sinon vous n'oseriez pas cette affirmation. Reportez alors la confirmation de la source et les détails sur le moyen de transmission au corps de l'article.

Les fumeurs vivent plus longtemps: la mention de la source ne saurait attendre! «Le directeur de l'usine est un assassin»: dites-nous vite selon qui! Son pire ennemi ou le coroner? De même, lorsqu'une information vous parvient par une fuite ou autre moyen détourné, il faut l'indiquer dès le *lead*.

Tel est aussi l'usage lorsqu'on reprend un *scoop* révélé par un média concurrent, à la fois par souci d'élégance (ou des apparences) et pour souligner que c'est cet autre média, et non le sien, qui se porte garant de l'authenticité de la nouvelle.

Lorsque la façon dont on a obtenu l'information influe sur son statut, il convient aussi de le mentionner dans le *lead*. Tel n'était pas le cas pour la décision de la Cour d'appel. Il en va autrement, en général, pour les faits et gestes des gouvernements et des puissants. Si ce sont eux et non le journaliste qui prennent l'initiative de porter leurs interventions sur la place publique, il faut l'annoncer brièvement, dans le *lead*. *Hydro-Québec a nié hier, par voie de communiqué, que...* Il n'est pas nécessaire toutefois de le faire dès la première phrase. *Le président du Conseil du patronat a proposé aujourd'hui la suppression de (...) Lors d'une conférence de presse, M. Ghislain Dufour...*

Du bon usage des six questions

La formule qui-quoi-où-quand-comment-pourquoi est souvent utile pour décider du contenu d'un *lead*, surtout dans les nouvelles simples, sans trop de qui, de quoi, etc.

> *M. Jean Untel a perdu la vie hier lorsque sa Mini-Austin a embouti un camion-citerne sur le boulevard Charest. La neige tombait alors si dru, a déclaré le chauffeur du camion, qu'il n'a aperçu la voiture qu'au moment de la collision.*

Qui? M. Untel et le chauffeur. Quoi? Une mort accidentelle. Où? Boulevard Charest (pour un média non local, il faudrait préciser: à Québec). Quand? Hier. Comment? Collision. Pourquoi? Visibilité nulle. La formule ne vaut cependant qu'à condition de ne retenir que les éléments d'information réellement centraux.

Congédié pour avoir exigé une note de service en français

par

Un ouvrier d'une usine de Pointe-Claire a été congédié après avoir écrit «En français SVP» sur une note de service rédigée en anglais et affichée au-dessus de l'horloge-poinçon.

Le propriétaire de la compagnie Willsup Inc., George William, a demandé lui-même à Carol Glémaud de quitter l'usine, vendredi midi, deux heures après que la note eut été affichée.

M. Glémaud, un machiniste de 36 ans d'origine haïtienne, a dit hier qu'il n'avait pas pu comprendre toute la note, qui donnait des informations sur les vacances de Noël.

«J'ai écrit: 'en français SVP'. Quelqu'un a apporté la note au bureau du patron. La secrétaire a tapé et affiché une autre note en français et en anglais.

«Le patron est venu me voir presque tout de suite. Il a plié la première note et m'a dit: 'Toi, Carol, si t'es pas content, t'as qu'à partir d'ici'.

«Je lui ai dit: 'Ce n'est pas une façon de me parler... moi, je voulais seulement une version française'. Le patron m'a répondu: 'Dehors!'

«J'ai continué à travailler quand même.

Quand la sonnerie a sonné pour le lunch, à midi moins dix, le patron est revenu avec mes papiers. Il m'a donné ma formule de cessation d'emploi et des chèques pour mon quatre p. cent de vacances, ma semaine de paye et une autre semaine de pré-avis.»

M. William a confirmé qu'il avait affiché une note en anglais seulement.

«Je n'avais jamais eu de problèmes avant, a-t-il dit. Certaines fois, mes affiches étaient seulement en anglais, d'autres fois, elles étaient dans les deux langues. Quand j'ai vu la note et ce qui était écrit dessus, j'ai demandé de la traduire.

«Puis j'ai examiné l'écriture et reconnu la sienne (celle de M. Glémaud). Je suis allé le voir dans l'atelier. Il était seul, je lui ai demandé: 'Pourquoi tu as fait ça (écrire sur la note)? Tu avais juste à me le dire!'

«Il m'a dit: 'T'as pas besoin de me questionner comme ça'. Alors je lui ai dit: 'Si t'es pas satisfait, tu peux sacrer ton camp'. Je lui ai remis ses papiers.»

M. William a dit qu'il avait déjà eu des problèmes avec M. Glémaud, mais il n'a pas précisé lesquels. M. Glémaud a dit qu'il avait toujours été considéré comme un bon employé.

VOIR CONGÉDIÉ EN A 2

CONGÉDIÉ

Congédié pour avoir exigé une note de service en français

«J'ai commencé à travailler là il y a 11 mois avec un salaire de $5,50 l'heure; deux semaines après, le patron m'augmentait à $6,50 et finalement, j'ai eu $8,50. Je suis aussi devenu responsable d'un département. Alors, on devait sûrement apprécier mon travail.»

M. Glémaud a porté plainte à la Commission de protection de la langue française. Selon lui, on lui aurait répondu qu'il n'avait pas beaucoup de recours, étant donné qu'il n'était pas syndiqué et n'avait pas accumulé cinq ans d'ancienneté.

Le Centre de communication des communautés noires de Montréal a émis un communiqué hier pour dénoncer son congédiement.

La compagnie Willsup Inc., créée en 1971, fabrique des joints d'étanchéité. Elle emploie 20 ouvriers, dont huit francophones.

La Presse, 14 octobre 1987

Libération, 28 janvier 1987

Deux attaques centrées sur le pourquoi.

Licencié pour une bouteille de pastis

Licencié pour une bouteille de pastis. C'est la mésaventure qui survient à un ouvrier de Talbot-Poissy, surpris par un gardien avec une bouteille de pastis dans son sac, alors que [...]

On a déjà considéré que tout bon *lead* devait répondre avec un degré assez élevé de précision à chacune des six questions. Une norme aussi rigide introduisait de la monotonie dans les pages des journaux et donnait souvent des *leads* longs et surchargés. La pratique journalistique a évolué sur ce point. On ironise maintenant sur le *lead* «corde à linge», celui sur lequel l'auteur essaie de tout accrocher. On estime plutôt qu'il vaut mieux y aller moins systématiquement, au cas par cas, et qu'il faut éliminer du *lead* tout ce qui n'est pas au cœur de la nouvelle.

Journal de Québec, 31 juillet 1989

Reportant même l'identification de la victime au corps du texte, l'auteur offre un *lead* minimal et suffisant.

Un porteur de flambeau meurt d'un infarctus

par

Un membre de l'équipe de coureurs qui transportent le flambeau des Jeux du Québec de Matane à Saint-Jean-sur-Richelieu est mort, foudroyé par une attaque cardiaque.

Le triste accident est survenu samedi, en début d'après-midi, à la sortie de la ville de Matane, moins de 3 kilomètres après que le cortège se fut mis en branle.

La victime est M. Pierre Larose, 37 ans, membre du club des Courailleurs de Saint-Jean et frère de l'ex-hockeyeur du Canadien Claude Larose.

Pierre Larose faisait partie de l'escorte qui transporte le flambeau des Jeux du Québec de Matane, où se sont déroulés les Jeux d'hiver, jusqu'à Saint-Jean-sur-Richelieu, où auront lieu les Jeux d'été, du 4 au 13 août.

Selon Charles Payette, coordonnateur des communications des Jeux du Québec, M. Larose avait pris place avec ses compagnons aux côtés du porteur du flambeau Robert Blanchard, président du comité organisateur des prochains Jeux d'été.

Professeur d'éducation physique

«A la sortie de la ville de Matane, Pierre Larose a été pris soudainement d'un violent malaise. Il a été transporté dans une camionnette de service à l'usage des porteurs de la flamme.»

Malgré le massage cardiaque et la respiration artificielle pratiqués par le personnel infirmier, M. Larose n'a jamais repris conscience. Sa mort a été constatée vers 15 h à l'hôpital de Matane.

Fait à noter, la victime était un professeur d'éducation physique et un coureur d'expérience.

Selon le coordonnateur du transport de la flamme, M. Mario Rivest, la mort ne peut être imputée aux quelques kilomètres que le coureur venait de franchir.

«Nous nous entraînions régulièrement afin de parcourir les 900 kilomètres du parcours. Pierre était en grande forme et il relevait le défi avec enthousiasme.»

Une autopsie a été pratiquée, hier, à la morgue de Québec pour connaître la cause exacte du décès.

Consternation

Cette mort soudaine et tragique a semé la consternation chez les douze coureurs qui transportent le flambeau de Matane à Saint-Jean-sur-Richelieu.

«Les coureurs se sont réunis, hier soir (samedi soir), et ont convenu de mener leur mission jusqu'au bout malgré la disparition d'un des leurs», a précisé Charles Payette.

«Tous en sont venus à la conclusion que cela aurait été le souhait de Pierre Larose.»

Une conférence de presse est prévue, aujourd'hui, à Saint-Jean-sur-Richelieu, pour faire le point sur cette affaire.

Ainsi, l'identification précise des acteurs (nom, âge, adresse, profession ou fonction) n'a d'importance véritable que si ces personnes sont connues du public visé ou si ces éléments confèrent à l'événement un intérêt particulier, par exemple si le voleur surpris en flagrant délit est un chef de police. De même pour les détails concernant l'heure et le lieu, le comment, le pourquoi. On ne retiendra que ceux qui peuvent attirer le lecteur. Par conséquent:

NON PAS: Deux jeunes gens de Kamouraska, Jean Lévesque, 22 ans, du 132, rue des Roses, mécanicien, et Jacques Tremblay, 25 ans, du 44, rue Laviolette, menuisier en chômage, ont perdu la vie hier soir, vers 23 h 40 sur la route 5, entre Saint-Truc et Saint-Machin, lorsque leur voiture a percuté un pilier de (...), après avoir dérapé à cause de (...). Ils ont été tués sur le coup, a déclaré (...)

MAIS PLUTÔT: Deux jeunes gens de Kamouraska ont trouvé la mort hier soir dans un accident de la route, près de Saint-Truc.

Le journaliste de l'hebdomadaire local ajoutera au *lead* au moins le nom et l'âge des victimes. Son public à lui souhaite une identification précise de ces gens, qui peuvent être des parents, des voisins ou des connaissances. Pour une nouvelle dans un quotidien national, le *lead* pourrait inclure ces précisions mais tout aussi légitimement se limiter aux deux lignes de la seconde version: du point de vue de ses lecteurs, tout l'essentiel est dit. Chacun peut décider soit d'interrompre là sa lecture, soit de la poursuivre.

Il en irait autrement si la personnalité des victimes ou de l'une d'entre elles présentait quelque valeur journalistique ou si les circonstances de l'accident sortaient de l'ordinaire. Il faudrait dans ce cas le faire savoir dès les premières lignes. Ainsi, si M. Lévesque était le président de l'Association pour la sécurité routière, ou M. Tremblay, le champion provincial de boxe. Ainsi encore, si la voiture avait heurté un orignal ou dérapé sur une flaque d'huile répandue sur la chaussée par deux enfants en train de se livrer à une «expérience scientifique».

Dans tous les cas, si un acteur mentionné dans le *lead* apparaît dans la nouvelle non pas comme quidam, victime ou héros des circonstances, mais en raison d'un rôle ou d'une fonction qu'il exerce, on précisera cette fonction dans le *lead*: porte-parole, dirigeant, membre de ceci ou cela. À plus forte raison si c'est à cause même de l'importance de ce rôle qu'il fait la nouvelle. Et plus encore si le public lecteur connaît peu et la personne et le rôle, comme dans cette nouvelle publiée par *Le Devoir* (1er juin 1987):

OUAGADOUGOU (Reuter) — Soumane Touré, secrétaire général de la puissante Confédération syndicale burkinabé (CSB) et principal chef de

Le Devoir, 1er juin 1987

Ce *lead* (à la rédaction critiquable) apporte un grand nombre d'informations, toutes indispensables, car le lecteur est peu familier avec le sujet traité.

Arrestation d'un leader de l'opposition burkinabé

OUAGADOUGOU (Reuter) — Soumane Touré, secrétaire général de la puissante Confédération syndicale burkinabé (CSB) et principal chef de l'opposition déclarée au gouvernement du capitaine Thomas Sankara, a été interpellé dans la nuit de samedi à hier à Ouagadougou pour « menées subversives », a annoncé la télévision d'État.

Touré, qui est également le chef de file de l'organisation marxiste-léniniste LIPAD, aujourd'hui dans l'opposition, a été emmené dans une permanence locale des CDR.

« Le contre-révolutionnaire Touré mérite largement le poteau », lit-on dans le communiqué des CDR, qui demande au haut-commissaire de la province du Kadiogo (Ouagadougou) « d'offrir au chien Soumane Touré le poteau ».

D'après la famille du syndicaliste, trois autres personnes, dont un autre responsable syndical, ont été emmenés en pleine nuit par des miliciens en armes à son domicile du quartier de Zogona. La famille a affirmé que des tracts avaient été déposés à l'intérieur de la maison au moment de l'opération des forces de sécurité, à l'insu de Touré.

Ce dernier a fait de la prison sous pratiquement tous les régimes qui se sont succédé à Ouagadougou. Après avoir activement soutenu la « révolution des capitaines » d'août 1983, Touré avait été écarté du pouvoir des septembre 1984 après l'exclusion des ministres « lipadistes » du gouvernement. il avait été détenu de janvier à octobre 1985.

Depuis l'indépendance, en 1960, les syndicats burkinabé ont exercé une très forte influence politique, faisant et défaisant plusieurs gouvernements. La CSB, liée à la LIPAD prosoviétique, est depuis la fin des années 70 le plus remuant des syndicats du pays, qui en compte une vingtaine. Elle jouit d'une grande influence dans les milieux enseignants.

De source syndicale, on relève que l'interpellation de Touré intervient une semaine avant la tenue d'un congrès extraordinaire de la CSB, au cours duquel ses instances dirigeantes seront renouvelées.

l'opposition déclarée au gouvernement du capitaine Thomas Sankara, a été interpellé dans la nuit de samedi à hier à Ouagadougou pour «menées subversives», a annoncé la télévision d'État.

Toutes les informations contenues dans ce *lead* sont nécessaires, une partie du public québécois ignorant qui sont ces gens et même où se trouve le Burkina Faso. Si dans ce *lead* la sélection est bonne, on ne peut en dire autant de la rédaction. On aurait évité la tournure passive (*a été interpellé*) et une excessive incise (*secrétaire (...) Sankara*), en attaquant avec quelque chose comme: *Ouagadougou a interpellé hier Soumane Touré, secrétaire...* Il y aurait lieu aussi de scinder cette phrase trop longue, en consacrant une seconde phrase à la source de la nouvelle et au motif invoqué, qu'on mettrait ainsi mieux en valeur.

On peut reporter le nom d'un acteur au paragraphe suivant le *lead*, s'il ne s'agit pas d'une personne connue ou destinée à le devenir à cause de son rôle dans l'actualité. Il importe évidemment de savoir tout de suite que c'est un biochimiste au service de l'Association Pro-Lait qui vient de conclure que la margarine présente plus de danger pour la santé que le beurre. Cela figurera donc dans le *lead*. Toutefois, en particulier si le *lead* est déjà long, son nom peut attendre sauf, bien sûr, si le chercheur en question est un prix Nobel ou un ancien ministre de la Santé... Bref, on doit exercer son jugement. Il faut identifier les points forts de chaque nouvelle et les inclure dans le *lead*, et rejeter tout le reste dans le corps de l'article.

Pour les nouvelles à 32 qui, 14 quoi, etc., cela demande un sérieux coup de balai. Il reste qu'un bon *lead* contient presque toujours les principaux qui et quoi, très souvent les principaux où et quand, et souvent les principaux comment et pourquoi.

Le *lead* synthétique

Je serais portée à distinguer deux grands types de *leads*, les synthétiques et les sélectifs. Ces appellations renvoient évidemment à des différences de degré et non de nature, puisque tout *lead* cherche à présenter un concentré d'information, tout en exigeant une forte dose de sélectivité.

Précision: ne confondons pas le *lead* synthèse, qui livre une information concrète, avec le *lead* «table des matières», qui annonce le thème général et non le contenu de l'article. Voilà une espèce qu'on espère en voie de disparition!

L'Accord du lac Meech suscite des réactions diverses... On s'en serait douté... *Le groupe a discuté de santé et d'écologie.* Mais encore? *Le président du syndicat s'est opposé à trois des projets de l'Hydro-Québec.* À propos de quoi? De relations de travail, d'environnement, de ventes aux États-Unis? De festivités locales? Le *lead* «table des matières» se situe, on le voit, aux antipodes du bon *lead*.

En règle générale, la nouvelle simple, sans trop d'acteurs et de faits cruciaux, est mieux servie par un *lead synthétique*. La nouvelle complexe, surchargée d'acteurs, d'actions, de lieux rivalisant tous en importance appelle un *lead* sélectif. Entre ces deux extrêmes, toutes les situations, et toutes les hésitations, sont possibles.

Les faits divers fournissent habituellement de la nouvelle simple. De même pour maints événements plus percutants, au moment où ils éclatent (*breaking news*). Le noyau dur de l'information à transmettre s'impose alors comme une évidence. (Par la suite, dans la mesure même où ils sont importants, ces événements s'inséreront dans des séries ou dans des feuilletons, dont la plupart des épisodes se prêteront à des *leads* plus divers.)

Décider du contenu du *lead* pour une nouvelle annonçant l'assassinat du président Kennedy ou l'attentat contre Jean-Paul II se fait en deux demi-secondes : la victime, son sort, si possible une caractérisation minimale de l'agresseur, le lieu et le moment, en une ou deux courtes phrases sans détails et sans fioritures.

Dans les heures suivantes, on pourra ajouter au *lead* des éléments cruciaux et nouveaux : le vice-président Johnson a prêté serment et est devenu le nouveau président des États-Unis, par exemple. Le lendemain et dans les mois qui suivent, l'assassinat n'est plus qu'un rappel dans les multiples feuilletons journalistiques issus de l'événement premier : il n'a plus sa place dans le *lead*, sinon sous forme d'une brève notation documentaire.

De même, pour une catastrophe, naturelle ou technique, le choix du *lead* est tout simple : les morts ou «à défaut» les dégâts, la cause et le lieu. Douze mille morts dans des inondations en Chine, tant de victimes dans l'écrasement de tel avion hier, à tel endroit. Si la catastrophe est provoquée par l'homme, on ajoute évidemment cette information. Elle deviendra même le cœur de la nouvelle et du *lead* si la nature de l'agresseur a quelque chose d'inattendu, de scandaleux ou d'énorme : l'URSS abat un avion commercial de la KAL avec 350 passagers à bord.

C'est vrai aussi d'événements plus prévisibles, au moment où ils sont annoncés ou se réalisent : élections le 15 novembre, le non l'emporte au référendum, Sylvie Bernier médaille d'or aux Jeux olympiques... Le journaliste appelé à faire connaître de telles nouvelles, contrairement à ceux qui auront à les compléter en les présentant sous divers angles plus particuliers, n'a pas à se creuser les méninges pour écrire son *lead*.

Dans ces cas, comme dans la plupart des faits divers, le *lead* approprié est **synthétique**. On attaque avec un concentré de l'information, qu'on développera ensuite point par point dans le corps de l'article (voir le chapitre III sur le plan).

Comme il remplit au mieux les principales fonctions du *lead* (attirer et informer), on privilégie le *lead* synthèse même dans des nouvelles plus complexes. Ainsi, la nouvelle ci-contre rend compte des positions de cinq groupes de défense des intérêts des femmes devant un projet de loi anti-pornographie. Comme les positions se rejoignent, la journaliste a pu faire un *lead* qui répond à la définition même d'une synthèse.

> *Les différents groupes représentatifs des femmes accordent des bons points au projet de loi fédéral anti-pornographie, mais ne peuvent l'appuyer sans réserve. Ils s'opposent en effet à ce que la loi englobe dans la notion de pornographie la représentation de toute relation sexuelle, incluant celle perçue par la majorité comme saine et normale.* (La Presse, *6 mai 1987*)

Le reste de l'article ne fait que préciser, par des citations directes ou indirectes, des nuances dans l'argumentation, des variations sur un thème unique. Cela donne à la nouvelle un côté répétitif, un peu plat peut-être, mais on ne reprochera pas à l'auteure de ne pas inventer de conflits à seule fin de rendre sa prose plus palpitante ! Elle aurait pu cependant, en choisissant une forme active, *celle que la majorité perçoit comme...*, éviter la tournure *celle perçue*, grammaticalement

Les groupes de femmes sont favorables au projet de loi anti-pornographie, mais avec des réserves

par

■ Les différents groupes représentatifs des femmes accordent des bons points au projet de loi fédéral anti-pornographie, mais ne peuvent l'appuyer sans réserve. Ils s'opposent en effet à ce que la loi englobe dans la notion de pornographie la représentation de toute relation sexuelle, incluant celle perçue par la majorité comme saine et normale.

La présidente du Comité canadien d'action sur le statut de la femme, le plus puissant groupe de pression pancanadien en matière de condition féminine, Louise Dulude, explique:

«Le texte du projet de loi mentionne six catégories de matériel pornographique:
1) • qui met en scène des enfants et des jeunes de moins de 18 ans;
2) • qui fait état de violence extrême, menaçant la vie des personnes impliquées;
3) • présente d'autres violences, agressions, viols;
4) • ou des actes de dégradation de la personne;
5) • des actes de bestialité, d'inceste et de nécrophilie ou;
6) • de masturbation, d'éjaculation ou toute forme de relation sexuelle.

«Le CCA est d'accord avec les cinq premières catégories, qui doivent être intégrées à la notion de pornographie et donc, être criminalisées. Par contre, il s'oppose à la sixième, qui devrait à son avis être placée au chapitre de l'*érotisme*, et être soumise à un certain contrôle, pour n'être accessible qu'aux adultes.»

Mme Dulude ajoute qu'en retirant cette sixième catégorie, le législateur s'éviterait de proposer des «exemptions pour mérite artistique», ce qui, estime-t-elle, ouvrirait la porte à des abus.

Le CCA a inscrit l'étude du projet de loi au programme de son assemblée annuelle qui aura lieu ce week-end à Ottawa. Il doit également, au début de la semaine prochaine, discuter de la question avec les caucus des trois partis politiques fédéraux.

Au CCCSF

Pour sa part, la vice-présidente du Conseil consultatif canadien de la situation de la femme pour l'Est du Canada, Clarisse Codère, commente: «Le Conseil est satisfait du projet de loi qu'il considère meilleur de celui présenté l'an dernier (C-114). La nouvelle définition de la pornographie reprend essentiellement celle proposée dans une recommandation du Conseil en 1984. Le projet répond à notre désir de voir éliminer toute forme de violence envers les femmes et les enfants, et toute forme de dégradation.

«La seule réserve du Conseil porte sur le fait que la définition proposée de l'érotisme ne reconnaît pas la représentation d'une saine sexualité. Il faut donc clarifier cette notion pour qu'elle ne soit pas trop restrictive. Le comité légal du Conseil va étudier ces définitions, consulter bientôt les groupes de femmes à travers le pays et faire des recommandations au comité parlementaire concerné.»

La FFQ

La présidente de la Fédération des Femmes du Québec, Ginette Busque, trouve plusieurs aspects intéressants au nouveau projet de loi qu'elle est loin de condamner en bloc. Mais elle aussi déplore que le législateur déborde la cible et «vise la sexualité, plutôt que de s'en prendre exclusivement à la violence, à l'exploitation, à la domination, à l'humiliation d'êtres humains, femmes ou enfants. La FFQ regrette vivement que le matériel pornographique soit trop souvent le seul accessible aux jeunes en quête d'information sur la sexualité.»

L'AFÉAS

N'ayant pu encore prendre connaissance du texte du projet de loi, la présidente de l'Association féminine d'éducation et d'action sociale, Louise Coulombe-Joly, réitère la position de cet organisme: «Depuis maintenant plus de dix ans, l'AFÉAS dénonce tout matériel écrit ou audiovisuel qui présente des actes de violence envers les femmes et les enfants, les utilise et les dégrade. Quant au matériel érotique, qu'il faut distinguer du matériel pornographique, l'AFÉAS s'oppose à ce qu'il soit accessible aux mineurs.»

Le RAIF : nuances

Selon Marcelle Dolment, du Réseau d'action et d'information pour les femmes (RAIF), Ottawa doit adopter une loi anti-pornographie. Encore faut-il s'entendre sur les mots: «Cessons une fois pour toutes de dire que la pornographie est difficile à définir. À force de donner la parole aux groupes extrêmes (les prudes d'une part, et les partisans d'une absolue liberté d'expression d'autre part), on en vient à oublier qu'il existe dans la population – des sondages l'ont établi – un très large consensus pour associer la pornographie avec la violence, la dégradation et l'exploitation des jeunes.

«Ce qui est naturel, des relations sexuelles entre adultes consentants par exemple, ne saurait être tenu pour pornographique. Il faut distinguer l'obcène du criminel. Sans doute, présenter en public des relations sexuelles saines entre adultes est de nature à choquer le bon goût, la pudeur, les usages, mais on ne doit pas pour autant en faire une matière criminelle. Qu'on se contente de le soumettre simplement à une certaine forme de contrôle.»

Le RAIF croit enfin qu'il peut y avoir dégradation sans représentation sexuelle et que cela devrait être inscrit dans la loi anti-pornographie. Mme Dolment cite en exemple l'image dénoncée d'une femme ravalée au rang d'une chienne, toute habillée, mais à quatre pattes et tenue en laisse.

La Presse, 6 mai 1987

suspecte. La désignation des actrices de la nouvelle pèche aussi par imprécision. *Plusieurs des principaux groupes* serait plus juste.

C'est encore un *lead* synthèse qui chapeaute la nouvelle suivante, et cela même si elle regroupe deux «histoires» relativement indépendantes (on apprend par la suite que le ministère et la ville *ont pris cette décision sans se concerter*, à la suite d'informations publiées dans *Le Devoir*).

> *Le ministère de l'Environnement et le président du comité exécutif de Montréal, M. Michael Fainstat, ont tous deux «ordonné» hier au service des Travaux publics de la ville et à l'Association montréalaise d'activité récréative et culturelle (AMARC) de mettre fin sur-le-champ aux travaux de remblayage de la marina de l'Île Sainte-Hélène dans le fleuve Saint-Laurent.*
> (Le Devoir, *28 novembre 1986*)

Le journaliste a quand même opté pour un *lead* synthétique, quoique restreint au principal *quoi* – ordre de cesser tels travaux en tel lieu – et aux acteurs qui en sont indissociables: ceux qui donnent cet ordre et ceux qui le reçoivent.

La nouvelle s'inscrit dans deux «feuilletons», que le corps de l'article nous rappellera, celui des remblayages effectués par l'AMARC et celui de la loi sur les remblayages dans un cours d'eau. Par conséquent, ce jour-là, seul cet ordre est nouveau et important. On attaque avec cela. Dans le corps de l'article, on donnera plus de détails sur les raisons qui motivent cette décision, la façon dont elle a été exécutée, les réactions qu'elle a suscitées, les personnes en cause, etc. Tout le texte, y compris les rappels documentaires, ne sera donc qu'un développement et qu'une explication du contenu du *lead*. En résumé, la sélection des éléments du *lead* et le plan de la nouvelle sont défendables.

Mais que ce *lead* est lourd! Il se compose d'une seule phrase d'une soixantaine de mots, d'autant plus indigeste qu'elle présente des acteurs aux titres compliqués. À récrire! On a en outre l'impression que l'auteur n'a guère songé à intéresser ses lecteurs. S'il s'en était davantage soucié, il aurait sans doute, tout en gardant dans le *lead* les éléments déjà sélectionnés, attaqué avec un petit paragraphe sur les conséquences de l'action pour la marina, ou l'île, ou le fleuve, ou les loisirs des Montréalais – bref, avec quelque chose d'également important mais plus susceptible de faire vibrer tant soit peu son public.

Cela allongerait le *lead*? Tant pis. Dans ce cas, avec trois ou quatre lignes de plus, on reste encore dans les normes. Et rappelons que le *lead* doit être aussi court que possible, c'est-à-dire aussi court qu'on peut le faire tout en respectant ses deux missions fondamentales, intéresser et informer.

Le *lead* sélectif

La nouvelle ci-contre comporte trois histoires (et quelques rappels): la menace du Gouvernement d'intervenir à la STCUM et à l'UQAM, les derniers développements dans le conflit à la STCUM, les dernières informations sur le conflit à l'UQAM (*La Presse*, 6 mai 1987. Nous reviendrons sur ce *lead*).

> *Tout indique que les conflits de travail à la STCUM et à l'UQAM sont sur le point de déborder les limites de la patience gouvernementale et que Québec interviendra dans les deux cas.*
>
> *Le ministre du Travail, Pierre Paradis, a laissé planer hier la menace d'une intervention gouvernementale imminente, autant dans la grève qui perturbe les transports en commun à Montréal que dans celle des chargés de cours de l'Université du Québec à Montréal.*

Les auteurs ont inclus dans leur *lead* tous les principaux acteurs: le Gouvernement, le ministre du Travail, la STCUM, ses travailleurs en grève, l'UQAM et ses chargés de cours en grève. Pour le reste, ils ont concentré le tir sur la seule menace d'intervention. Rien, sauf peut-être ses habitudes de lecture de la presse, n'annonce au lecteur que la nouvelle fera aussi le point sur les derniers rebondissements des deux conflits, qui occupent pourtant les trois quarts du texte.

Il aurait suffi, pour obtenir un *lead* synthétique, d'ajouter une phrase du genre *À la STCUM comme à l'UQAM, la menace ne semblait pas, hier soir, devoir faire débloquer les négociations.*

Québec sur le point d'intervenir à la STCUM et à l'UQAM

par

Tout indique que les conflits de travail à la STCUM et à l'UQAM sont sur le point de déborder les limites de la patience gouvernementale et que Québec interviendra incessamment dans les deux cas.

Le ministre du Travail, Pierre Paradis, a laissé planer hier la menace d'une intervention gouvernementale imminente, autant dans la grève qui perturbe les transports en commun à Montréal que dans celle des chargés de cours de l'Université du Québec à Montréal.

Visiblement impatient devant l'apparent cul-de-sac dans le conflit à la STCUM, le ministre a laissé entendre que, pour lui, «ce n'est plus une question de jours, mais une question d'heures pour qu'on en arrive à une entente négociée, sinon le gouvernement se devra d'intervenir... et ce ne sera pas à l'avantage des parties.»

Il a indiqué que la question sera soulevée dès aujourd'hui au Conseil des ministres. «Ce sera l'heure de décision.» M. Paradis croit toujours à la possibilité d'un règlement négocié, mais il affirme qu'il s'agit de «négociation de la dernière heure».

La menace n'a visiblement pas secoué les parties en cause dans ce litige puisqu'un ultime effort de négociation entre la STCUM et le syndicat des 2 100 préposés à l'entretien a échoué hier soir. À moins d'un revirement inattendu, Québec devra donc intervenir.

Normand Lamoureux, président du syndicat, au terme de la rencontre d'une heure en présence des conciliateurs, a expliqué que l'employeur avait rejeté une dernière contre-proposition syndicale qui, affirmait-il, aurait nécessité l'ajout d'une somme de 800 000 $. Selon M. Lamoureux, cette proposition représentait, pour environ 500 gens de métier, une hausse de salaire de 20 cents de l'heure de plus pour la première année et de cinq cents de plus la deuxième année.

L'entente de principe intervenue dimanche soir avait été rejetée par les syndiqués, à main levée, sous prétexte des écarts salariaux qui les départageraient de certains autres travailleurs.

Le syndicat voulait aussi s'assurer que ses membres assumeraient certains travaux de réparation prévus sur d'anciens wagons de métro, travaux accordés à la firme Bombardier. M. Lamoureux soutient que la STCUM a aussi refusé de faire appel à un médiateur spécial. Affirmant que la position du syndicat est finale, M. Lamoureux a confirmé que les syndiqués se réuniront dimanche matin en assemblée générale et qu'il n'est pas question de devancer cette assemblée.

Robert Perreault, président du conseil d'administration de la STCUM, a de son côté réitéré que l'organisme n'a plus d'argent disponible. Résigné, il reconnaît maintenant que la balle est dans les mains du gouvernement. Selon lui, la proposition syndicale représenterait un coût additionnel de $1,2 million.

L'entente de principe intervenue dimanche et rejetée par les préposés à l'entretien, que M. Perreault qualifie d'«honorable», représente un coût global de $29 millions.

Par ailleurs, le syndicat des 4 000 chauffeurs d'autobus et opérateurs de métro, en grève depuis le 13 avril, a aussi été convoqué pour une rencontre de dernière heure en présence du conciliateur.

Le point litigieux, dans leurs négociations, est la réduction du temps d'attente entre deux affectations (l'amplitude). M. Perreault, qui devait aussi participer à cette rencontre en fin de soirée, s'est fait très clair: «On n'a rien de plus à ajouter aux $44 millions déjà sur la table.»

Dans la toute dernière offre dite finale de la STCUM au Syndicat des chauffeurs et opérateurs, les hausses salariales annuelles sont de 4,4 et 4,8 p. cent.

Un porte-parole du syndicat des chauffeurs a laissé entendre que le syndicat était prêt à faire un effort pour en arriver à un arrangement négocié, «de loin préférable à un règlement imposé».

Nouvelles offres rejetées à l'UQAM

Toujours à l'Assemblée nationale, le ministre Paradis a aussi confirmé que le Conseil des ministres décidera, lors de sa réunion hebdomadaire, dès aujourd'hui, d'une intervention dans le conflit qui oppose quelque 1 100 chargés de cours à l'Université du Québec à Montréal.

«Il reste quelques heures aux parties pour en arriver à une entente négociée. La session de certains étudiants est déjà compromise», a expliqué M. Paradis.

Hier encore, les parties ne semblaient pas sur le point de profiter de ces quelques heures. Aucune négociation n'a eu lieu hier et, réunis en assemblée générale, 350 des chargés de cours ont rejeté à l'unanimité les plus récentes offres de l'université. Celle-ci propose que la rémunération pour un cours de 15 semaines passe de 2 934 $ actuellement à 3 500 $ en 1988.

Dans ses dernières demandes, le syndicat des chargés de cours exige que ce montant passe de 2 934 $ à 4 200 $ en 1988, et à 4 500 $ en 1989.

S'il fixe par loi spéciale le contenu de la prochaine convention des chargés de cours, le gouvernement ne sera sûrement pas aussi généreux. Lundi, le ministre Ryan a indiqué que le règlement salarial devra respecter les paramètres salariaux du gouvernement, soit des augmentations de 3,5, 4,5 et 4,2 p. cent en 1986, 1987 et 1988. Ces paramètres se situent sous les dernières offres de l'UQAM.

La grève des chargés de cours, qui en est à sa septième semaine, a entraîné l'annulation de plus de 60 p. cent des cours dans les cinq dernières semaines de la session d'hiver.

Lundi, le ministre Ryan expliquait qu'il ne pouvait attendre plus longtemps pour agir: «Toute la cohérence du fonctionnement de l'UQAM est perturbée, sa réputation peut être sérieusement affectée, le gouvernement ne peut pas garder les bras croisés.»

La Presse, 6 mai 1987

La nouvelle, dans ces deux cas, était en gros: pas de nouveau, c'est toujours aussi bloqué. Les auteurs ont donc préféré mettre en valeur la menace, élément à la fois le plus nouveau et potentiellement le plus déterminant, à ce moment, dans l'évolution des négociations. Une intervention gouvernementale nous ferait d'autre part passer de luttes localisées, limitées à deux institutions, à un conflit généralisé, susceptible de mobiliser tout le mouvement syndical, le patronat, les partis politiques et l'opinion publique. De la bagarre et des enjeux à l'échelle provinciale! Même s'il ne s'agit encore que d'une menace, de l'annonce d'une action, le choix d'un *lead* sélectif axé sur ce thème apparaît ici tout à fait fondé.

Parfois, on opte pour un *lead* sélectif tout simplement parce qu'il est impossible de faire une synthèse de l'article en quelques lignes. C'était le cas, par exemple, pour la nouvelle sur l'Afrique du Sud examinée à propos du plan (voir le chapitre III).

Ainsi, dans la nouvelle ci-contre sur vingt-neuf nominations, le *lead* synthétique aurait été du dernier plat: *M. Robert Bourassa annonce 29 nominations à divers conseils, commissions et sociétés.* Bof... Mieux valait attaquer, comme l'a fait la PC, avec une des nominations, la situer immédiatement après dans l'ensemble, puis énumérer les vingt-huit autres selon un ordre (approximatif) décroissant d'importance.

Le Devoir, 14 février 1987

Un *lead* sélectif «compensé» par un titre synthèse.

Robert Bourassa annonce 29 nominations

QUÉBEC (PC) — Le choix du maire de Drummondville, M. Serge Ménard, comme vice-président de la Société québécoise d'assainissement des eaux est au nombre des 29 nominations annoncées hier par le premier ministre Robert Bourassa.

M. Clermont Gignac, de Québec, sous-ministre adjoint au ministère de l'Environnement, a été nommé membre de la même organisation.

M. Denis Cassista, du Bic, directeur général de Purdel, Coopérative agricole, est nommé au conseil d'administration du Centre québécois de valorisation de la biomasse.

M. David Denton, archéologue et docteur en anthropologie, devient membre de la Commission des biens culturels du Québec.

M. Paul G. Lemire, directeur général du CEGEP de Drummondville, est nommé au Conseil d'administration de l'Université du Québec, à Trois-Rivières.

Sont nommés membres du comité catholique du Conseil supérieur de l'éducation, Mmes Charlotte Plante-Poulin, directrice de l'Office diocésain d'éducation de Québec; Raymonde Venditti-Milot, consultante en enseignement religieux; et MM. Martin Jeffery, maître de conférences à l'université McGill; Jacques Séguin, secrétaire de la Faculté des Arts, à l'Université d'Ottawa.

Est nommée membre du comité protestant du Conseil supérieur de l'Education, pour un deuxième mandat, Mme Carolyn Pratt, directrice de l'Association québécoise des commissions scolaires protestantes. Sont nommés pour un premier mandat, Mmes Anne MacWhirter, enseignante au High School de New Carlisle; Barbara Trigger, de Westmount, autrefois professeur à McGill; et MM. Howard A. Stutt, professeur à McGill; Bryden Murray, enseignant de Lakeshore; Thomas Bean, principal de l'école élémentaire protestante de Lennoxville.

Sont nommés au Comité de révision des optométristes pour un mandat de deux ans, Mme Manon Papineau, présidente; M. Gilles Laplante, vice-président; Mme Miriam Maddalon et MM. Jean Thiffault et Jacques Vinson.

M. Bourassa a aussi annoncé neuf nominations à la Commission de construction du Québec.

Sont nommés pour la partie syndicale, MM. Yves Paré, de la FTQ; Maurice Pouliot et Donald Fortin, tous deux du Conseil provincial du Québec des métiers de la construction.

Sont nommés pour la partie patronale: MM. Claude Daoust et Michel Beaulieu, tous deux de l'Association des entrepreneurs en construction du Québec et M. Armand Houle, de l'Association provinciale des constructeurs d'habitations du Québec.

Sont nommés comme représentants du gouvernement Mme Michèle Jean, du Ministère de la Main-d'oeuvre et de la Sécurité du revenu; M. Jean-Claude Cadieux, du ministère de l'Education et M. Gaétan Dupont, du ministère du Travail.

Le plus souvent, toutefois, avec une nouvelle multiple, le choix entre *lead* synthèse et *lead* sélectif relève de l'appréciation, sinon des goûts personnels, du journaliste. L'une et l'autre option présenteront des avantages et des inconvénients.

La réplique de l'opposition péquiste au discours du budget présenté en catastrophe par le ministre des Finances aura été hier l'occasion de faire le procès des politiques budgétaires et économiques du gouvernement Bourassa, 18 mois après son élection. (La Presse, 6 mai 1987)

Suivent les reproches formulés d'abord par M. Johnson, qui remonte effectivement au déluge (à la dernière campagne électorale), puis par M. Garon, qui plonge jusqu'aux principes mêmes de l'action gouvernementale (suprématie du marché libre, primauté de l'action individuelle, etc.). Ce *lead* synthèse résume et annonce donc fort bien la suite de la nouvelle. Il met aussi en valeur le conflit, en l'occurrence l'étendue et la profondeur des désaccords entre les partis.

Un *lead* synthèse coiffé d'un titre sélectif.

La Presse, 6 mai 1987

Centre bancaire, agence spatiale, le gouvernement n'a pas fait ses devoirs

L'Opposition accueille plutôt mal le budget de Gérard D. Levesque

par
du bureau de La Presse
QUÉBEC

La réplique de l'opposition péquiste au discours du budget présenté en catastrophe par le ministre des Finances aura été hier l'occasion de faire le procès des politiques budgétaires et économiques du gouvernement Bourassa, 18 mois après son élection.

Ainsi, pour le chef de l'opposition, M. Pierre Marc Johnson, le gouvernement libéral ne présente rien de moins qu'un «spectacle de travestis» plutôt qu'une véritable politique budgétaire.

Il reproche notamment au gouvernement d'avoir d'abord promis mer et monde en campagne électorale pour ensuite se réfugier derrière un soi-disant trou de $1,5 milliard pour renier ses promesses électorales; d'avoir, dès sa prise de pouvoir, réduit les impôts des mieux nantis, tromper les employés de l'État en faisant croire que les finances publiques étaient dans un état lamentable; et pour ensuite finir le plat en présentant un budget-bonbon.

Selon M. Johnson, pareille comédie, pareil camouflage se paient chèrement. Il reproche d'emblée au gouvernement son absence de politique de développement économique et notamment en matière de développement régional.

Le chef de l'opposition croit savoir que le gouvernement Bourassa n'a pas su se tenir debout pour impliquer le gouvernement fédéral dans la relance de la papeterie de Port-Cartier (pendant que le temps presse pour Matane), pas plus qu'il n'a fait ses devoirs dans le dossier du centre bancaire international pour Montréal. Et voilà qu'il craint qu'il en soit ainsi dans le dossier de l'agence spatiale canadienne dont la logique veut qu'elle soit localisée dans la métropole, là où est située l'industrie aéronautique.

Pour son collègue député de Lévis et critique financier de l'opposition, M. Jean Garon, le budget du ministre Levesque maquille la piètre performance du gouvernement en matière de développement économique qu'il attribue à trois facteurs liés à la philosophie néo-libérale ou néo-conservatrice

des hommes qui dirigent l'État.

Selon lui, trois principes de base guident leur action :

■ la suprématie du marché libre;

■ la primauté de l'action individuelle;

■ et l'intervention minimale de l'État.

Ces trois principes réunis ont donné moins d'emplois créés que ceux prévus à 80 000 emplois par année (62ŪŪ000 en 1987 et une prévision de 65 000 pour l'année cours) en campagne électorale. Cela a donné également la vague de privatisation de la dernière année et ses résultats pas toujours heureux.

Pour lui, le budget présenté la semaine dernière est davantage un budget des dépenses qu'un budget des revenus, d'autant plus que sa version définitive n'est paru qu'hier, en début d'après-midi.

M. Garon estime que le ministre des Finances a pénalisé les familles québécoises de quelque $48 millions en remaniant l'allocation de disponibilité car, jusqu'à maintenant, une famille

comptant deux enfants de moins de six ans recevait $500 cependant qu'avec ce qu'a annoncé M. Levesque jeudi dernier, cette même famille de deux enfants de moins de six ans ne recevra plus $300, soit $100 pour le premier et $200 pour le second.

Bien sûr, cette même famille recevra $500 pour le troisième enfant de moins de six ans plutôt que $100. Mais, a soutenu M. Garon, peu de familles comptent trois enfants de moins de six ans. «Ce faisant, a dit le député de Lévis, le ministre a pénalisé les familles et démontré qu'il a bien peu réfléchi aux objectifs d'une politique familiale.»

Dans l'ensemble, estime M. Garon, le gouvernement ne fait rien de bien bon pour la jeunesse et les sans-abris, pas plus qu'il n'agit sérieusement sur l'environnement, la culture, la santé, les affaires municipales.

Quant à la baisse du déficit, il craint que cela ne se fasse au détriment de l'économie du Québec et il conseille au ministre de mettre les rapports Fortier et Gobeil sur les tablettes.

Ce *lead* comporte aussi, outre un défaut évident (une phrase d'une quarantaine de mots), des points discutables. Certains estimeront superflus les mots *présenté (...) par le ministre des Finances*, puisque c'est toujours lui qui présente le budget. D'autres apprécieront qu'on rappelle dès le début de l'article un événement récent et de grande valeur journalistique: le ministre l'a fait *en catastrophe*. On pourra aimer que le *lead* annonce exactement la couleur de l'article ou au contraire, déplorer qu'il manque du concret, du précis, qu'un *lead* sélectif aurait pu introduire. Le *spectacle de travestis plutôt qu'une véritable politique budgétaire* (M. Johnson), le budget qui *maquille la piètre performance du gouvernement en matière de développement économique* (M. Garon) offraient de ce point de vue d'intéressantes possibilités...

Le titreur, à l'évidence, penchait pour le *lead* sélectif. À mon avis, son choix illustre qu'on peut pousser trop loin la sélection. Les points qu'il a retenus (*Centre bancaire, agence spatiale, le gouvernement n'a pas fait ses devoirs*) sont partiels, trop éloignés du sujet global de la nouvelle, la critique du budget, pour faire l'objet du *lead*, et *a fortiori* du titre, même assorti d'un sous-titre qui remet les pendules à l'heure (*L'Opposition accueille plutôt mal le budget de Gérard D. Lévesque*).

Si donc on opte pour le *lead* synthétique, il faudra éviter de tomber dans la généralisation et l'abstrait. Si on choisit le *lead* sélectif, on verra assez tôt dans le texte, si possible dès la fin du *lead*, à situer les éléments privilégiés dans l'ensemble de la nouvelle.

Le Devoir, 22 janvier 1988

L'OPC dément avoir été impliqué dans le recours collectif perdu d'avance

par

Contrairement aux prétentions du juge Ivan Bisaillon, le président de l'Office de protection du consommateur, M. Gilles Moreau, a nié hier que son organisme ait été impliqué dans une requête pour l'exercice d'un recours collectif intentée contre la compagnie Ultramar au nom de plusieurs Montréalais n'ayant pu bénéficier de rabais promis au moment de la signature de contrats pour l'achat d'huile à chauffage avant 1986.

En rejetant la requête de M. Marcel Laroche, le juge de la Cour supérieure avait blâmé « l'OPC et ses avocats pour s'être servis de M. Laroche comme pion pour entamer une procédure que l'organisme savait perdue d'avance ».

Le juge, selon M. Moreau, a erronément identifié dans son jugement Me Réal Leblanc (représentant M. Laroche) comme étant un avocat de l'OPC, alors que celui-ci n'a aucun lien avec l'organisme.

M. Moreau rappelle qu'en 1986, des poursuites intentées, à la suite d'une longue enquête de l'OPC, ont conduit à l'amende trois compagnies pétrolières (Gulf, Ultramar et Texaco) en rapport avec des pratiques déloyales concernant le prix de vente du mazout. Le président précise que c'est strictement dans le cadre de cette enquête en mars 1985 qu'un enquêteur de l'OPC, M. Marc-André Aubry, a interviewé M. Laroche et a obtenu sa déclaration. « Il n'a jamais revu M. Laroche par la suite et il n'a jamais été question de recours collectif », insiste M. Moreau. Le juge Bi-

saillon affirmait pour sa part que la démarche de M. Laroche, vu son manque d'appui aux allégués de la requête, semblait lui avoir été suggérée par M. Aubry.

C'est à la suite de ces condamnations que l'avocat de pratique privée, Me Leblanc, avait demandé à l'OPC la liste des plaignants. Bien que ceux-ci furent très nombreux, l'OPC n'accepta que de lui donner le nom des consommateurs apparaisant dans les chefs d'accusation, dont celui de M. Laroche, qui référait à une pratique de Gulf.

Par après, poursuit M. Moreau, des avocats impliqués dans des recours collectifs demandaient assistance à l'OPC, à la suite d'un refus du Fonds d'aide aux recours collectifs d'accorder des avances d'argent pour intenter ces procédures. Les avocats, qui auraient souhaité obtenir de l'OPC un affidavit indiquant le nombre de consommateurs impliqués et les montant d'argent en jeu, ont essuyé un refus, d'affirmer M. Moreau. « C'est subséquemment, note-t-il, qu'un des enquêteurs au dossier, M. Marcel Robichaud, fut assigné par la Cour supérieure, où il rendit le même témoignage que devant la Cour des sessions de la paix, (où les trois pétrolières ont été condamnées à l'amende) ».

Le président de l'organisme gouvernemental regrette beaucoup les propos, inexacts, selon lui, du juge Bisaillon, et surtout leur diffusion, « d'autant plus, conclut-il, que l'OPC n'était impliqué d'aucune façon dans la demande de M. Laroche devant la Cour supérieure ».

Ce *lead* a une qualité, celle de s'ouvrir sur un conflit. Et plusieurs défauts, à commencer par une phrase interminable et surchargée. Il crée de la confusion, comme d'ailleurs l'ensemble de la nouvelle. Il est vrai que la nouvelle est complexe. L'auteur aurait dû, sans doute, consacrer plus de temps à l'étape «Savoir» (voir le chapitre I).

RÉDIGER LE *LEAD*

On doit rédiger le *lead* en respectant plus que jamais toutes les règles d'une bonne écriture de presse! Le *lead* doit être encore plus concis que le reste, encore plus précis, encore plus concret, encore mieux écrit. Le journaliste s'y fait encore plus invisible, il y respecte encore mieux le principe de l'ordre décroissant d'importance des informations, etc.

Cela dit, insistons quand même sur quelques aspects particuliers...

Priorité à l'essentiel

Tout l'art du *lead* consiste à mettre en premier et en valeur le nouveau, l'important, l'intéressant... Pour leur donner du relief, on les présentera en premier. Plus généralement, on placera:

- l'essentiel de la nouvelle dans le *lead*;
- l'essentiel du *lead* dans la première phrase;
- l'essentiel de la première phrase au début de celle-ci.

Le lecteur retient mieux en effet le début d'une phrase ou d'un paragraphe que sa fin ou son milieu (s'il est en situation naturelle, c'est-à-dire devant un texte significatif et non une suite aléatoire de mots. Voir Richaudeau, 1969). L'ordre décroissant d'importance des informations, qui facilite le travail du *pupitre*, sert donc aussi à assurer une meilleure rétention de la nouvelle. Mettre une information en premier, c'est la mettre en valeur.

Des souris donnent du lait de brebis! Dites d'abord cela. Si vous commencez plutôt par expliquer qu'un laboratoire britannique au nom interminable, qui effectue des manipulations génétiques sur des animaux pour améliorer des produits agricoles, et patati, et patata, vous perdez une belle occasion d'attirer le lecteur. Vous escamotez dans un fatras sans intérêt une chose étonnante. (Source: *Le Monde*, 15 août 1987)

En général, la question «Qui fait quoi?» ou, à défaut, «Qui dit quoi?» permet de trouver l'essentiel d'une nouvelle. Parfois, le *qui* a priorité: *La reine d'Angleterre visite le Canada, Le pape dénonce l'égoïsme des pays riches face aux pays endettés du Tiers Monde*. Dans d'autres cas, le *quoi* l'emporte. Ainsi, dans une nouvelle sur les garderies, le *quoi* comporte une forte valeur d'enjeu, alors que le principal acteur de la nouvelle, Concertaction, est peu connu:

> *Les garderies existantes ne comblent que 15 p. cent des besoins au Québec. Il est donc urgent, non seulement de développer le réseau, mais surtout de favoriser les garderies sans but lucratif.*
> *C'est l'idée qu'a défendue hier le groupe Concertaction (...).* (La Presse, 24 novembre 1986)

Pour l'essentiel, le haut de gamme

Accordant à l'essentiel tout le respect qui lui est dû, on lui consacre d'autre part des propositions indépendantes ou principales, réservant les relatives, circonstancielles et autres subordonnées pour des éléments plus secondaires.

Par conséquent, on évitera non seulement d'attaquer avec des détails mais aussi de parquer les informations les plus percutantes dans de minables subordonnées. À proscrire et à combattre, entre autres attaques trop souvent vues: *C'est samedi soir à Saint-Dilon que...*, *C'est samedi prochain au Grand Théâtre que...*, *C'est aujourd'hui en fin de journée qu'on saura si... C'est un membre de ceci qui...* et tous les *C'est... que... Lors d'une conférence de presse tenue à l'hôtel Hilton de Québec hier..., Le premier ministre a affirmé hier, en conférence de presse au Parlement de Québec, que...*

Dévoilons d'abord en quelques mots, et en propositions indépendante ou principale, ce que la conférence a permis d'apprendre. La façon dont on l'a su peut se reporter à la fin du *lead*, voire au paragraphe suivant à moins, bien sûr, qu'elle n'ait une valeur *journalistique*. Après des années d'anonymat et de silence, Réjean Ducharme convoque la presse. Une telle rupture est à signaler dès le *lead*. De même si quelqu'un tient sa conférence de presse sur un glaçon à la dérive sur la mer de Beaufort...

Il reste que la tenue d'une conférence de presse n'est pas une nouvelle en soi et que son lieu précis intéresse surtout les personnes invitées à y participer. Sauf exception, on n'ouvre donc pas une nouvelle avec la conférence de presse ou le communiqué ou, plus généralement, avec la façon dont on a acquis l'information.

Le premier ministre du Québec, M. Robert Bourassa, a annoncé hier que Québec se dotera de... Inversons. Disons d'abord ce que fera Québec, ensuite seulement que le premier ministre l'a annoncé. L'action ou la décision ont (presque toujours) plus d'intérêt que le fait de l'annoncer. D'ailleurs, renonçons une fois pour toutes à commencer une nouvelle ainsi: *M. Machin, telle fonction, a annoncé que...* ou *déclaré que...*, etc. Ce genre d'introduction sent le compte rendu ou le communiqué à plein nez. De plus, à cause de la prédominance du discours et des événements «préfabriqués» dans nos médias, une proportion énorme des nouvelles pourraient commencer (et hélas! commencent) de cette façon. Cela devient lassant.

On écrira *Les jeunes libéraux du Québec ont voté ceci, parce qu'ils estiment que cela*, dans cet ordre: ce qu'on fait l'emporte en général sur ce qu'on en dit. Mais pas toujours! Il arrive que les motifs d'une action offrent autant d'intérêt que l'action elle-même. Vous voilà aux prises avec deux informations également importantes. Comment les mettre toutes deux en valeur?

C'est là l'occasion rêvée de pousser au maximum la concision et de contourner la règle des propositions indépendantes ou principales, tout en variant un peu le style. Attaquez avec une (courte) proposition participiale, ou conjonctive, ou quelque proche parente.

> *Pour avoir exigé d'être servie en français, Mme X a été expulsée aujourd'hui de...*
> *Dans l'espoir de sauver les bélugas du Saint-Laurent, Greenpeace lance une campagne de...*
> *Après avoir perdu son référendum, Sillery renonce à...*
> *Son élection enfin confirmée, le député de Chauveau s'en prend à...*

On sert une des informations en lui donnant la première place, l'autre en lui accordant la proposition principale. Ainsi avions-nous procédé pour souligner l'inédit de certains événements: *Pour la première fois en 40 ans... Créant un précédent dans les annales judiciaires canadiennes, la Cour...*

Le procédé n'est valable que si les deux informations offrent autant d'intérêt l'une que l'autre, et si on n'en abuse pas. N'oublions pas qu'il faut varier le style!

Du punch, et droit au cœur!

Le *lead* ci-dessous va droit au fait et s'en tient aux faits. Pas un mot qui ne soit utile, et cette concision même produit un style alerte:

ROME (AFP) — Pour un sketch à la télévision italienne, une crise a éclaté brusquement entre Rome et Téhéran: l'Iran a rappelé hier son ambassadeur à Rome et expulsé trois diplomates italiens en poste à Téhéran. (Le Devoir, 28 novembre 1986)

Un sketch provoque une crise entre Téhéran et Rome

ROME (AFP) — Pour un sketch à la télévision italienne, une crise a éclaté brusquement entre Rome et Téhéran: l'Iran a rappelé hier son ambassadeur à Rome et expulsé trois diplomates italiens en poste à Téhéran.

En quelques heures, l'affaire du sketch sur le président Reagan et l'ayatollah Khomeiny, transmis lors d'une émission de variétés très populaire, « Fantastico 3 », samedi soir, a pris des proportions qui semblent avoir surpris les milieux politiques italiens.

Les responsables italiens soulignaient toutefois hiersoir que le gouvernement était parfaitement étranger, du fait même de la législation italienne, aux programmes de la radio-télévision, prenant ainsi les distances du sketch incriminé.

« Nous expliquerons aux Iraniens », relevait hier M. Giulio Andreotti, ministre des Affaires étrangères, que le parti du président du conseil (socialiste) a été lui-même l'objet d'une polé-mique beaucoup plus violente que celle contre laquelle proteste l'Iran ». « Fantastico 3 » avait raillé, la semaine précédente, le chef du gouvernement et ses amis socialistes à l'occasion d'un voyage en Chine.

Le sketch contesté par l'Iran montrait notamment le président Reagan affirmant en patois napolitain que pour désarmer, il lui fallait bien vendre ses armes, et l'ayatollah Khomeiny rétorquant en patois de Livourne (Toscane) que les fusils américains ne valaient rien.

Dès mercredi, une note du ministère iranien des Affaires étrangères protestait contre « la transmission d'un programme sacri-lège à la télévision d'État », tournant « en dérision le chef de la révolution islamique ». Selon l'agence iranienne Irna, l'image donnée de l'Imam Khomeiny par la télévision italienne apparaissait comme « une mesure hostile » de la part du gouvernement italien.

Hier matin, on apprenait à Rome le rappel à Téhéran de l'ambassadeur d'Iran et, quelques heures plus tard, l'expulsion des trois diplomates italiens à Téhéran.

Il semble que l'on souhaite, à Rome, « dédramatiser » la situation en insistant sur les distances qui existent entre le gouvernement et les sketches d'émissions de variété à la télévision d'État. Le président de la télévision, M. Enrico Manca, a affirmé que la RAI-TV « n'a jamais eu l'intention d'offenser les sentiments politiques et religieux de l'Iran islamique, qu'elle respecte avec conviction ».

Le Devoir, 28 novembre 1986

En deux sous-phrases de moins de vingt mots, les acteurs sont campés, le nouveau est livré précisément et concrètement: un rappel et trois expulsions hier. De plus, en attaquant avec le *pourquoi*, le *lead* met en évidence le caractère inusité du motif de la crise. Quel lecteur résistera à l'envie d'aller voir comment un sketch télévisé peut provoquer une crise diplomatique? Pas de propositions subordonnées, pas un adjectif. Un seul adverbe, *brusquement*, qui annonce une information à venir: la surprise des hommes politiques italiens devant l'ampleur qu'une affaire de sketch a pu prendre *en quelques heures*. De la belle ouvrage, en somme!

Comparons à cette autre nouvelle de la même AFP, le même jour, qui cumule presque tous les péchés possibles contre le *lead*:

> *BONN (AFP) — La RFA, sans rompre ses relations diplomatiques avec Damas, a réagi hier avec une fermeté inattendue à la mise en cause de la Syrie dans l'attentat du «clan Hindawi» contre la société germano-arabe, dont les deux auteurs Ahmed Hasi et Farouk Salameh ont été condamnés mercredi à Berlin-Ouest.* (Le Devoir, *28 novembre 1986*)

Les Alliés interdisent à « certains » Syriens de traverser à Berlin-Ouest
La RFA expulse quatre diplomates syriens

BONN (AFP) — La RFA, sans rompre ses relations diplomatiques avec Damas, a réagi hier avec une fermeté inattendue à la mise en cause de la Syrie dans l'attentat du « clan Hindawi » contre la société germano-arabe, dont les deux auteurs Ahmed Hasi et Farouk Salameh ont été condamnés mercredi à Berlin-Ouest.

De plus, les Alliés occidentaux chargés de l'administration de Berlin (États-Unis, France et Grande-Bretagne) ont ordonné hier « l'expulsion de Berlin de certains ressortissants syriens se trouvant dans le secteur soviétique de la ville », faisant leur la thèse allemande.

Dans la pratique, cette mesure, qui entre en vigueur immédiatement, signifie une interdiction de séjour à Berlin-Ouest pour des Syriens vivant dans la partie orientale de la ville (Berlin-Est). Les décisions des Occidentaux concernent toujours en principe Berlin dans son ensemble, mais ne sont plus applicables que dans sa partie occidentale depuis que les Soviétiques ont quitté la « Kommandatura » quadri-partite en 1948.

Les autorités ouest-allemandes pour leur part ont notamment décidé hier d'expulser quatre membres de l'ambassade de Syrie à Bonn, deux diplomates et deux attachés militaires.

Ainsi, le gouvernement de Bonn, allant au-delà des attendus du tribunal ouest-berlinois qui n'avait conclu qu'à la responsabilité de services secrets syriens non précisés, a mis directement en cause Damas. Un communiqué du porte-parole du gouvernement, M. Friedhelm Ost, affirme que « le gouvernement syrien doit assumer la responsabilité des actions de services syriens ».

Bonn « exige » du gouvernement syrien qu'il « confirme sa condamnation verbale du terrorisme international par des mesures concrètes, dirigées également contre ses propres services secrets ».

Écartelé entre les pressions, arabes et syrienne d'une part, britannique et américaine de l'autre, qui se sont multipliées au cours des derniers jours, le gouvernement ouest-allemand a trouvé un compromis, beaucoup plus rapidement que ne l'avait laissé prévoir mercredi M. Ost.

Soucieuse de maintenir le contact avec Damas qui joue, selon elle, un rôle décisif au Moyen-Orient et qu'il ne faudrait pas faire basculer dans le camp soviétique, la RFA a ainsi adopté un catalogue de mesures contre Damas, destinées, estime-t-on à Bonn, à démontrer aux Occidentaux la fermeté de son engagement dans la lutte anti-terroriste, sans se couper de la Syrie.

Bonn va entreprendre avec la RDA des pourparlers sur « la participation de services syriens, à partir de Berlin-Est, à des attentats perpétrés à Berlin-Ouest ». MM. Hasi et Salameh ont avoué s'être procuré la bombe ayant servi à leur attentat qui a fait 9 blessés le 29 mars, à l'ambassade syrienne à Berlin-Est.

Le Devoir, 28 novembre 1986

L'auteur attaque avec un sigle tout nu pour désigner un État, d'ailleurs plus connu de la plupart des lecteurs sous le nom d'Allemagne de l'Ouest que sous son appellation officielle de République fédérale allemande, qu'on ne verra nulle part dans la nouvelle. La RDA, de même, n'aura droit qu'à son sigle.

Qui fait quoi? On répond par une appréciation plutôt qu'une information factuelle à cette question, qui devrait être au cœur de tout *lead*. «La RFA réagit avec fermeté.» Mais encore? Tout d'abord, elle expulse. Il faudra attendre le quatrième alinéa pour le savoir, et cela après un détour par la réaction des Alliés. Comme ils expulsent aussi, ce détour ne fait rien pour clarifier les choses! (Notons comment un mauvais *lead* donne un mauvais plan, à moins que ce ne soit l'inverse.)

Voyons la réponse au pourquoi. La Syrie a été *mise en cause* dans un attentat. Vous m'en direz tant. Cette fois, il faut patienter jusqu'aux dernières lignes de la nouvelle pour obtenir une vraie réponse. *MM. Hasi et Salameh ont avoué s'être procuré la bombe ayant servi à leur attentat qui a fait 9 blessés le 29 mars à l'ambassade syrienne à Berlin-Est.* (N'avez-vous pas cru un instant que c'est à l'ambassade qu'il y a eu neuf blessés? Cela aussi serait plus clair si on avait respecté la règle «une phrase, une information» et reporté le rappel des neuf blessés du 29 mars à une autre phrase.)

Enfin, qu'est-ce que ce «clan Hindawi»? Si le lecteur l'a oublié, tant pis pour lui. Après une brève apparition dans le *lead*, le clan disparaît! Quant à la *société germano-arabe*, à l'existence tout aussi éphémère, on conviendra qu'elle offre une devinette de première classe.

Tous ces manquements au *lead* dans une phrase d'une cinquantaine de mots! Une seule solution ici: on efface tout et on recommence, à partir du plan, et après s'être répété dix fois: «Il faut écrire pour son lecteur.»

Que penser maintenant de l'écriture du *lead* ci-dessous, déjà examiné du point de vue de la sélection?

> *Tout indique que les conflits de travail à la STCUM et à l'UQAM sont sur le point de déborder les limites de la patience gouvernementale et que Québec interviendra dans les deux cas.*
>
> *Le ministre du Travail, Pierre Paradis, a laissé planer hier la menace d'une intervention gouvernementale imminente, autant dans la grève qui perturbe les transports en commun à Montréal que dans celle des chargés de cours de l'Université du Québec à Montréal.*

Voilà qui ferait un *lead* acceptable... à condition de biffer le premier alinéa. Il resterait une phrase à retoucher (à raccourcir) mais qui au moins va droit au fait et livre des informations concrètes et précises. Ce *Tout indique...* n'ajoute rien: c'est la même information, présentée en termes plus vagues. On a raté là une belle occasion de chasser l'inutile.

Disons plutôt que le premier alinéa ajoute une chose, indésirable dans une nouvelle: du commentaire à peine déguisé. Il ressort assez clairement en effet que Québec a été bien patient, que le temps est venu pour lui d'intervenir dans des conflits capables de *déborder les limites* de cette patience. Ce sera encore plus clair quand on apprendra, au cinquième alinéa, que Québec *devra donc intervenir* et, au septième, que des grévistes ont rejeté une entente *sous prétexte* d'écarts salariaux par rapport à d'autres travailleurs. «Sous prétexte»! Que ce «devra donc» gagnerait à être remplacé par un «devrait donc», marquant la prévision d'une action plutôt que l'affirmation d'un devoir!

Ce *lead*, concédons-le, avait au moins la qualité d'annoncer correctement le ton de l'article...

Le Devoir, 27 novembre 1986

La loi 101 : Bourassa semble disposé à modifier ses projets

■ Toutefois, Dougherty prône le bilinguisme

par

QUÉBEC — Tandis que le premier ministre laisse entendre qu'il pourrait restreindre la portée de ses projets linguistiques, l'une de ses députées prône publiquement le « principe » du bilinguisme au Québec.

D'autre part, M. Claude Ryan fait savoir que 1,439 élèves ont été « amnistiés » en vertu du projet de loi qu'il a fait adopter le printemps dernier.

Entre-temps, des regroupements

Joan Dougherty

surgissent en vue de protéger la charte de la langue française, notamment autour de la SSJB de Montréal et du Mouvement Québec français, qui organisent un rassemblement populaire le samedi 13 décembre. De plus, des étudiants de l'université Laval, membres de plusieurs partis politiques, dont le Parti libéral du Québec, ont émis une déclaration commune sur le respect de la loi 101.

Mais il n'en a pas été question à l'Assemblée nationale, l'opposition ne voulant probablement pas voler

Voir page 10 : Loi 101

Du conflit, du drame...

> *QUÉBEC — Tandis que le premier ministre laisse entendre qu'il pourrait restreindre la portée de ses projets linguistiques, l'une de ses députées prône publiquement le «principe» du bilinguisme au Québec.* (Le Devoir, 27 novembre 1986)

Tandis que... une de ses députées... publiquement: le journaliste met en valeur un conflit à l'intérieur du parti libéral et inspire le titreur... (Il reste que la première partie de la phrase est longue et abstraite.)

> *Pierre Marc Johnson implore Robert Bourassa: ne ratifiez pas l'entente de principe du Lac Meech! Ne craignez pas de revenir sur votre parole, comme vous l'avez fait à Victoria en 1971; comme vous le faites, depuis 17 mois, à l'égard des jeunes assistés sociaux à qui vous aviez promis la parité des prestations d'aide sociale.* (La Presse, 6 mai 1987)

Johnson supplie Bourassa: reculez, comme à Victoria!

par

QUÉBEC

Pierre Marc Johnson implore Robert Bourassa: ne ratifiez pas l'entente de principe du Lac Meech! Ne craignez pas de revenir sur votre parole, comme vous l'avez fait à Victoria en 1971; comme vous le faites, depuis 17 mois, à l'égard des jeunes assistés sociaux à qui vous aviez promis la parité des prestations d'aide sociale.

Le chef de l'opposition n'était pas de la fête que les députés libéraux ont ménagée à l'Assemblée nationale hier au premier ministre et à son ministre des Affaires intergouvernementales.

Les ovations se succédaient en ce premier jour de session depuis que, au Lac Meech jeudi soir dernier, «le Québec a été rapatrié dans la fédération canadienne», selon les termes de M. Gil Rémillard.

Pour M. Johnson, signer pour le peu qu'il y a dans cet accord, c'est «affaiblir le Québec, politiquement et économiquement, en raison de ce qu'il n'y a pas dedans».

À l'inverse, s'abstenir de ratifier cet accord constituerait, pour le chef péquiste, un «message clair» au Canada anglais: «le Québec continue sa marche», sans se soumettre aux «national standards définis à Toronto».

À l'appui de ses dires, M. Johnson a cité le premier ministre fédéral, M. Brian Mulroney, et son ministre Lowell Murray qui, depuis l'accord du Lac Meech, s'évertuent à rassurer l'opposition aux Communes et les gens des autres provinces en leur disant que «le Québec n'a gagné aucun pouvoir qu'il n'avait déjà».

Une interprétation qui contraste avec celle qu'en font MM. Bourassa et Rémillard, clamant que le Québec a réalisé des «gains énormes», a franchi un «pas de géant», a «récupéré le droit de veto perdu par le PQ en 1981».

Qui dit vrai? M. Johnson insiste pour se prononcer sur des textes juridiques, «pas sur un communiqué de presse».

M. Bourassa riposte: «Je vous ai offert deux semaines de commission parlementaire pour en discuter, dès la semaine prochaine.»

Pour discuter de quoi, reprend M. Johnson. «Des principes contenus dans l'entente», répond le premier ministre, qui refuse plusieurs fois de s'engager à fournir des textes juridiques aux parlementaires et éventuels autres intervenants aux travaux de la commission.

Ces «textes juridiques», selon les explications fournies lundi par M. Rémillard, feront l'objet de discussions privées, au moment de la convocation de la commission. Discussions d'abord au sein du comité aviseur qui gravite autour du ministre; discussions, ensuite, entre sous-ministres, fédéral et provinciaux, pour s'entendre sur le libellé de la «traduction juridique de l'accord politique» du Lac Meech.

Dans ce scénario, il n'y a pas de place pour une intervention directe de l'opposition dans la discussion ou la préparation des textes de droit. C'est de principes que le gouvernement entend discuter avec l'opposition, renonçant de toute façon à «plaire aux indépendantistes comme aux fédéralistes centralisateurs», disait M. Rémillard.

À plusieurs reprises hier, M. Johnson a tenté d'obtenir une «garantie» que l'accord ne sera pas signé si l'Assemblée nationale n'a pas pu en examiner la teneur exacte. Jamais il n'a pu obtenir une réponse favorable à cette requête.

M. Bourassa parle de ce qu'il y a dans l'accord, des «principes» qui, à son point de vue, ne peuvent être modifiés par des «textes juridiques»:

■ la récupération du droit de veto sur les institutions (fédérales);
■ le droit de retrait, qui n'est plus limité à l'éducation et à la culture;
■ la protection et la promotion du caractère distinct du Québec, par son Assemblée nationale et son gouvernement.

M. Johnson, à l'opposé, parle de ce qui est absent de l'accord du Lac Meech et qui recoupe les «conditions minimales» posées par son gouvernement, en 1985 pour l'adhésion du Québec à la constitution:

■ la juridiction exclusive en matière linguistique;
■ l'exclusion d'Ottawa des champs de juridiction dans lesquels il a pénétré depuis 1945;
■ la protection du droit civil et l'exclusion de la Charte canadienne des droits et libertés, fondée sur le «common law»;
■ l'augmentation des pouvoirs économiques, en matière de main-d'œuvre par exemple;
■ la confirmation de la personnalité internationale du Québec, en prolongement de ses champs de compétence.

Le premier ministre n'a répondu ni par un oui ni par un non à cette série de questions. Il a plutôt dit qu'il venait de «réparer les pires erreurs de l'ancien gouvernement, notamment pour la protection des droits du Québec», dont la «protection de la culture française».

Acclamé une nouvelle fois par les députés libéraux, M. Bourassa a affirmé qu'il n'avait «pas honte du passé» et que «les vrais patriotes» étaient de son côté de la Chambre.

Quant à la commission parlementaire, l'offre du gouvernement est d'en télédiffuser les débats et de la faire durer six jours, du 12 au 14 et du 19 au 21 mai, pourvu que l'opposition ne procède pas par «mesures dilatoires qui empêcheraient le Québec de récupérer ses droits».

L'opposition n'a pas encore arrêté sa réponse à cette offre d'une commission qui, selon elle, ne serait fondée que sur «le communiqué de presse du Lac Meech».

La Presse, 6 mai 1987

Nous sommes au lendemain d'un épisode déjà annoncé de la bataille de la constitution, celui de l'entente de principe. Pas question donc d'attaquer avec cette entente. Un *lead* synthétique donnerait ici quelque chose comme *Les libéraux satisfaits, les péquistes, pas,* c'est-à-dire du très prévisible, ou alors il porterait sur des modalités de discussion: sur les principes seulement, annonce M. Bourassa, sur des textes juridiques, réclame M. Johnson. Pas très passionnant pour les non-initiés. Aussi l'auteur choisit-il un *lead* sélectif et qui met en évidence le refus et le conflit.

Il le rédige de façon à faire sentir le caractère passionné de ce refus, la force de l'attaque de M. Johnson contre le premier ministre. Le *lead* ouvre sur du poignant – M. Johnson implore – puis plonge dans la bagarre – *Trahissez votre parole, comme d'habitude!* Pour garder au texte tout son impact, le journaliste renvoie au paragraphe suivant l'identification des acteurs de la nouvelle. Il supprime même les titres de politesse. Réduits à leur pure individualité conflictuelle, les acteurs ne redeviendront le chef de l'opposition et celui du Gouvernement, *M. Johnson* et *M. Bourassa,* qu'après le *lead*.

Dans cet article, on sent que les échanges ont connu des moments dramatiques, et on a l'impression d'assister à l'événement. Pas mal, pour une nouvelle sur la constitution! Encore fallait-il que l'événement se prête à une telle dramatisation. C'était le cas, compte tenu de la violence de la protestation de M. Johnson et de la force des ovations et *satisfecit* du côté libéral (*Le Québec a été rapatrié dans la fédération canadienne,* etc.). Toutes les nouvelles n'ont pas ces ingrédients dramatiques: gardons-nous d'en inventer, et gardons-nous d'abuser du trémolo. (Notons que l'auteur revient très vite à un style plus sobre.)

Toutefois, n'hésitons pas à faire valoir le drame lorsqu'il existe, surtout que c'est souvent lui qui fait aussi l'inattendu. Ainsi, dans sa nouvelle du 28 octobre 1987, *La Presse* garde un ton neutre, respecte la règle de l'attribution et donne la parole à toutes les parties. Le journal met toutefois en évidence le drame, en attaquant avec le motif dérisoire du congédiement: *Congédié pour avoir exigé une note de service en français.*

... mais pas de prêchi-prêcha...

À propos de la Fête d'Hier de Chicoutimi, *Le Soleil* (14 février 1987) attaquait avec ces pieuses considérations:

> *Vivre dans le passé, c'est un problème quand on sait à quel point il est important de vivre dans le présent. Mais retourner dans le passé pour y puiser renouveau et gaieté, voilà une excellente idée. Et c'est ce que font chaque année les Chicoutimiens qui (...).*

Eh oui! s'il est important de vivre dans le présent, vivre dans le passé doit bien être un problème (un problème!)... On veut informer, pas faire de la morale ou de la psychologie de salon, que ce soit dans un reportage (comme ici) ou dans une nouvelle. Épargnons au lecteur ces lieux communs moralisateurs qui dépareraient aussi bien les *Annales de la bonne Sainte Anne* que *Le Soleil*. Surtout pour un événement aussi haut en couleur, on trouvera bien le moyen d'attaquer avec quelque notation captivante ou amusante.

... et pas d'effets de plume

MAGOG — Bien que l'accord du lac Meech occupe l'avant-scène de l'actualité politique canadienne, c'est plutôt l'avenir du lac Memphrémagog qui inquiète bon nombre de citoyens de Magog et des environs. Un important débat fait rage, en effet, dans ce coin enchanteur de l'Estrie (...). (Le Devoir, 1er juin 1987)

À MAGOG

Le projet Tonic-Tropiques soulève une vive opposition

par

MAGOG — Bien que l'accord du lac Meech occupe l'avant-scène de l'actualité politique canadienne, c'est plutôt l'avenir du lac Memphrémagog qui inquiète bon nombre de citoyens de Magog et des environs depuis quelques semaines. Un important débat fait rage, en effet, dans ce coin enchanteur de l'Estrie sur le genre de développement qu'il faudrait donner à la ville et à la région qui l'entourent.

Ce débat a connu son point culminant samedi alors que, pour la seconde fois en moins de 10 jours, quelque 200 personnes ont envahi la salle de l'Hôtel de ville pour dire leur opposition à un projet touristique de $ 130 millions, présenté par le promoteur Serge Botella, président du groupe Tonic-Tropiques.

Curieusement, ce jour-là à Magog, comme en bien d'autres endroits au Québec, il faisait une chaleur ... tropicale. C'était aussi le jour de l'assemblée de consultation publique tenue par la municipalité régionale de comté (MRC) de Memphrémagog sur une proposition de changement de zonage présentée par la ville de Magog. Les autorités municipales appuient le projet Botella mais doivent faire un amendement au zonage actuel pour en faciliter la réalisation.

C'est donc en dénonçant la modification proposée du règlement de zonage actuel que, dans les faits, les participants à l'assemblée ont rejeté le projet de complexe immobilier « La Riviera » du groupe Tonic-Tropiques.

Ils l'ont fait avec beaucoup de conviction et d'enthousiasme, leurs interventions déclenchant à plusieurs reprises les applaudissements nourris d'une salle remplie à craquer. On se serait crû aux beaux jours des assemblées contradictoires, à cette exception près... qu'il n'y avait pas de contradictions ! Tous ceux et celles, près d'une vingtaine de personnes, qui ont défilé au micro, ont répété pour l'essentiel le même message à l'intention du maire, Paul-René Gilbert, assis à la tribune, et les conseillers : on n'accepte pas ce nouveau zonage, il faut au contraire protéger davantage les espaces verts, l'accès à la rive du lac pour toute la population de Magog et la vue sur le mont Orford à l'arrière-plan.

Malgré cette réaction négative d'un grand nombre de citoyens, le projet d'investissement du groupe Tonic-Tropiques demeure pour l'instant inchangé. Interrogé par le représentant du DEVOIR, tout juste après l'assemblée, le promoteur Serge Bottela s'est dit confiant de pouvoir le réaliser. « On sait par des sondages faits en permanence que la population n'est pas contre ».

Ce projet est déjà connu dans ses grandes lignes. Il comporte, dans une première phase devant coûter $ 70 millions, la construction d'un hôtel double (une partie offrant 150 chambres, l'autre 150 appartements), d'un centre de congrès international, de deux séries de condominiums (l'une de luxe, l'autre familiale) et d'un centre tropical. C'est ce dernier élément qui constitue l'aspect le plus spectaculaire du projet. Il s'agit d'un parc de 55,000 pieds carrés, recouvert d'une bulle transparente dont la hauteur maximale atteindra 21 mètres (l'équivalent d'un édifice de sept étages), où l'on pourra s'adonner 12 mois par année à toute une gamme de jeux aquatiques, comme le toboggan californien et les glissades d'eau, et admirer cascades, gésaries, et végétation luxuriante. Ce centre tropical pourrait accueillir 1,200 personnes à la fois, moyennant un prix d'entrée de $ 10.

La seconde phase du projet consiste en un village, destiné à être une « vitrine culturelle du Québec ». S'étendant sur une dizaine de rues couvertes en permanence, on y retrouvera une auberge de 150 chambres, des condominiums et une kyielle de petits établissements commerciaux, tenant à la fois sur la plage et sur la rue. Coût de réalisation : $ 60 millions.

M. Bottela estime que les deux assemblées publiques tenues jusqu'ici ne sont pas représentatives du voeu de la population. « Ce type de réunion porte sur le zonage », ce qui n'est pas la même chose que mon projet, dit-il. Il y a des éléments spécifiques, comme l'aménagement de carrefours sociaux, d'un théâtre, d'un cinéma, d'un musée, d'un parc d'interprétation de la nature, que les gens ne connaissent pas et « qui pourraient changer leur opinion ».

Les gens savent cependant que l'hôtel, dans sa partie la plus élevée, atteindra neuf étages, et ils craignent que la vue sur le mont Orford, derrière, en soit irrémédiablement gâchée. Ils redoutent aussi l'influx soudain de toute une nouvelle population et la congestion qui pourrait en découler sur une étroite promenade publique en bordure de l'eau. Ils se demandent enfin quelle vue ils continueront d'avoir sur le lac Memphrémagog et dans quelle mesure ils y auront toujours accès.

« Où est la place des gens de Magog là-dedans ? », demandait une citoyenne à l'assemblée. En l'espace d'une journée et demie, elle disait avoir recueilli 200 signatures de gens inquiets, réclamant que « toute la tête du lac soit zonée verte ». La tête du lac, c'est la baie de Magog et son littoral, allant de la pointe Merry (côté est) à la pointe Cabana (côté ouest), où La Riviera cherche à s'implanter. « Enlever le lac et la vue sur le lac, qu'est-ce qui reste ? », lançait un autre citoyen. « La seule richesse, c'est notre lac », ajoutait-il.

C'est pourtant une question de richesse, ou plus justement de manque de richesse, qui motive la démarche du maire de Magog et de ses conseillers. La ville de 14,000 habitants cherche désespérément à élargir son assiette fiscale. Le projet Tonic-Tropiques apparaît comme une planche de salut. Il pourrait générer des rentrées de taxes atteignant $ 1 million. « Actuellement, on retire $ 44,000 en taxes de ce secteur », nous confiait le maire Gilbert la veille de l'assemblée.

Le maire Gilbert se défend pourtant de laisser carte blanche à Tonic-Tropiques ou à d'autre autre promoteur. C'est vrai que sur le strict plan de la hauteur des bâtiments, le zonage actuel, plafonné à six étages dans le secteur de la pointe Cabana, était plus restrictif. En revanche, pour le reste, il permettait à peu près n'importe quoi. Le projet d'amendement, soutient-il, viendra combler bien des lacunes, comme par exemple la couleur des matériaux, le volume des constructions ou la disposition des bâtiments. La hauteur maximale est portée à neuf étages en un endroit mais c'est compensé, soutient le maire, par une exigence de construction en dégradés, ce qui devrait protéger la vue sur le mont Orford, à son avis.

À l'instar de M. Botella, le maire de Magog se dit assuré de l'appui de la population. Comme le Conseil le soutient à l'unanimité, le changement de zonage et l'implantation de La Riviera devraient pouvoir passer. Un référendum, bien sûr, demeure toujours une possibilité, si un nombre suffisant de contribuables signent le registre municipal prévu dans les circonstances, mais la population pouvant légalement se prévaloir de cette disposition est très réduite. Si un obstacle se dresse encore devant Magog et La Riviera, c'est plutôt du côté de la MRC de Memphrémagog qu'il faut regarder.

Ah! ils sont inquiets, ah! il y a débat. Il faudra attendre la fin du paragraphe suivant pour en connaître l'objet: le projet touristique Tonic-Tropiques. En attendant, admirons le nouveau de l'attaque. L'auteur lui-même souligne que tout le pays en parle depuis des lustres. Évidemment, cela permet d'associer deux lacs, Meech et Memphrémagog. Que d'astuce! Quant à *ce coin enchanteur de l'Estrie*, ne ressemblerait-il pas un peu à un cliché? Même dans un reportage, mieux vaut renoncer au style «personnel» que de tomber ainsi dans les associations de lacs et les coins enchanteurs.

Autre fine astuce, un peu plus loin, jouer sur Tonic-Tropiques: *Curieusement, ce jour-là à Magog, comme en bien d'autres endroits du Québec, il faisait une chaleur... tropicale.* Passe encore pour la chaleur tropicale. Mais pourquoi *curieusement*? Et pourquoi souligner que Magog n'est pas un isolat climatique? Chaque mot fait-il la preuve de son utilité?

Une lecture facile

Ne revenons pas sur la question de la clarté, de l'intelligibilité. Mais redisons l'importance d'un texte coulant, sans aspérités, qui permet de lire vite et bien. Surtout dans le *lead*, le lecteur doit saisir immédiatement le sens de chaque phrase, la portée de chaque information. Par conséquent:

> *NON PAS: «Notre pays est capable d'empêcher les grandes puissances d'intervenir dans le Golfe et est prêt à le démontrer», a affirmé hier le ministre iranien des Affaires étrangères, M. Ali Akbar Velayati.*

> *MAIS: L'Iran a affirmé hier être capable d'empêcher les grandes puissances d'intervenir dans le Golfe et être prêt à le démontrer.* (Le Devoir, 1ᵉʳ juin 1987)

La première version n'a rien d'exécrable. Mais on se demande au passage de quel Golfe il s'agit. Surtout l'acteur principal, l'Iran, s'efface derrière son porte-parole. Si le petit adjectif *iranien* lui échappe, le lecteur devra, à la fin du *lead*, revenir en arrière pour savoir de quel pays il est question.

Désigner les acteurs collectifs de façon concise fait beaucoup pour alléger le *lead*, et surtout le *catch-phrase. Rome et Paris* plutôt que *le premier ministre et le ministre des Affaires étrangères de France et leurs homologues italiens...*, par exemple.

Libéraux et néo-démocrates ont accusé hier le gouvernement Mulroney...: cela se lit mieux que *les députés du Parti libéral du Canada (PLC) et du Nouveau parti démocratique (NPD) à la Chambre des communes ont été nombreux hier à accuser...* Il faudra, bien sûr, réintroduire assez tôt les informations omises dans la première phrase, dont le fait que cela se passait à Ottawa. Notons que, en précisant qu'il s'agit du gouvernement *Mulroney*, on a fait en sorte que la première phrase soit «autosuffisante» pour la plupart de ses lecteurs. Si on ne pouvait s'en assurer, il faudrait renoncer au raccourci.

Des *leads* fantaisie

Même s'il peut y avoir des milliards de *leads*, bon nombre d'entre eux se rangent dans des catégories reconnaissables, à commencer bien sûr par celle du *lead* classique, sur lequel portent les pages précédentes. Quant aux *leads* «déviants», je n'en présenterai brièvement que quelques-uns. Sauf les deux premiers, dont il ne faut pas non plus abuser, ils se prêtent rarement à l'information rapportée. (Dans les exemples qui suivent, je m'en tiens en général au début du *lead*, pour alléger le texte.)

Le *lead* citation

«Le gouvernement n'a pas à intervenir dans la question de l'avortement, ce n'est pas lui qui élève les enfants.» Pour le Dr Augustin Roy, président de la Corporation professionnelle des médecins du Québec...

«Si j'accède aux demandes syndicales, je vais droit à la faillite», a affirmé hier le président de la société Généreux, dont les employés se sont mis en grève mardi.

«Le crime paie toujours.» Ainsi M. Arsène Malenfant, détenu au pénitencier de Laval, explique-t-il le succès remporté par son livre, Autobiographie d'un mafioso.

Le *lead* citation peut se combiner à tous les autres types de *leads*. Il constitue une attaque acceptable pour à peu près tous les genres rédactionnels, y compris la nouvelle. D'innombrables nouvelles partent de citations. Qu'on les fasse tantôt sur le mode indirect, tantôt sur le mode direct introduit au moins un peu de variété dans un univers journalistique envahi par les déclarations.

Mais il est hors de question de commencer toutes ses nouvelles par une citation! Il faut également s'assurer, lorsqu'on choisit ce type de *lead*, que la citation d'ouverture est pertinente, concrète et intéressante.

Le *lead* anecdotique

Hier, Jean Santerre a avalé un litre de lait. Et rien d'autre. «Ça va être comme ça jusqu'au prochain chèque du Bien-être», explique-t-il.

Mélanie Dubé, sept ans, a fait aujourd'hui ses premiers pas. Victime d'une maladie de...

Deux conducteurs impliqués dans une collision sont passés hier des propos aigres-doux aux embrassades, après avoir échangé leurs pièces d'identité pour un constat à l'amiable. Les deux hommes, qui ne se connaissaient pas, venaient de se découvrir cousins germains!
M. Arthur Leblanc, de...

L'anecdote éveille toujours la curiosité. Aussi la rencontre-t-on souvent au début de divers textes de presse, reportages, analyses, dossiers, et jusque dans la nouvelle. Il n'y a rien à redire, si l'anecdote a un rapport évident avec le sujet de l'article et se limite à quelques lignes.

Le *lead* énumération

«Contradictions, dédale inextricable, fuite en avant, désastre, confusion, débordement, multiplication des mesures d'exception, enlisement». Le rapport sur le zonage agricole rendu public hier par...

Plus de 20 000 personnes ont dû quitter leur demeure. Les revenus liés aux activités de chasse et pêche subiront cette année une baisse de plus de 50 pour cent. Un million et demi d'hectares de bois ont disparu. On signale de la fumée jusqu'au Labrador.

Les incendies de forêt qui ravagent le Manitoba depuis une semaine...

Le *lead* énumération est acceptable quand il y a quelque chose à énumérer. Il convient surtout aux nouvelles sur des événements qui durent et sont déjà connus du lecteur. Ainsi, au moment où les incendies de forêt se déclenchent, le *lead* ci-dessus serait à éviter; on ne saurait, pour un événement qui éclate, attendre au deuxième alinéa pour dire précisément de quoi il s'agit et où cela se passe.

Le *lead* question

Peut-on arriver à dépenser dix-sept millions de dollars? La gagnante de la Super Loto de cette semaine, Mme Eurydice Lachance, de Longueuil, se pose la question depuis hier.

Comment réagiriez-vous si les Travaux publics entreprenaient, sans avertissement, de creuser un énorme trou dans votre terrain? C'est la mésaventure qu'a connue hier...

Que faire si un orignal vient s'ébattre dans votre piscine? La famille d'Honorius Dubois, de Loretteville...

On réserve le *lead* question aux sujets légers. Pas de: *Deng Xiaoping écrasera-t-il le mouvement des étudiants chinois dans le sang?*... ni de: *Qu'ont ressenti les victimes du DC-10 qui s'est écrasé aujourd'hui près de Tripoli pendant les douze minutes que...*

Le Soleil, 1ᵉʳ septembre 1988

Ça veut dire quoi, «se retrouver dans la situation de réagir»?
Ce *lead* citation est raté parce que la déclaration choisie a un sens obscur. Le dossier du nouveau ministère et le déménagement des fonctionnaires, c'est lié ou c'est indépendant?
Une seule phrase de plus de soixante mots... En respectant le principe «une information, une phrase», on aurait fait plus clair et plus lisible.

Le déménagement de fonctionnaires vers Montréal
Côté invite les députés de la région à être plus vigilants

par

♦ «C'est la dernière fois que les députés de la région de Québec se trouvent dans la situation de réagir», a déclaré, hier, le ministre des Transports et député de Charlesbourg, M. Marc-Yvan Côté, en commentant l'ensemble du dossier du nouveau ministère des Affaires internationales et du déménagement de fonctionnaires de Québec à Montréal, imposé par son titulaire, le ministre Paul Gobeil.

Il a dit avoir appris comme tout le monde dans les journaux, ce qui se passait à ce nouveau ministère.

Selon le ministre Côté, cet incident récent oblige les dirigeants politiques de la région à être non seulement plus vigilants, mais à se donner les outils pour être capables de mesurer le supposé effritement de la fonction publique de Québec au profit de Montréal depuis 1976.

Pour M. Côté, l'Office de planification et de développement du Qué-

bec (OPDQ), qui relève de son ministère, pourrait fort bien faire des analyses et des études à partir des statistiques pour évaluer le nombre de fonctionnaires qu'il y avait en 1976, leur statut et leurs lieux de travail.

Pour le ministre, en plus de tout ce qui est connu au grand jour, il y a peut-être des gestes qui ont été posés en douce depuis une dizaine d'années. Il a expliqué que des décisions d'ordre administratif et non politique, ont pu être prises en cachette en ayant pour effet d'affaiblir la position de la région de la capitale.

Les petites «vites»

Pour le président du caucus des députés libéraux de la région de Québec, M. Rémy Poulin, ces analyses et ces études sont aussi très importantes.

«Il n'est plus question pour nous de nous en laisser passer de ‹petites vites››», a dit le député de Chauveau en rappelant la précipitation avec laquelle le ministre Gobeil a annoncé

la formation de son ministère. «À l'avenir, ils vont être obligés de nous respecter en tant que capitale, a-t-il ajouté, sinon qu'ils déménagent tout à Montréal.»

Compromis satisfaisant

Pour MM. Côté et Poulin, le compromis qui est intervenu entre le caucus régional et le ministre Gobeil, la semaine dernière, pour limiter les déménagements vers Montréal, est satisfaisant.

«Bien sûr, comme le président de la CUQ, M. Michel Rivard, nous aurions préféré garder le statu quo», a dit le député Poulin. Mais dans les circonstances, il accepte la décision, tout comme ses collègues du caucus régional.

Pour le ministre Côté, le compromis accepté ressemble au statu quo, car si la région de Québec est en droit de vouloir conserver ce qu'elle a, la région de Montréal est dans la même situation concernant le commerce extérieur. ●

On utilise ce *lead* à l'occasion seulement. La question a des vertus «accrocheuses» mais en principe la première phrase du *lead*, comme les autres, apporte une information, pas une interrogation. De plus, contrairement à ce que croient souvent les débutants, le *lead* question est difficile à réussir.

Le *lead* apostrophe

> *Sortez vos mitaines et vos pelles. Le Québec connaîtra demain sa première chute de neige...*

> *Si vous voulez passer Noël en Floride, il est déjà temps de réserver. À l'agence de voyage Letour...*

Les commentaires sur le *lead* question valent pour le *lead* apostrophe. De plus, il faut se rappeler que qui interpelle se met en scène — le *vous* implique le *je* — et manque ainsi à la discrétion journalistique. On évitera donc le *lead* apostrophe dans les «vraies» nouvelles.

Cette règle est moins impérative dans les petits médias locaux, proches de leur public. Même si *L'Étincelle de Sainte-Hénédine* ne foisonne pas de ce type d'attaque, on ne s'offusquera pas d'y lire: *Le conseil municipal a de bonnes nouvelles pour vous. Vos taxes seront allégées l'an prochain de...*

Le *lead* ironique   On savoure à l'occasion des *leads* ironiques. Il faut du jugement pour les choisir, de la virtuosité pour les réussir et un statut pour se les permettre! Le *lead*, je le rappelle, appartient au genre rédactionnel «nouvelle», quintessence de l'information rapportée.

Le *lead* historique   Le *lead* historique, moins osé, exige aussi doigté et science. Réussi, je l'adore! Entamer une nouvelle en mettant en parallèle des événements passés et actuels peut jeter sur l'actualité un éclairage fascinant. Encore faut-il bien choisir sa comparaison, rappeler le passé en quelques lignes seulement, tout en s'assurant que le lecteur suit. Pas si simple!

Mieux vaut laisser aux journalistes chevronnés les *leads* ironiques, les historiques, et tous les autres *leads* difficiles que je n'ose même pas mentionner ici.

RAPPELS

- Les fonctions du *lead*:
  - éveiller l'intérêt du lecteur;
  - lui faciliter le choix des articles à lire;
  - lui apprendre l'essentiel de l'information;
  - aider le *pupitre* à titrer et à faire la mise en pages.

- Le contenu du *lead*:
  - le plus nouveau, le plus important, le plus intéressant;
  - en général, les noms et fonctions des principaux acteurs;
  - la source, sauf si elle est officielle, crédible et évidente;
  - souvent, le *lead* répond aux «six questions»;
  - le *lead* doit être «autosuffisant»: jamais de devinettes!
  - le *lead* synthétique est le plus fréquent;
  - le *lead* sélectif s'impose parfois.

- L'écriture du *lead* :
  - Concision! Précision! Clarté! Phrases courtes!
  - L'essentiel en premier!
  - Présenter les informations les plus importantes dans des propositions principales ou indépendantes;
  - Varier les *leads* mais y aller prudemment avec les *leads* fantaisie.

Chapitre VI
Écrire pour la presse

Quelques conventions du style journalistique

LE JOURNALISTE INVISIBLE

> *Our reporters do not cover stories from their point of view. They are presenting them from nobody's point of view.*
>> Richard S. Salant, président de CBS News, cité par Epstein (1973)

> *L'objectivité, c'est cinq minutes pour Hitler et cinq minutes pour les Juifs?*
>> Anne Sinclair, dans une interview à *L'événement du jeudi*

> *Remember: there never was a verb better than «said».*
>> C.H. Brown, 1962, p. 98

> *Le moi est haïssable.*
>> Pascal

La presse commerciale occidentale, et surtout nord-américaine, a fait de «l'objectivité» le premier critère du professionnalisme chez un journaliste. **Objectif, neutre, impartial (ONI)**, voilà notre héros.

Il se veut spectateur de l'actualité, actif par sa quête de l'information mais non engagé dans les événements et les conflits qu'il couvre. Il se définit comme un témoin professionnel, au service du public, à qui il prête ses yeux et ses oreilles, lui donnant ainsi accès à des gens, à des lieux et à des événements qui autrement lui échapperaient. Il est, en somme, un fournisseur d'«expérience vicariale» ou d'expérience par procuration (Moles).

Dans cette optique, l'informateur n'a pas à prendre position, à appuyer ou à attaquer qui ou quoi que ce soit, ou à «penser pour son public»: il s'en tient aux **faits**, qu'il relate en toute objectivité et impartialité.

J'ai déjà mentionné, en introduction, que la question de l'objectivité et celle, plus large, de la fonction sociale et idéologique des médias d'information soulèvent des interrogations qui débordent le cadre de ce texte. Je n'y reviendrai pas, sauf pour préciser ceci: pour moi, on ne peut pas ne pas avoir de point de vue, et on ne peut pas ne pas choisir ce qu'on va regarder et «rapporter».

De plus, indépendamment de la question (cruciale) de savoir comment ces choix sont faits, on ne peut parler de neutralité de la presse qu'au sens très restreint de «non partisan». Un journal qui dévoile un scandale n'est pas «neutre». C'est le «bon» qui attaque les «méchants», les contrevenants de tout poil. Et personne n'y trouve à redire. Jean Daniel, du *Nouvel Observateur*, va jusqu'à comparer la pratique du journalisme à celle de la délation... (Interview à *L'Événement du jeudi*, 10171, février 1988)

Est-ce à dire que notre ONI est une créature purement mythique? Un objet non identifiable? Point du tout! La pratique professionnelle tend effectivement, à l'intérieur de «l'acceptable», à l'objectivité-neutralité-impartialité. La force de la norme est telle que même les éditoriaux et autres commentaires de presse y échappent rarement. Lorsque les journalistes prennent position, c'est à la manière en principe pondérée et documentée de l'expert plus qu'à celle du citoyen engagé. Ils suivent la formule DEE, chère au *Wall Street Journal*: *description des faits*, puis *explication* et, en dernier lieu seulement, *évaluation*.

L'idéal ONI – par définition inaccessible – n'en détermine pas moins des méthodes de travail et un style d'écriture qui seuls seront considérés comme acceptables dans notre contexte.

L'ONI et la cueillette de l'information

À la cueillette de l'information, on entend d'abord tendre à l'objectivité-neutralité-impartialité, s'efforcer d'aborder sans préjugés, ou en faisant autant que possible abstraction de ses préjugés, les différentes versions, positions, explications ou rationalisations des acteurs sociaux. Il s'agit d'écouter tous les sons de cloche, d'essayer toutes les lorgnettes, de rendre des comptes aussi «objectifs», c'est-à-dire aussi honnêtes, que possible.

Pour cela, on a développé diverses techniques et habitudes de travail: se méfier de toutes ses sources, utiliser le plus possible des sources documentaires «incontestables», vérifier toutes les informations, chercher des sources contradictoires, etc. Ces techniques et habitudes ne garantissent pas la perfection et n'éliminent pas l'appréciation et le jugement personnel. Il n'y a pas et il n'y aura jamais de recettes assurant un traitement objectif et honnête de l'information. La quantification n'est surtout pas la solution miracle, même si c'est souvent à elle qu'on recourt en premier, notamment pour couvrir les campagnes électorales. Elle est alors d'une utilité limitée, mais elle n'est pas généralisable. «Cinq minutes pour Hitler, cinq minutes pour les Juifs...»

Ces méthodes de travail font que différents médias, même s'ils donnent du monde des images relativement contrastées, proposent rarement des descriptions incompatibles d'un même événement. En ce qui concerne les «faits», leurs nouvelles se rejoignent, et c'est ainsi qu'ils acquièrent leur crédibilité.

L'ONI et l'écriture

La couverture de l'actualité judiciaire exige le respect absolu de certaines normes journalistiques. Elle peut donc servir de point de départ pour décrire le style ONI.

Au Québec, la loi interdit au journaliste de prendre position dans un procès, d'affirmer ou même de laisser entendre qu'un accusé est innocent, ou coupable, que la partie demanderesse a tort ou raison, etc. Tant qu'une affaire est *sub judice* (devant les tribunaux), le journaliste doit écrire comme s'il n'avait pas d'opinion. Et même après le procès, il lui est interdit de critiquer le juge ou le jugement.

Ces règles conduisent à un traitement particulièrement «aseptisé» de l'information judiciaire et à un style très impersonnel. Rien à voir avec la presse française, où des «victimes du système judiciaire» côtoient des «accusés à la mine patibulaire», voire des «meurtriers», des «faussaires», etc. Ici, même la personne qui a avoué sa culpabilité doit être présentée uniquement comme accusée tant que le tribunal n'a pas rendu sa sentence. Cela ne signifie pas qu'on adoptera l'impossible «point de vue de personne» cher à M. Salant. Simplement, l'auteur ne parle pas, il fait parler.

Un jeune Noir est abattu à Montréal par un policier qui a dégainé son arme par distraction, enlevé le cran de sûreté par inadvertance et mis dans le mille par maladresse. Un tribunal acquitte le policier. Le journaliste peut bien songer qu'il y a meurtre et meurtre, et se demander ce qu'il adviendrait d'un simple citoyen qui présenterait une telle défense. Il se gardera bien de l'écrire ou même de l'insinuer!

Cependant, il peut, et en l'occurrence, il doit, donner la parole aux divers acteurs concernés. À l'acquitté, à son syndicat, au ministre de la Justice, mais aussi à la mère du jeune homme, aux divers groupes qui crient au racisme, aux mouvements de défense des droits et libertés, qui dénoncent la brutalité policière et rappellent des précédents comme les événements de Rock Forest ou de Pointe-au-Pic, etc. En d'autres termes, il alimente la polémique en donnant un caractère public aux prises de position de ces gens. Mais tout ce temps, il s'efface derrière ses sources. Pour être crédible – et à l'abri des rigueurs de la justice –, le journaliste se fait invisible.

Jusqu'à un certain point, c'est toute l'information rapportée qu'il faut, dans la tradition journalistique nord-américaine, présenter un peu à la manière de l'information judiciaire, c'est-à-dire **en donnant toutes les apparences de l'objectivité et de l'impartialité et en se faisant invisible**.

Voici donc quelques règles de rédaction qui découlent de ces principes. Elles se recoupent largement.

On ne parle pas de soi et on ne se met pas en scène On ne raconte pas sa vie, même pas sa vie professionnelle. On épargne au lecteur le récit des démarches effectuées pour traquer l'information ou des difficultés éprouvées dans cette quête.

Il y a une exception à cette règle: les médias mentionnent assez souvent qu'ils n'ont pu rejoindre une personne mise en cause par une nouvelle pour connaître ses réactions ou son point de vue, obtenir une confirmation ou une dénégation, ou que cette personne a refusé de se prêter à une interview. On souligne ainsi qu'on s'est efforcé de produire une nouvelle équilibrée, livrant tous les points de vue.

Il faut toutefois souligner ce fait brièvement: ce n'est pas l'objet de la nouvelle. Il faut surtout éviter de laisser entendre que l'absence ou le refus de la personne ont quelque chose de louche. Parfois, c'est effectivement étonnant: un politicien, par exemple, refuse rarement une occasion de rencontrer la presse. Même dans un tel cas, inutile d'insister. Votre lecteur verra bien lui-même que le comportement a quelque chose d'inhabituel, sinon de bizarre. Retenons donc que nul n'est tenu de se mettre à la disposition de la presse! Que chacun a le droit le plus strict de l'éviter et que les journalistes ont l'obligation la plus stricte de respecter ce droit. Il arrive malheureusement trop souvent qu'ils l'oublient.

Des journalistes sont parfois amenés à participer directement à l'actualité, par exemple s'ils sont candidats à une quelconque élection ou font office d'intermédiaires entre les mutins d'une prison et les autorités. Il n'y a là aucun accroc à la règle, puisque dans ces cas, ils laisseront leurs collègues couvrir les événements en question.

Un corollaire découle de cette première règle: le moi est haïssable! **Le je et le nous sont à proscrire.** On n'écrira donc pas: *Le député m'a confirmé que...*, *Lors d'une interview qu'elle m'a accordée...*, etc. On s'effacera plutôt derrière son média: *Le député a confirmé au* Soleil *que...*, *Lors de l'interview qu'elle a accordée au* Devoir...

Pour la même raison, on bannira les possessifs à la première personne. Non pas: *Mes informations sur ce qui se passe dans nos écoles*, mais plutôt: *La situation dans les écoles du Québec...*

De la même manière, **on ne s'adresse pas directement au lecteur.** Pas plus de *vous*, *vôtre*, *vos* que de *je*, car qui interpelle, sinon l'auteur? Or il doit rester invisible. Au lieu de: *Que feriez-vous avec le gros lot? Vous saviez sans doute que..., Si vous êtes intéressé à...*, vous écrirez donc: *Que fait-on avec un gros lot? On savait déjà que..., Les personnes intéressées à...*

Le Soleil, 24 mars 1984

Labatt adopte la capsule dévissable pour sa bière 50

par

Après la Laurentide, de Molson, au long col et le retour de la Bock de O'Keefe, la Brasserie Labatt est entrée dans la danse à son tour, hier, en présentant sa nouvelle bière «50» de forme allongée à capsule «dévissable».

Cette nouvelle bouteille consignée que l'on pourra retrouver dans les points de vente dès lundi, se veut plus élégante que celle utilisée pour la majorité des bières au pays, a indiqué, hier, à Montréal, le président de la Brasserie Labatt, M. Pierre Desjardins, au cours d'une conférence de presse.

Cette innovation, selon M. Desjardins, s'inscrit dans le cadre d'une politique d'avant-garde, marquant le plan stratégique arrêté par Labatt, il y a trois ans.

Aucune augmentation des prix de la bière, déjà rajustés récemment, ne s'ensuivra, assure le président de Labatt, même si tous les produits de la compagnie seront offerts dans des cartons toujours neufs et recyclables, qui ne nécessiteront plus de dépôt au moment de l'achat par le consommateur.

Labatt aura consenti des investissements de $25 millions à son usine de LaSalle, en banlieue de Montréal, la plus importante de la firme au pays, au cours des trois dernières années, pour l'installation de nouveaux équipements devant permettre de «mieux répondre aux goûts des consommateurs».

Au fil des semaines, près d'un million de caisses recyclables et sans dépôt envahiront le marché québécois.

Pour se défaire des bouteilles en surplus (les bouteilles à petites épaules), Labatt a fait appel à une entreprise locale, qui se chargera de les concasser. Elles seront livrées aux fabricants qui les réutiliseront, sous forme recyclée, dans la production de nouveaux contenants. Jusqu'à 50 pour 100 du verre peut ainsi être récupéré et recyclé dans la fabrication de nouveaux produits.

Triselect

D'autre part, M. Desjardins a informé que Triselect, une nouvelle entreprise intégrée au groupe Labatt, commencera ses activités le 15 mai, à LaSalle.

Triselect se spécialisera dans le tri de contenants divers surtout pour servir toute l'industrie de l'embouteillage, son premier client étant Labatt. Des négociations sont en cours avec d'autres entreprises engagées dans des activités d'embouteillage au Québec.

Le Devoir, 24 mars 1984

Y en aura pas de message commercial !

par

Comme le carton d'invitation annonçait «un important changement dans l'industrie brassicole du Québec», des commandos de caméras étaient sur les lieux. La rencontre était prévue pour 11 heures mais la presse fit le pied de grue, hier matin, durant au moins un quart d'heure à l'extérieur d'une salle d'un grand hôtel de Montréal. Il fallait sans doute laisser le conseil d'administration délibérer sur ce virage majeur. Certains soutenaient que Michael Jackson avait laissé tomber Pepsi pour une marque de bière. D'autres disaient que la conférence était convoquée pour le lancement d'une nouvelle marque de bière japonaise: «Ils fabriquent déjà la télévision et les vidéos; ils feront très bien en publicité», disait sur un air grave un brave loustic, du genre pique-assiette.

Lorsque les portes s'ouvrirent, le mystère s'éclaircit. On venait d'inventer la capsule dévissable! Voilà la réplique énergique d'une industrie qui fait face à de sérieux problèmes de baisse de marché. L'amateur de houblon n'entendrait plus ce «pop» que laisse dans l'air une bonne bouteille qu'il s'apprête à savourer. La bière serait-t-elle tellement mauvaise qu'il devient difficile d'en boire une bouteille d'un seul trait? La boisson d'or s'abaisse au niveau du ginger ale.

Puis notre sympathique représentant-embouteilleur local nous explique que sa bière sera vendue dans une toute nouvelle bouteille de forme allongée au prix courant. Comme si personne n'avait vu dans tous les journaux du jour que la brasserie concurrente faisait chanter son coq sur cette «nouveauté».

Ne sentant pas d'enthousiasme devant cette «innovation», le président enchaîne en dévoilant le projet d'un centre de triage de bouteilles. Qui démêlait les bouteilles auparavant? On parle de la création de 75 emplois alors qu'il faudrait plutôt parler de la recréation d'emplois dans un secteur où la main-d'œuvre est en recul au Québec.

Pour compléter cette opération de relations publiques, l'auditoire a droit à un diaporama sur la merveilleuse histoire de la brasserie depuis 18… Comme si la bière était apparue sur la terre quelque part dans Ville LaSalle. Pour ceux qui n'auraient pas compris, on répète la glorieuse épopée en anglais…

Si les journalistes repartaient sans nouvelle, ils pourront se consoler avec les produits de la maison. Une armée de garçons stylés fut lancée après le dernier mot du patron pour empêcher toute question en provenance de la presse. Comme il convenait pour enrober cette offensive publicitaire maladroitement déguisée, un buffet finirait de brouiller les esprits et remplir les estomacs.

Les stratèges en relations publiques étaient convaincus qu'ils obtiendraient les manchettes des quotidiens, de la radio et de la télévision. Se glisser dans un bulletin de nouvelles et passer un message prétendument informatif, tout cela n'aura coûté que quelques caisses de bière et des hors-d'œuvre, moins de la moitié du prix d'un message de 30 secondes au canal 10. Quelle aubaine nous offre ces braves journalistes!

Peut-on trouver une forme plus évidente de mépris pour les travailleurs de l'information. Mais cette fois, il faudra s'adresser au bon département et payer pour avoir de la publicité.

Y en aura pas de message commercial!

L'article du *Soleil* est assez typique de la couverture que firent nos médias de l'événement. Celui du *Devoir* est un objet de collectionneur! Nos journaux ne publient que très rarement des textes de ce genre. L'article, en effet, transgresse deux lois fondamentales du professionalisme local: la neutralité du reporter et la ségrégation des genres rédactionnels. D'une part, le journaliste attaque violemment sa source. D'autre part, le ton est celui du billet, alors que le statut de l'auteur dans le journal (journaliste et non chroniqueur ou éditorialiste) ainsi que le sujet, l'emplacement et la présentation typographique de l'article le feraient classer comme nouvelle.
L'article a quelque chose d'extrême (selon nos traditions journalistiques); il illustre bien, *a contrario*, à la fois la norme habituelle du *ton* neutre et les risques de servilité face aux sources que comporte l'exigence de neutralité du *contenu*.

On n'exprime pas d'opinion On doit éviter de donner son opinion, aussi bien l'opinion explicite que la prise de position implicite, voire involontaire.

Cette règle implique d'abord qu'on ne qualifie pas, à moins que le qualificatif ne reflète une incontestable unanimité. On présente le projet ou l'équipe, sans affirmer que le premier est passionnant ou la seconde, formidable. Même si tel acteur s'est mis dans une colère noire, évitez d'affirmer qu'il était fou de rage; décrivez plutôt ce qu'il a fait. Par exemple: *L'accusé, frappant du poing sur la table, a alors crié…* Évidemment, si le président du Conseil canadien des entreprises s'est présenté à l'assemblée annuelle en maillot de bain rose à pois verts, on ne vous en voudra pas de le noter. Même dans ce cas, il est préférable de décrire «factuellement» la chose ou, mieux encore, de faire état des réactions des membres du Conseil qui étaient présents. Faites parler!

L'interdiction de qualifier rejoint deux autres impératifs de l'écriture d'information: le rejet des mots inutiles et celui des clichés. Cherchez dans votre journal d'aujourd'hui des qualificatifs. Vous verrez que dans la plupart des cas, ils sont redondants ou relèvent du tic verbal. *Selon l'éminent spécialiste... Ce meurtre* **abominable** *de deux enfants...*

On a vu aussi que l'emploi inapproprié de certains mots ou expressions peut nous amener à commenter sans l'avoir voulu! *Les étudiants réclament la parité,* **sous prétexte que***...* Alors, si quelqu'un applique tel règlement de façon stricte, ne dites pas qu'il le fait de façon *intransigeante*. Si un autre déclare avoir de louables motifs, ne dites pas qu'il *prétend* être bien intentionné, etc.

On ne fait pas courroie de transmission   On a vu, en examinant les critères de sélection des informations (voir le chapitre II), que le journaliste est au service du public et non de ses sources ou de leurs relationnistes. Ce souci d'indépendance concerne non seulement le fond de l'information mais aussi la forme, l'écriture.

C'est ainsi qu'il ne faut **jamais présenter comme un fait avéré le contenu d'une déclaration**, verbale ou écrite.

Par conséquent, on n'écrira pas, même si cela figure dans un communiqué ou un discours: *Le ministre est heureux d'annoncer que..., Le président est très sensible aux difficultés que..., Le syndicaliste, dont le seul souci est de faire débloquer la situation..., Greenpeace est convaincu que..., Le pdg a dû à regret congédier...*

Dans le premier cas, on biffe: pure rhétorique politicienne. Au fait! Dans le dernier aussi, probablement. Dans les trois autres cas, si on choisit de retenir l'information, on laisse parler la source: *Le président s'est dit très sensible..., Le syndicaliste, qui affirme avoir pour seul souci de..., Nous sommes convaincus que... a déclaré hier le porte-parole de Greenpeace...*, plutôt que de se porter ainsi garant de la sensibilité, du dévouement ou des convictions de ces gens.

Attribuer, encore et encore   Dans toute nouvelle, on l'a vu, il faut citer ses sources, dire comment on a appris l'information. Cette quatrième règle, qui n'est en fait qu'une explicitation des précédentes, a une portée plus générale que cette prescription. Elle signifie que le **lecteur doit toujours savoir si c'est vous qui affirmez telle chose ou si vous rapportez les propos d'autres personnes.** Habitué aux mœurs journalistiques locales, il tiendra pour acquis que l'auteur de la nouvelle engage sa responsabilité dans tout ce qui n'est pas expressément attribué. S'il lit: *Le témoin devant la commission Dubin a menti*, il comprend que vous portez vous-même cette accusation, que vous prenez position. Faites en sorte qu'il lise plutôt que telle personne a accusé le témoin de mentir.

Quand vous écrivez: *La formation et l'expérience de M. X en font un candidat idéal à ce poste*, le lecteur comprend que tel est votre avis: vous qualifiez. Vous formulerez donc la chose autrement. Par exemple: *Selon le directeur du service, la formation et l'expérience de M. X en font un candidat idéal...*

Supposons maintenant que vous pensiez le plus grand bien du candidat et que le directeur ne vous fournisse nulle «poignée» pour le faire valoir. Rabattez-vous alors sur les faits : M. X a fait telles études et a telle expérience dans tel domaine. Soyez prudent toutefois, ne faites pas trop mousser la candidature, même sous des dehors «objectifs». Le style contribue à donner les apparences de l'objectivité, il n'y suffit pas!

Pour toutes les nouvelles à base de déclarations – et Dieu sait si elles foisonnent –, la règle de l'attribution représente un risque de lourdeur. On n'arrête pas en effet de répéter: «Ce n'est pas moi qui l'affirme, c'est ma source.» On tentera de minimiser ce risque en injectant de la **variété dans les attributions**.

Ainsi, on alterne citations directes et indirectes (en réservant toutefois les citations directes aux éléments importants, percutants ou colorés; *cf. infra*). On varie les marques de l'attribution: *Il a dit, déclaré, affirmé, juré, laissé entendre, témoigné, confirmé, rappelé, fait savoir, annoncé, mis en évidence, noté, souligné, fait valoir, avoué, nié, démenti que...*

L'emploi du conditionnel après une attribution la prolonge et évite certaines redites: *Selon ce spécialiste, les BPC de Saint-Basile-le-Grand ne présentent actuellement aucun danger. Leur emballage serait absolument sécuritaire. «C'est par pur électoralisme que le Gouvernement veut les déménager»*, estime-t-il.

Chacune de ces trois phrases comporte une marque d'attribution: *selon*, le conditionnel et les guillemets. Il n'est pas toujours nécessaire de pousser le zèle attributif aussi loin. On doit cependant s'assurer que le contexte rend parfaitement claire l'origine de tout énoncé qu'on ne relie pas à une source.

Plus un dossier est délicat, suscite l'émotivité, prête à controverse – ou touche la politique –, plus il faut respecter ces règles qui assurent «l'invisibilité» de l'auteur et font ressortir sa neutralité.

D'autres conventions journalistiques existent, qui relèvent simplement soit du bon sens, soit de l'habitude. Les pages qui suivent en présentent quelques-unes.

D'AUTRES CONVENTIONS DE L'ÉCRITURE DE PRESSE

Mettre en valeur son média

Autant le journaliste doit se faire discret, autant il doit **mettre en valeur le rôle de son média** dans la fabrication de l'actualité. Évidemment, le *pupitre* se charge aussi d'assurer cette autopromotion. Ainsi, il signalera tout *scoop* en lui accordant une bonne place, en annonçant, souvent avec des jeux typographiques (couleur, inversé, encadré, etc.), que le reportage est *exclusif* au journal, en le surmontant d'un chapeau explicatif, etc. Si la nouvelle est d'importance, on la reprendra aussi en éditorial ou ailleurs, en rappelant que c'est le journal qui l'a dévoilée, etc.

Cela dit, l'auteur de la nouvelle doit lui-même souligner le rôle de sa *boîte* et la règle sera d'autant plus impérative que le journal se contente le plus souvent de communiqués et de dépêches d'agence...

Dans le reportage, il faut faire sentir au lecteur que le journaliste était sur les lieux, qu'il a interrogé des acteurs de la nouvelle, des témoins ou des passants, qu'il décrit des éléments du décor ou de l'ambiance, etc. Dans toute nouvelle résultant d'une enquête maison, on doit de plus faire état du moyen par lequel le journal a trouvé l'information (le journal, pas le journaliste!). On fait ainsi d'une pierre trois coups: on cite les sources, on souligne la crédibilité de la nouvelle et on fait valoir le rôle du journal.

Le Devoir, 11 juillet 1990

Claude Béland fait le procès du néo-libéralisme

 par

LE PRÉSIDENT du Mouvement des caisses Desjardins, M. Claude Béland, s'est livré hier à l'Université Laval à une sévère critique des idéologies communistes, mais surtout capitalistes, dont il a constaté la faillite. « Sur tous les horizons de cette terre, a-t-il lancé, nous constatons un dépérissement généralisé de l'être. »

M. Bélanger prononçait hier soir à l'Université Laval la conférence inaugurale d'un colloque international de quatre jours sur les problèmes de l'insertion socio-professionnelle des diplômés des facultés de sciences humaines.

Pour illustrer ce dépérissement, M. Béland a notamment évoqué :

■ l'élargissement constant du fossé entre nantis et démunis dans la plupart de nos sociétés. « Paradoxalement, a-t-il dit, l'accroissement de la richesse des uns a entraîné l'accroissement de la pauvreté et de la dépendance des autres ; et l'amélioration de notre économie a entraîné la montée continue du chômage » ;

■ la persistance « de la faim, la malnutrition, la maladie et l'analphabétisme que l'amélioration générale des conditions de vie et la prospérité de notre époque auraient déjà dû faire disparaître de la surface de la Terre, mais qui ont persisté et se sont amplifiés, provoquant ainsi la montée de la violence et du crime et produisant un nombre toujours plus grand d'exclus » ;

■ la détérioration accélérée de l'environnement à laquelle conduit l'exploitation inconsidérée des ressources de la planète, conséquence du progrès à tout prix, et qui menace notre propre survie. »

Cette situation, a dit M. Béland, « du moins pour ce monde capitaliste qui est le nôtre », trouve son explication dans le libéralisme économique. « En soumettant nos sociétés aux impératifs de la croissance économique et en les engageant de ce fait dans l'étroit sillon de l'individualisme, il a favorisé la spécialisation à outrance, la compartimentation et le cloisonnement ».

Ce phénomène, M. Béland l'a observé dans les entreprises elles-mêmes, mais aussi dans la formation de telle sorte que la compartimention en est venue à « structurer progressivement tous les domaines de l'activité humaine ».

« Replié sur lui-même, faute d'une vue globale, faute de perspectives de continuité ou d'éternité, l'homme s'enferme dans un individualisme grandissant, luttant contre l'essence même de sa nature d'être social ».

Aussi, M. Béland, a-t-il longuement plaidé hier pour l'élargissement des contenus de formation et dénoncé cette faveur du monde occidental pour « les sciences dites exactes » qui nous ont entraînés dans une « société unidimensionnelle » habituée au seul langage des chiffres, sans se soucier du caractère éthique de nos choix.

Aussi, le président du Mouvement Desjardins prône-t-il un indispendable retour à une conception de l'être humain qui prend en considération sa dimension sociale et qu'il faut cesser de disséquer. « Il nous faut tendre, dans nos milieux d'enseignement, vers une constellation de savoirs qui prend l'être humain pour point de départ. »

Du même souffle, M. Béland a proposé de remettre en question nos fondements sociaux que sont chez-nous « les canons étroits de la doctrine économique : la concurrence, la lutte pour la vie, le profit à tour prix, l'exploitation à outrance des richesses naturelles, l'enrichissement de quelques privilégiés, le chômage et la pauvreté des autres ; ou, pour les tenants des régimes socialistes, une présence et un poids toujours plus grands de l'État dans le plus de domaines possibles de la vie des gens ».

En conclusion, M. Béland a fait l'apologie de la formule coopérative dans la mesure où « elle se fonde sur des valeurs humaines qui inspirent les règles sociales les plus aptes à satisfaire l'ensemble des besoins humains ».

Le Devoir, 6 juillet 1990

Yvon Lamarre est nommé éditeur du *Journal de Montréal*

 par

L'ANCIEN PRÉSIDENT du comité exécutif de la Ville de Montréal, M. Yvon Lamarre, deviendra à compter du 6 août le nouvel éditeur du Journal de Montréal. Cette nomination n'a toutefois aucun caractère politique, souligne-t-on tant du côté de M. Lamarre que de celui de Quebecor.

« Après quatre ans, mon purgatoire est quand même fait !, s'exclame M. Lamarre, actuellement vice-président de la cimenterie Miron. Au cours des dernières années, j'ai d'ailleurs été très parcimonieux dans mes déclarations. »

« M. Lamarre est un homme qui a été au service de la communauté, qui connaît la ville dans ses moindres détails et qui correspond bien à notre clientèle », explique de son côté M. André Gourd, le président du groupe Quebecor.

Pour M. Gourd, il est clair que l'arrivée d'un ancien membre de l'équipe du maire Jean Drapeau ne doit pas être vue dans un sens politique. Même avec les élections municipales de l'automne ?

« Ce n'est pas un chef de l'opposition que nous avons choisi mais un administrateur en mesure de comprendre Montréal et les préoccupations de ses habitants », rétorque M. Gourd.

« La proximité des élections ne m'avait même pas traversé l'esprit » dit de son côté M. Lamarre qui ajoute, « de toutes façons, sur le plan municipal, on fait plus de l'administration que de la véritable politique ».

La nomination de M. Lamarre ne devrait pas non plus entraîner de grands chambardements au sein du Journal. « C'est le changement dans la continuité », souligne le principal intéressé.

L'actuel éditeur du Journal de Montréal, M. Jacques Girard, est pour sa part promu premier vice-président, secteur édition, de Quebecor. M. Girard fut dans le passé président de Radio-Québec et sous-ministre de l'Éducation.

Ces deux articles recourent systématiquement à la citation directe, et bien à raison. Dans le premier cas, le président d'une des plus puissantes institutions financières du Canada attaque le néo-libéralisme si cher aux gens d'affaires. Dans le second cas, quelqu'un qui a été pendant des années de la vie politique montréalaise devient éditeur d'un quotidien de Montréal. Le terrain est délicat. Il convient donc d'insister, par l'usage de la citation directe, sur l'exactitude et la précision de l'information rapportée.

Du bon usage des guillemets

La citation et les guillemets jouent un grand rôle en écriture de presse, et leur emploi est assez délicat. Ils remplissent en effet diverses fonctions importantes. Tout d'abord, les guillemets marquent la citation; ils attestent de l'authenticité des propos rapportés, de la fidélité à l'événement. Chaque fois qu'il guillemette des mots ou des phrases, le journaliste met en évidence l'action de sa source et s'efface derrière elle.

Plus les propos de la source peuvent sembler percutants, provocants, agressifs, exagérés, irréalistes, annonciateurs de nouveau, bref, plus ces propos ont de poids, plus la citation directe et guillemetée s'impose.

Il a traité le premier ministre de «menteur» et de «débile».

Pour elle, la solution proposée par le Gouvernement est «moralement inac-ceptable, en plus d'être dangereuse pour la santé publique».

«J'en ai ras le bol du P.Q.», a déclaré hier son leader, M. Jacques Parizeau.

Malgré l'avis unanime des experts qui prévoient une forte diminution du nombre de postes, le pdg a juré que «pas un seul des 12 012 employés de l'entreprise ne perdra son emploi à la suite de cette fusion».

Dans les (innombrables) nouvelles à base de déclarations, la citation directe sert aussi à **varier le style**. En faisant alterner citations directes et indirectes, c'est toute la structure de la phrase et le ton du texte qu'on change.

On veillera toutefois à réserver la citation directe aux propos qui ont de la force, comme dans les exemples ci-dessus, ou à défaut, de la couleur ou de la saveur, ou qui font image. En d'autres termes, si le gagnant du gros lot déclare qu'il a cru mourir de joie ou, mieux encore, que le voilà bien embêté par cette soudaine richesse, ouvrons les guillemets. S'il a «révélé» être bien heureux de la chose, abstenons-nous. De même, le politicien qui proclame que son gouvernement a «le meilleur dossier depuis la Conquête» mérite une citation directe, mais pas celui qui affirme que son Gouvernement fait bien son travail – à moins évidemment qu'il ne le dise à propos d'un dossier mené de façon catastrophique. «Il est exact que nous connaissons actuellement quelques problèmes»: prononcée par quelqu'un autour de qui l'univers s'écroule, la phrase vaut une citation directe. En résumé, n'accordez pas de citation directe à des énoncés prévisibles et banals, sauf si leur banalité même a quelque chose d'incongru dans le contexte.

Les guillemets servent aussi, et c'est là une fonction importantissime, à **marquer ses distances par rapport aux sources**. Ainsi, si le ministre des Finances décrit sa nouvelle taxe comme une «amélioration» du système fiscal canadien, on lui laisse l'entière responsabilité de cette évaluation en guille-metant l'amélioration. De même si un groupe terroriste annonce le «procès» ou «l'exécution» d'un otage, ou un porte-parole militaire, la «neutralisation» de tant d'ennemis. Dans le premier cas, on fera appel aux guillemets pour souligner que «ce sont les ravisseurs qui présentent les choses de cette façon». Dans le second, on fera état du nombre d'ennemis tués, si c'est de cela qu'il s'agit.

On pourrait également, tout en précisant le sens du mot, citer le nombre d'ennemis «neutralisés», entre guillemets. À ce moment, on attire l'attention du lecteur sur la bizarrerie du langage de la source. En d'autres termes, les guillemets marquent à l'occasion non seulement la distance par rapport aux sources mais aussi **l'ironie, le scepticisme, la critique**.

En citant exactement un ardent défenseur de la langue française qui a fait l'éloge «des collègues que je travaille avec», vous lui donnez un croc-en-jambe. Les guillemets expriment encore plus ouvertement l'ironie s'ils encadrent des mots de votre prose et non des propos que vous rapportez. *La «compétence» de cet expert... Cette offre «généreuse»...*: on perçoit que vous doutez fort de la compétence de la personne en question et que vous trouvez l'offre mesquine. En information rapportée, par conséquent, les guillemets ironiques sont à éviter, en général.

Quant à ceux qui signifient simplement la neutralité, la distance par rapport aux sources, ils sont, à mon avis, sous-utilisés dans notre presse. Certes,

Le Monde, 12 – 13 juillet 1987

La visite de neuf députés français en Afrique du Sud

Les nouveaux ambassadeurs d'un pays où l'apartheid n'« existe plus »

JOHANNESBURG
de notre correspondant

Les neuf parlementaires français (1) invités par le gouvernement sud-africain sont repartis, samedi 11 juillet, satisfaits. En quinze jours, M. Jean Kiffer (RPR), a constaté que l'apartheid n'«*existait plus et que la paix et la sécurité régnaient*». M. Jean-Pierre Stirbois (Front national) est convaincu que «*le Parti national* [au pouvoir] *a raison*» et M. Jean-Pierre Chenardi, également du Front national, n'a «*jamais croisé un regard haineux*». Bien sûr, tout n'est pas parfait dans «*ce pays dont la situation est unique au monde*», comme le souligne l'adjoint de M. Le Pen, mais ses dirigeants «*font le maximum*», tient à préciser M. Kiffer: «*Ce pays fait une révolution. Il est en marche vers les réformes: alors qu'on lui fiche la paix.*»

Ces députés, membres du groupe d'amitié France-Afrique du Sud, qui compte quatre-vingt-dix-huit parlementaires, disent rapporter à Paris *une image exacte de la réalité*», car on ne «*leur a rien caché, on leur a ouvert toutes les portes*». Ils ont même rencontré un ministre indien, et l'«*assistant*» de l'archevêque Tutu. Ils ont visité le bidonville de Crossroad près du Cap, la cité nouvelle de Khayelitsha où M. Chenardi a été frappé «*par l'harmonie des couleurs et les nouveaux espaces verts*» et, bien sûr, Soweto, «*une capitale, à côté de Dakar*» pour le député de la Moselle, M. Jean Kiffer.

Peu de dirigeants noirs

«*De fait*, constate tout de même M. Bruno Gollnisch (FN), *des leaders noirs, on n'en a pas vus beaucoup*», à part le maire d'une cité proche de Pretoria et l'assistant de Mgr Tutu. À quoi bon après tout? Le point de vue des autorités a satisfait la délégation. Incontestablement le message est bien passé. Pour les députés français, le suffrage universel n'est pas possible. «*Le but du gouvernement*, répète fidèlement M. Stirbois, *est de trouver une formule qui permette à toutes les ethnies existantes de vivre dans la plus grande prospérité sans que l'une puisse dominer l'autre.*» M. Kiffer est d'accord avec la formule

du ministre de la santé indien: «*Une démocratie majoritaire est impossible dans une société hétérogène.*» M. Jean Brocard (UDF-PR) l'admet: «*Ces gens* [les Noirs] *ne sont pas plus bêtes que d'autres. Il faut former une élite. Ça prendra dix ans.*»

Les parlementaires français disent encore avoir découvert «*un pays en mutation*», «*calme*», «*où se côtoient toutes les races sans discrimination apparente*» et «*où la présence policière est pratiquement inexistante sans comparaison avec celle de la banlieue parisienne*». Presque un pays de cocagne en somme, où, en tout cas, «*on fait mieux que partout ailleurs en Afrique*». Ils sont repartis rassérénés par les efforts du gouvernement dans tous les domaines. Ils vont maintenant pouvoir propager «*la vérité*» déformée par la presse française et «*rendre compte de la bonne volonté du gouvernement* [sud-africain]».

Leur regret: la dégradation des relations entre Paris et Pretoria à cause du «*terroriste Pierre-André Albertini, ce coopérant qui a manqué à ses devoirs*». «*Mitterrand*, affirme M. Stirbois, *se sert de ce malheureux pour des raisons de politique intérieure, pour ramasser les voix communistes. Ça vole assez bas.*»

Le député des Hauts-de-Seine a également été «*choqué*» par l'attitude de Mme Mitterrand à propos du rôle que celle-ci a joué dans la conférence qui a lieu actuellement à Dakar entre des personnalités afrikaners et une délégation de l'ANC (Congrès national africain): «*C'est elle la responsable de la propagande de l'ANC. Elle s'est départie de son obligation de réserve.*» M. Kiffer surenchérit: «*J'accuse l'Élysée de saboter les relations France-Afrique du Sud.*» «*Dans un an*, conclut le barriste M. Brocard (après l'élection présidentielle), *l'Afrique du Sud sera de nouveau une grande amie de la France.*» Ces neuf nouveaux ambassadeurs vont certainement s'y employer.

(1) La délégation était constituée de trois députés du Front national: MM. Jean-Pierre Stirbois, Jean-Pierre Chenardi et Bruno Gollnisch; trois UDF: MM. Jean Briane, Jean Brocard et Charlos Desprez et de trois RPR: MM. René Couveinhes, Pierre Manger et Jean Kiffer.

L'abondance des citations directes donne une impression d'exactitude et aussi de parfaite neutralité. Et pourtant, quelle charge! L'usage systématique des guillemets souligne, autant que la fidélité aux propos tenus, leur énormité (pour le public du *Monde* à tout le moins). Bien fait, un tel montage de citations a plus de force critique que l'injure et l'invective, et préserve la crédibilité des informations factuelles de l'article.

on les oublie rarement quand un ayatollah qualifie les États-Unis de «grand Satan» ou que le gouvernement de la Chine populaire annonce des poursuites contre les «criminels de la place Tienanmen». Toutefois, on se méfie moins des pièges sémantiques mieux camouflés, tendus par des sources plus proches. Songeons encore à tous ces heureux «bénéficiaires» de notre collective générosité. Des mots comme *assainissement, redressement, normalisation, lutte contre la subversion* et bien d'autres, chargés de vertu et de logique, sont toujours à prendre avec un grain de sel. Certaines «rationalisations», notamment, qui n'en sont pas pour tout le monde (même si, à un certain niveau, elles répondent à une certaine logique), devraient plus souvent porter les guillemets, au moins à leur première mention dans un texte[1].

Dans certains contextes – édition littéraire ou scientifique, par exemple –, toute citation doit être rigoureusement exacte. On signale toute modification, en indiquant l'omission, l'addition ou la substitution de mots entre crochets, etc. Les puristes exigent qu'on reproduise même les fautes de français, avec la mention *sic*! (Personnellement, je trouve cette pratique d'un goût douteux, sauf dans les cas où on ne peut corriger le texte sans le modifier substantiellement.)

En écriture de presse, en général, on applique la même rigueur en ce qui concerne la citation d'écrits. Cependant, cette haute fidélité n'est plus de mise lorsqu'on cite des **sources orales**. Il faut alors modifier les citations pour obtenir un texte concis et correct. Autant on doit craindre alors de changer le sens des propos, autant on y va gaillardement pour condenser et améliorer la forme.

Ainsi, la personne que vous interviewez a dit en dix phrases vasouillardes pleines de *euh*, d'interruptions et de bizarreries syntaxiques, quelque chose qui pourrait se résumer ainsi: «Les données réelles sur l'emploi au Québec défient à peu près toutes les images qui circulent» ou «Il fallait s'attendre à ces protestations. Personne ne saute de joie quand on annonce une nouvelle taxe». Si le résumé est fidèle, rien ne s'oppose à ce que vous le présentiez entre guillemets, comme si votre source avait formulé tels quels ces énoncés. Il y a là une licence journalistique très généralement admise.

Quant à la correction du français, c'est plus qu'une licence, c'est une norme. Votre source a peut-être déclaré: «Je ne vais pas sauter une pareille opportunité de dénoncer ce programme que je suis définitivement contre depuis le début.» Faites-lui dire dans votre article: «Je me suis toujours catégoriquement opposé à ce programme et je ne vais pas rater pareille occasion de le dénoncer.»

Bien entendu, si la source est un professeur de français qui rejette un programme d'amélioration de l'enseignement de cette langue, vous pourrez, si vous le jugez acceptable, opter pour la fidélité textuelle et les guillemets crocs-en-jambe...

Les sources anonymes

Toutes les rédactions n'ont pas la même politique en ce qui concerne l'utilisation de sources anonymes. Toutefois, les quelques lignes directrices qui suivent sont assez généralement acceptées.

Autant que possible, il faut éviter les sources anonymes. L'appel à la foi aveugle du lecteur compromet un objectif central de l'écriture de presse: la recherche de la crédibilité. Toutefois, on ne peut y échapper totalement sans renoncer à publier bon nombre de nouvelles, et souvent des plus alléchantes.

Ainsi, diverses sources organisent des fuites calculées. Souvent le risque de manipulation ne pèse pas lourd à côté de l'intérêt de l'information révélée. D'autres sources refuseront d'être nommées pour des motifs moins suspects: crainte justifiée de représailles, désir de ne pas donner à la nouvelle un caractère officiel incompatible avec une stratégie de son Gouvernement (tractations autour des otages au Liban, par exemple), etc.

---

1. Il en ira autrement, bien sûr, si vous écrivez dans un média voué à la promotion des sources que vous citez. Dans un journal d'entreprise, on ne guillemette pas la rationalisation annoncée par la direction!

On recourt alors à des formules comme : *LA PRESSE a appris d'une source haut placée dans le Gouvernement, De source généralement bien informée, De source sûre, Un membre du conseil d'administration qui a demandé à ne pas être identifié a révélé au DEVOIR*, etc.

Un journaliste ne prend pas seul l'initiative d'agir ainsi. Il obtient d'abord l'aval de sa direction et la coutume veut qu'il lui dévoile aussi l'identité de la source. La crédibilité de la nouvelle dépend alors de celle du journal et de celle du journaliste. Un débutant ne peut pas se permettre de jouer de la source *bien placée*!

L'emploi de sources non identifiées n'est acceptable que pour la nouvelle «dure», voire le *scoop*. Il paraîtrait presque aussi incongru dans une interview ou un reportage que dans un portrait! J'ai vu un jour toute une salle de rédaction en émoi parce qu'un journaliste avait fait un reportage sur les événements à Beyrouth à partir d'une interview avec «un Libanais résidant depuis huit ans à Québec». L'auteur a eu beau expliquer que sa source avait d'abord accepté d'être citée pour ensuite se rétracter, sa carrière journalistique a failli se terminer là! Dans un tel cas, même si on a consacré beaucoup de temps à l'article, on l'expédie au classeur rond...

Quant à la source réellement anonyme: ne l'employez jamais! Pas un journal qui se respecte ne fondera une nouvelle sur ses écrits ou ses coups de fil. Tout au plus décidera-t-il, le cas échéant, d'affecter des reporters à la vérification de l'information reçue.

Noms et titres de politesse

On donne toujours **le nom et le prénom** des personnes, même si elles sont très connues, au moins à leur première mention, et à quelques reprises dans un article assez long. M. *Robert* Bourassa, M. *Jacques* Parizeau, Mme *Pauline* Marois, etc. On fera bien sûr exception pour les personnes qui n'utilisent en public qu'un nom de vedette, de plume ou autre: Madonna, Prince, Etiemble, Casamayor, mère Teresa, etc.

De même, on s'interdit toute familiarité avec les acteurs de la nouvelle. On leur donne donc les **titres de politesse** auxquels ils ont droit: *M.* François Mitterrand, *Mme* Monique Simard, *Mgr* Louis-Albert Vachon. (Pluriel: MM., Mmes, NNSS) Comme on écrit un texte de presse et non une note diplomatique ou un carton d'invitation, on emploie l'abrégé. *M.* et non Monsieur, *Mgr* et non Son Excellence, *la reine* Elizabeth et non Sa Majesté la reine Elizabeth. *Mademoiselle* est en voie de devenir aussi usité au Québec que *mon damoiseau*. La campagne en faveur de *Mad*, offensante pour le français (et peut-être, en contexte nord-américain anglophone, pour les femmes!), a fait long feu. Sauf raisons particulières, on emploie donc *monsieur* pour les hommes et *madame* pour les femmes.

On n'entasse pas les titres, on les fait alterner: le président de Klerk, après M. Frederick de Klerk, le cardinal Léger, après Mgr Paul-Émile Léger, le député Jean Garon plutôt que le député M. Jean Garon, etc.

On omet le plus souvent les titres de politesse pour les célébrités et les personnages historiques: Pascal, Gambetta, de Gaulle, Staline, Pablo Neruda, Félix Leclerc, Maria Callas, Noureiev, Michael Jackson, Guy Lafleur, etc. Toutefois, si un artiste, un écrivain ou un sportif célèbre apparaît dans une nouvelle en tant que simple personne ou citoyen, on lui redonne du titre. On écrit bien *le dernier livre de Françoise Sagan* mais *Mme Françoise Sagan s'est emportée* *contre le français du Québec, qu'elle juge «ridicule et grotesque».* De même, on cite *L'œuvre au noir* de Marguerite Yourcenar mais on annonce que Mme Marguerite Yourcenar a été reçue à l'Académie française, ou que Mme Antonine Maillet a obtenu le Goncourt.

Dans le titre d'un article, on omet souvent les marques de politesse, sauf pour les religieux et la royauté. La concision l'exige et l'usage le permet. «Parizeau réfute les chiffres de Bourassa», «Blenkarn traite les premiers ministres d'incapables», «Lech Walesa refuse d'être premier ministre», «Chantal Daigle devant la Cour suprême», etc.

Les fonctions

À moins qu'elles ne soient secondaires dans la nouvelle, on doit annoncer la fonction des acteurs, de façon précise et complète, dès la première mention de leur nom ou au plus tard à la phrase suivante.

> *M. Brian Mulroney, premier ministre du Canada,*
> *Le président du Mouvement Desjardins, M. Claude Béland,*
> *La comédienne Michelle Rossignol, directrice artistique du Théâtre d'Aujourd'hui,*
> *Le ministre québécois de la Santé et des Services sociaux, M. Marc-Yvan Côté,*
> *L'ex-hockeyeur Jacques Richard, arrêté pour trafic de drogue,*
> *M. Jean Larose, directeur de la Fédération des producteurs de porcs du Québec,*
> *M. Pierre Savard, un des porte-parole des Témoins de Jéhovah,*
> *M. Jean Gagnon, chauffeur à la coopérative Taxi Coop...*

Noms d'organismes

L'anglais multiplie les majuscules, le français contemporain les évite. En général, seul le premier mot d'un organisme porte la majuscule (de même, évidemment, que les noms propres): *La Fédération des médecins omnipraticiens du Québec, Le Conseil du statut de la femme, L'Agence canadienne pour le développement international.*

En ce qui concerne les ministères, l'usage est d'accorder la majuscule initiale au secteur de compétence plutôt qu'au ministère, au spécifique plutôt qu'au générique: *Le ministère de l'Éducation, Le ministère de l'Enseignement supérieur et de la Science.*

S.i.g.l.e.s.

Le sigle est dans l'air du temps. Il est aussi bien utile pour condenser l'expression. Les CRSSS, CTCUQ et autres AUPELF handicapent moins une phrase que les Conseils régionaux des services sociaux et de la santé, la Commission des transports de la Communauté urbaine de Québec ou l'Association des universités entièrement ou partiellement de langue française.

Dans le corps d'un article, on s'en tiendra donc en général au sigle ou mieux, on le fera alterner avec une autre appellation raccourcie: le Conseil, la Commission, l'Association. Il faut toutefois associer dès la première mention le sigle et l'organisme: pas de sigles tout nus[2]! Habituellement, on donne d'abord le nom complet de l'organisme, suivi, entre parenthèses, du sigle, qu'on pourra par la suite utiliser seul.

> *M. Gérald Larose, président de la Confédération des syndicats nationaux (CSN), a participé à la rencontre. La CSN entend...*

> *La Fédération des travailleurs du Québec (FTQ) recommande à ses membres de voter pour le Parti québécois. La FTQ estime...*

Avec les organismes au nom interminable, cette façon de procéder alourdit la phrase. Aussi, on tente parfois de l'éviter dans la première phrase d'un article, en attaquant avec un raccourci quelconque plutôt qu'avec le nom complet. Cette pratique est de bon aloi, si l'appellation abrégée respecte l'information et si le nom complet de l'organisme apparaît dès la phrase suivante. Ainsi:

> *Les universités du Québec réclament 130 millions $ de plus du Gouvernement. La Conférence des recteurs et principaux des universités du Québec (CREPUQ) a lancé hier...*

Beaucoup d'organismes ou d'organisations sont aussi connus ou plus connus sous leur sigle que sous leur nom complet (CSN, FTQ, CSD, OTAN, ACDI...). On n'en donnera pas moins leur nom complet, suivi du sigle entre parenthèses, pour les lecteurs peu familiers avec ces institutions.

D'autres organismes ou organisations ne sont connus de la plupart des gens que sous leur sigle. Tout un chacun sait que l'UNESCO est un organisme rattaché à l'Organisation des Nations Unies (ONU). Mais pour la majorité, UNESCO est plus signifiant que United Nations Education, Science and Culture Organization. En pareils cas, on peut se dispenser de donner le nom complet dès la première mention de l'organisation, voire dans tout l'article, s'il ne porte pas directement sur l'UNESCO.

Enfin, certains sigles sont devenus des noms communs. On parle de cégeps et de cégépiens en sachant bien à quoi ces mots font allusion, même si on en a oublié l'origine. On fait alors œuvre de clarté, autant que de concision, en laissant tomber au profit des cégeps les Collèges d'enseignement général et professionnel qu'il faudrait en revanche rappeler si on rédigeait un papier sur l'histoire de l'institution cégépienne.

Dans le cas des sigles devenus noms communs, on les traite comme tels: minuscules, accents, marque du pluriel (un cégep, des cégeps). Pour les sigles très connus, on peut mettre la majuscule à la première lettre seulement: Unesco.

Le bon usage français, contrairement à l'anglais, veut ou voulait qu'on fasse suivre chaque lettre d'un sigle du point abréviatif: UNO mais O.N.U., NATO mais O.T.A.N., etc. Cette règle a ses inconvénients, surtout dans les textes montés sur une étroite colonne qui risque de ne pouvoir accueillir sur une même ligne un sigle trop long. La plupart des journaux, et la Presse canadienne, ont adopté depuis quelques années une graphie sans points: CTCUM et non C.T.C.U.M., SAQ et non S.A.Q. Ce nouvel usage, adopté même par *Le Monde*, me semble à recommander. Il s'impose en tout cas pour les acronymes (les sigles qui peuvent se prononcer comme des mots ordinaires, comme ESSO, ALCAN, etc.).

---

2. Dans la mesure du possible, il faut bannir les sigles des titres. C'est souvent bien difficile! On doit éviter au moins ceux qui ne sont pas très connus.

Chiffres

En écriture de presse, du moins au Québec, les chiffres de un à neuf s'écrivent en toutes lettres. De même pour tout chiffre placé au début d'une phrase et *a fortiori* d'un alinéa.

> *Il est revenu trois fois et a rencontré 32 membres de l'association.*
> *Trente-deux membres de l'association l'ont rencontré.*

On évitera de commencer une phrase par un chiffre long, qu'il faudrait alors écrire en toutes lettres. On tourne alors la phrase autrement: *L'an dernier, 92 379 276 personnes...*, écrira-t-on, au lieu d'attaquer avec le chiffre.

On adopte aussi la **notation internationale**. La virgule marque le passage entre les unités et les décimales: 2,5 millions (deux millions et demi). L'espace remplace notre «ancienne» virgule: 1 254 personnes (et non 1,254 ou 1.254 personnes).

Le **symbole monétaire** se place après le chiffre et un espace: 1 254 $, 1,5 million $. Ne pas oublier le signe de $. En langage familier, on dit parfois «Cela coûte plus d'un million» mais en écriture de presse, il faut préciser qu'il s'agit de dollars.

On n'utilise pas de **pourcentages** pour des petits chiffres, d'abord parce que le chiffre absolu est alors plus clair que le chiffre relatif, ensuite et surtout, parce que les pourcentages laissent croire, mensongèrement, qu'on a des données représentatives ou généralisables. Ainsi, dans un *vox pop* (ou *vox populi*, mot latin pour «la voix du peuple: chapelet de courtes interviews de «l'homme de la rue»), on dira *Quatre personnes sur 16 sont de cet avis* et non pas *Vingt-cinq pour cent des personnes interrogées sont de cet avis*.

Hier et aujourd'hui

Il faut toujours situer l'événement par rapport au moment où le lecteur lira le texte et non par rapport au moment où on l'écrit. Dans un mensuel ou un hebdomadaire, cela signifie qu'on donne le quantième et souvent aussi le jour: *le 13 août dernier, le mercredi 13 août* (et non *mercredi le 13 août*).

Pour un quotidien, on décrit ce qui se passe aujourd'hui comme s'il avait eu lieu *hier*, ce qui se passait hier comme s'il s'était produit *avant-hier*, ou mardi, ou le 12 août, ce qui aura lieu demain, comme s'il se produisait *aujourd'hui*, etc.

On indique *l'heure* par le symbole h (minuscule, sans point), en laissant un espace avant et s'il y a lieu après la lettre: *À 10 h 30, ils mirent fin à la réunion et à 11 h, ils partirent*. On emploie la notation internationale, fondée sur la journée de 24 heures: 13 h et non 1 h de l'après-midi.

Suggérer un titre

Lorsque vous suggérez un titre, il n'est pas du tout certain que le *pupitre* le reprendra. Le titreur peut ne pas l'aimer ou ne pas pouvoir le caser dans sa mise en pages. Un titre à présenter en quatre lignes sur une seule colonne ne peut héberger le mot *anticonstitutionnellement*, alors qu'un titre d'une seule ligne étalée sur sept colonnes laisse plus de latitude.

Il vaut quand même mieux suggérer un titre, quoique cela ne soit pas obligatoire. D'abord, on l'a déjà vu, choisir un titre aide souvent à décider du contenu du *lead*. Ensuite, si votre titre est excellent et retenu, il mettra en valeur votre article. Enfin, vous facilitez ainsi le travail du *pupitre* qui dispose, pour son premier classement des articles, d'informations plus précises que ce que le mot code (*cf. infra*) peut apporter.

En rédigeant un titre, cherchez avant tout la concision, la précision, le concret et le vivant. Mettez-y du verbe! C'est, on l'a vu, la meilleure façon de faire agir. Non pas: *Départ de Pierre Lortie de Provigo* mais *Pierre Lortie quitte Provigo*. Le titreur reviendra peut-être à la première formule, pour des raisons d'espace, mais laissez-lui ces considérations.

Même si vous suggérez un titre, ne tenez jamais pour acquis qu'on le retiendra. Veillez donc à ce que votre *lead* en soit totalement indépendant! Ainsi, si le titre proposé est une citation, attaquez en reprenant la citation et non par une formule du genre *C'est ce qu'a déclaré...*

Présentation de la copie

Avec l'informatisation des salles de rédaction, le feuillet calibré, jusqu'à récemment d'usage universel, est en voie de disparaître. Chaque entreprise a maintenant ses normes de présentation et ses moyens pour calibrer les articles et préparer la mise en pages (grosseur des caractères, nombre de caractères par ligne et de lignes par page, etc.).

Dans le doute, on peut s'inspirer des indications suivantes:

- on écrit à *double interligne*, en laissant une forte *marge* à gauche (pour les indications de typographie et de mise en pages);
- en haut, à gauche: le *mot code*, en anglais le *slug*, dit souvent *la slogue*... Il donne le thème de l'article, en un mot ou deux et avec un maximum de précision: *Québecor* et non pas *Économie*, par exemple, *lac Meech* et non *Constitution*, *Cégep Garneau* et non *Éducation*. Le mot code accélère le premier classement de la copie rédactionnelle par le *pupitre*;
- plus bas, au centre et en capitales: le *titre* suggéré;
- plus bas encore, au centre et en capitales: la signature (le *by-line*), c'est-à-dire le nom du journaliste, précédé du mot «par»;
- puis, le *lieu* (en capitales) et la *date* de rédaction, qu'on fait suivre d'un tiret;
- à la suite, sur la même ligne, le *début* de l'article;
- si on travaille à partir de *dépêches* d'une agence, on l'indique après le lieu. Quand on reprend une dépêche telle quelle ou encore si on ne fait que l'abréger (sans réécriture), on donne le sigle de l'agence: PÉKIN (AFP). Quand on modifie le texte, on indique «d'après telle agence»: PÉKIN (d'après AFP). Si on utilise pour une même nouvelle les dépêches de plusieurs agences, on les nomme toutes: PÉKIN (d'après AFP, AP, Reuter). Dans ce dernier cas, où il est évident que les textes originaux ont été remaniés, certains journaux suppriment la mention «d'après»: PÉKIN (AFP, AP, Reuter);
- attention: TELBEC n'est pas une agence de presse mais une agence (québécoise) spécialisée dans la transmission aux médias de communiqués de presse. On ne la mentionne donc jamais comme source, pas

plus qu'on n'indiquerait Postes Canada comme source d'un communiqué reçu par la poste ;

- deux ou trois centimètres sous la dernière ligne, au centre : le chiffre *30*, entre deux tirets : – *30* –. Il signale que l'article est terminé, qu'il n'y a pas d'autres feuillets. Il existe différentes versions de l'origine de cette pratique, répandue depuis longtemps dans de nombreux pays. C'est elle qui a donné son nom au magazine de la Fédération professionnelle des journalistes du Québec (FPJQ), *Le 30*. On pourra s'adresser à lui pour connaître le fin mot de l'histoire !

- dans les journaux, jamais de *notes* infrapaginales. Pour les critiques de livres, de films ou de théâtre, on peut toutefois placer la référence complète du ou des livres recensés ou le «générique» du film ou de la pièce à la fin de l'article (ou au début, dans certains médias) ;

- revues et magazines grand public n'aiment guère plus les notes de bas de page. Certains les tolèrent, sans les aimer pour autant. À éviter autant que possible ;

- si le texte a plus d'une page, *paginer* dans le coin supérieur droit. Reprendre le mode code à chaque page dans le coin supérieur gauche. Cela permettra au *pupitre* de replacer rapidement une page égarée ;

- en moyenne, faire des lignes de *60 caractères* et des pages de *20 lignes*.

On sait maintenant écrire pour être lu et compris. On sait trousser une nouvelle présentable dans nos médias. Tous ceux qui font ou feront affaire avec les médias d'information, sans pour autant travailler pour eux ont aussi besoin de savoir, entre autres choses, comment rédiger un communiqué de presse. Le dernier chapitre y est consacré.

Chapitre VII

Le communiqué de presse

Les médias d'information jouent un rôle de plus en plus central dans l'opinion publique et plus généralement dans la vie publique. En même temps, pour toutes sortes de raisons, ils se soucient de plus en plus de rentabilité. En conséquence, d'une part groupes, institutions et organisations ont développé une stratégie d'accès aux médias (sinon de manipulation des médias): communiqués, conférences de presse, manifestations conçues en fonction d'une couverture journalistique et autres événements «préfabriqués», destinés à faire courir la presse. Ainsi tentent-ils d'avoir accès à la place publique que représentent les médias et de s'y faire entendre.

De leur côté, les médias établissent de plus en plus leur *agenda* à partir de telles initiatives des «sources». Cette pratique n'assure en rien la qualité de l'information mais elle présente, pour l'entreprise de presse, des attraits indéniables. Si on prend quelques précautions, on peut donner aux informations préfabriquées les apparences de l'*objectivité* journalistique. Elles coûtent moins cher que les informations «maison» et permettent de planifier le travail d'information, donc d'optimiser le rendement du personnel. Même un quotidien programme maintenant l'essentiel de ses activités sur une base hebdomadaire. Et, dans l'ensemble des médias d'information, une part énorme de la matière rédactionnelle a pour origine non pas l'action de journalistes mais celle de personnes extérieures aux médias.

Les groupes et organisations qui veulent se faire entendre sur la place publique se trouvent ainsi dans une situation de forte concurrence. Étant donné l'importance de cet enjeu, ils se sont mis à rechercher, dans la mesure de leurs moyens, l'efficacité, le «professionnalisme», dans leurs relations avec la presse et le public, d'où la multiplication des relationnistes, agents d'information, attachés de presse et autres «communicateurs», dont le métier consiste à informer mais tout autant à influencer les médias, et d'abord les journalistes.

Un bon journaliste doit donc savoir analyser la stratégie des «communicateurs» qui sont devenus, on l'a vu, ses principales sources. Réciproquement, un bon «communicateur», professionnel ou occasionnel, doit connaître le fonctionnement de la presse, notamment en matière de sélection des informations et d'écriture.

Le «communicateur» doit en effet fabriquer des messages qui soient:

- **concurrentiels**, c'est-à-dire sujets à être retenus dans la masse des informations qui parviennent aux médias, par d'autres communicateurs, les agences de presse et les journalistes de l'entreprise;
- **efficaces du point de vue des mandataires** du communicateur. Il ne suffit pas que tel message soit sélectionné pour diffusion, encore faut-il qu'il soit traité par les médias de manière à transmettre sous un jour favorable le point de vue de l'organisation ou du groupe émetteur. «Qu'on parle de moi en bien ou en mal, mais qu'on en parle!» La formule, quoique classique, est aux antipodes des principes de bonnes relations publiques. Groupes et organisations, de plus en plus soucieux de leur *image*, préfèrent le silence à une couverture médiatique négative.

Parmi les techniques d'accès aux médias, la plus utilisée est de loin le **communiqué**. Bien que les professionnels de la communication y recourent systématiquement dans leurs relations avec la presse, ce moyen ne leur est nullement réservé. Quiconque sait écrire et dispose de quelques dollars pour l'expédition peut faire un communiqué. Mais tout un chacun peut-il produire un communiqué concurrentiel et efficace? Voilà autre chose! Inondés de communiqués, les médias sont devenus exigeants et ont tendance à retenir surtout ceux qui ont un petit air professionnel, ceux qu'on n'aura pas à remanier.

Pour les non-professionnels de la communication, voici donc quelques indications sur la nature du communiqué, la manière de le rédiger et de le présenter.

LES COMMUNIQUÉS

Tout communiqué est un texte, dont la longueur peut varier de quelques lignes à plusieurs pages, qu'un groupe, une organisation ou une institution – voire, exceptionnellement, un particulier – adresse à un ou à plusieurs médias d'information, dans le but d'obtenir une couverture de presse, immédiate ou différée. On utilise le communiqué seul, ou pour accompagner divers événements: conférences de presse, assemblées publiques, manifestations, discours, lancements, colloques, congrès, dépôts de mémoires, prises de position, etc.

Il existe toutes sortes de communiqués et il n'y a pas d'appellations contrôlées en la matière. On pourrait toutefois distinguer quatre principaux genres: le communiqué invitation à la presse, le communiqué réclame, le communiqué de contextualisation et le communiqué nouvelle.

Le communiqué invitation à la presse

Le communiqué invitation incite les médias à couvrir un événement susceptible de les intéresser.

Le ministre X prendra position sur la TPS lors de telle assemblée, tel jour, à telle heure, à tel endroit.

Le syndicat Y donnera une conférence de presse sur le sujet Y, tel jour, à telle heure, à tel endroit, en présence de M. Y.

Mme Ceci, présidente de Cela, prononcera un discours dans le cadre de...

TELBEC... TELBEC... TELBEC... TELBEC... TELBEC... TELBEC... TELBEC... TELBEC... TELBEC...

Message: 024071   Gouvernement   texte: 024061
Assemblée nationale

AVIS DE CONVOCATION

Québec, le 24 janvier 1990 — Le chef de l'Opposition officielle, monsieur Jacques Parizeau, et le porte-parole de l'Opposition en matière de Relations fédérales-provinciales, monsieur Jacques Brassard, invitent les journalistes à une rencontre de presse qui aura lieu aujourd'hui au Bureau du Chef de l'Opposition (2.83) à l'Hôtel du Parlement. Messieurs Parizeau et Brassard examineront les conséquences de la proposition du Premier ministre de la Colombie-Britannique, monsieur Bill Vander Zalm, à l'égard de l'accord du lac Meech pour le Québec.

Source: XXX YYY
       Attaché de presse du
       Chef de l'Opposition officielle
       (418) 643-2743

— 30 —   Date: 90/01/24   Heure: 11:58:59

Message: 024132   Écon./Consomm.   texte: 024114
BELL CANADA

RAPPEL

CONVOCATION
DÉJEUNER DE PRESSE

Le 24 janvier 1990 — M. Jean-Louis Caron, directeur général, exploitation du réseau chez Bell Canada et M. Yves-M. Giroux, président du Centre francophone de recherche en informatisation des organisations (CEFRIO) vous invitent à un déjeuner de presse jeudi le 25 janvier à 8 h 30 à la salle Vaudreuil, Auberge des Gouverneurs de Sainte-Foy.

Il sera question d'un important contrat que vient d'accorder Bell Canada au CEFRIO pour la réalisation d'un projet de recherche dans le domaine de la gestion de l'information.

Renseignements:

XXX YYY
Service de presse et information
(418) 682-4467

— 30 —   Date: 90/01/24   Heure: 16:04:39

Deux communiqués invitations classiques

La première ligne et la dernière ligne, sauf le – 30 –, sont ajoutées au communiqué original par TELBEC, pour la régie interne et l'indexation de l'information («Gouvernement», «Écon./Consomm.»).

```
TELBEC... TELBEC... TELBEC... TELBEC... TELBEC... TELBEC... TELBEC... TELBEC... TELBEC...

Message: 024097                                          Politique      texte: 024078
Comité Central
Clifford Lincoln

À tous les chefs de nouvelles — directeurs
de l'information et chroniqueurs affaires politiques

           INVITATION       INVITATION      INVITATION      INVITATION

                    Le candidat libéral dans Chambly,

                         monsieur Clifford Lincoln

                         a le plaisir de vous inviter

                    à une importante conférence de presse


DATE:            le vendredi 26 janvier 1990

HEURE:           11 heures

ENDROIT:         Comité central
                 173, boulevard Laurier
                 (route 116 Est)
                 St-Basile-le-Grand

Source:          XXX YYY
                 (514) 987-1405
                 XXX YYY
                 (514) 441-5181

-30-              Date: 90/01/24              Heure: 13:49:03
```

**Le communiqué invitation est parfois présenté comme
un carton d'invitation.**

TELBEC... TELBEC... TELBEC... TELBEC... TELBEC... TELBEC... TELBEC... TELBEC... TELBEC...

Message: 025039   Social   Éducation   texte: 025028
Fédération des commissions scolaires
catholiques du Québec

INVITATION AUX JOURNALISTES

Sommet sur le financement de l'éducation
primaire et secondaire

<u>DATE</u>:   MERCREDI, LE 31 JANVIER 1990

<u>HEURE</u>:   10H30

<u>ENDROIT</u>: Hôtel Le Reine Elizabeth, Montréal
              Salon Yamaska

Le 25 janvier 1990 — M. Guy d'Anjou, président de la Fédération des commisssions scolaires catholiques du Québec et M. John Simms, président de l'Association des commissions scolaires protestantes du Québec, invitent les journalistes à une rencontre pour leur dévoiler le déroulement et les activités du Sommet sur le financement de l'éducation primaire et secondaire qui se tiendra à Montréal les 1er, 2 et 3 mars prochain.

Les présidents expliqueront à la presse toute l'importance de cet événement décisif pour l'avenir du Québec. M. Guy d'Anjou en profitera pour décrire brièvement la situation dans laquelle se retrouve le système public d'enseignement à l'aube des années 90.

Pour le président de la Fédération, «les commissions scolaires font une ultime tentative pour que l'école des années 90 réponde aux vrais besoins de la population». C'est dans cette optique que le gouvernement sera interpellé publiquement.

Renseignements: XXX YYY
                 Tél.: (418) 651-3220

-30-   Date: 90/01/25   Heure: 09:49:24

Invitation à une séance d'information sur un sommet. Le premier paragraphe contient l'invitation. Les deux autres, sans dévoiler de nouvelles, font valoir l'intérêt journalistique de l'événement («décisif pour l'avenir du Québec», «le gouvernement sera interpellé»).

TELBEC… TELBEC… TELBEC… TELBEC… TELBEC… TELBEC… TELBEC… TELBEC… TELBEC…

Message: 025023   Gouvernement   texte: 025028
Gouvernement du Québec
Ministère du Conseil exécutif
Secrétariat à la jeunesse

INVITATION AUX CAMÉRAMEN ET AUX PHOTOGRAPHES

Le président du Groupe de travail sur la lutte contre la drogue, Monsieur Mario Bertrand invite les caméramen et les photographes des médias à une prise de photos qui se déroulera en présence des directeurs des principaux corps policiers du Québec, soit le Service de police de la C.U.M., la Gendarmerie Royale du Canada, la Sûreté du Québec et l'Association des chefs de police municipaux. Cette rencontre s'inscrit dans le cadre du processus de consultation amorcé le 13 novembre dernier par le Groupe de travail, à la demande du Premier ministre du Québec, pour proposer au gouvernement de nouveaux moyens d'action dans la lutte contre la drogue.

Prière de noter que cette consultation se tient à huis-clos et que seuls les caméramen et les photographes seront admis.

DATE: LE 25 JANVIER 1990

HEURE: 15H30

LIEU: Siège social de la Sûreté du Québec
          1701, rue Parthenais
          Montréal

Renseignements: XXX YYY
                 (418) 643-9964
                 (514) 873-7029

-30-   Date: 90/01/25   Heure: 07:02:35

Huis clos ou pas, il faut assurer aux médias leur ration d'images!

TELBEC… TELBEC… TELBEC… TELBEC… TELBEC… TELBEC… TELBEC… TELBEC… TELBEC…

Message: 024120   Politique   texte: 024099
Organisation Sheila Copps

Le 24 janvier 1990 — Vous pouvez maintenant rejoindre la permanence de Sheila Copps à Québec, à Organisation Sheila Copps, 4700 boul. Wilfrid-Hamel ouest, suite 300, Québec, Québec, G1P 2J9, tél. (418) 877-6060.

Source: XXX YYY
         (418) 877-6060

-30-   Date: 90/01/24   Heure: 15:25:27

Minimal et suffisant

Court, dépourvu de fioritures et d'effets de style, ce communiqué indique, précisément:

- le sujet ou le thème de l'événement;
- le ou les noms des organisations ou groupes participants;
- les noms et les titres des porte-parole ou officiels;
- la date et l'heure;
- l'endroit et, si nécessaire, la façon de s'y rendre.

S'il y a lieu, le communiqué invitation livre aussi les noms de quelques «vedettes» qui seront de la partie, et leurs titres. Un point, c'est tout. L'événement ainsi annoncé fera presque toujours l'objet au jour J d'un ou de plusieurs autres communiqués; on se gardera de divulguer le sujet ou de démotiver les journalistes en révélant tout de suite certains éléments de contenu. On s'en tient donc à ces informations factuelles en un, deux ou trois courts paragraphes.

Comme toujours, toutefois, on peut envoyer aux médias ou à certains journalistes plus directement concernés des documents d'accompagnement (statistiques, articles, rapports...) grâce auxquels ils pourront se préparer à couvrir l'événement.

On utilise également ce type de communiqué pour inviter la presse à une ou à des séances d'information (*briefings*) sur un événement important de longue durée et sur les modalités de sa couverture de presse: visite du pape, d'un premier ministre étranger, Jeux olympiques... Là encore, on s'en tient à l'annonce de la séance d'information, gardant pour le jour J les éléments de contenu: programme, horaire, activités ouvertes à la presse et conditions d'accréditation des journalistes, par exemple.

Le communiqué réclame

Le communiqué réclame annonce la tenue d'une activité publique, d'une joute de hockey à une exposition d'art, en passant par le spectacle d'une vedette rock, la sortie annuelle du club de l'âge d'or de Saint-Machin, le lancement d'un satellite ou celui d'une revue, etc. Il a pour objectif que les médias annoncent l'événement, dans des chroniques spécialisées ou sous forme de nouvelle, afin que les foules accourent, tout en visant aussi, évidemment, à ce que les journalistes couvrent cet événement.

> *Demain soir, première de telle pièce de théâtre par telle troupe, à tel endroit, à telle heure, billets en vente à...*

> *L'Association des communicateurs scientifiques du Québec invite le public à un colloque sur..., en présence de X et Y..., à tel endroit, à tel moment...*

Le communiqué réclame peut être aussi bref que le communiqué invitation à la presse. Ou alors, si on estime avoir des chances d'obtenir autre chose que deux lignes dans des chroniques spécialisées, on le développe un tantinet pour que les médias y trouvent matière à une brève ou à un court topo, pas plus. Plutôt que de l'allonger, on l'accompagne, s'il y a lieu, d'un communiqué nouvelle ou d'un communiqué de contextualisation.

TELBEC... TELBEC... TELBEC... TELBEC... TELBEC... TELBEC... TELBEC... TELBEC... TELBEC...

Message: 024155   Écon. / Consomm.   texte: 024137
Agence spatiale canadienne

INVITATION AUX MEDIAS

Les journalistes sont conviés à une conférence de presse vendredi le 26 janvier prochain au cours de laquelle l'Hon. Harvie Andre, min. de l'Industrie, Sciences et Technologie Canada présidera à la signature d'un contrat de 146 millions de dollars entre l'Agence spatiale canadienne et Spar Aérospatiale du Québec. L'Hon. Jean Corbeil, min. du Travail et M. Gérald Tremblay, min. de l'Industrie, du Commerce et de la Technologie du Québec seront présents.

Heure: 14 heures 30
        Vendredi
        Le 26 janvier 1990

Lieu: Le Grand Hôtel
       Salon St-Laurent
       Niveau Mezzanine
       777, rue Université (coin St-Antoine)

Pour de plus amples renseignements, communiquez avec:

XXX YYY
Directeur intérimaire des communications
Agence spatiale canadienne
(514) 496-4000

XXX YYY
Agence spatiale canadienne
(613) 991-0205

XXX YYY
Gervais Gagnon Frenette et Associés
(514) 393-9500

-30-   Date: 90/01/24   Heure: 17:09:15

Conférence de presse ou signature d'un contrat? Les deux!
On dévoile ici l'essentiel de la nouvelle à venir (Qui : Agence spatiale et Spar, Quoi : contrat de 146 millions $) mais on allèche la presse en annonçant qu'on va faire des affaires «en direct» devant les médias. Ils enverront au moins leurs photographes!
Une telle confusion des genres aurait sans doute choqué il y a quelques années, mais elle est maintenant pratique courante. Les médias s'en accommodent, ne serait-ce que pour éviter de se faire griller par leurs concurrents.

TELBEC... TELBEC... TELBEC... TELBEC... TELBEC... TELBEC... TELBEC... TELBEC... TELBEC...

Message: 025016   Loisirs   texte: 024031
Cirque du Soleil

LE CIRQUE DU SOLEIL À MONTRÉAL

Montréal, le 25 janvier 1990 — Après deux ans d'absence sur la scène montréalaise, Le Cirque du Soleil présentera son nouveau spectacle, en primeur nord-américaine, au Vieux Port de Montréal du 8 au 27 mai prochain.

Les billets seront en vente samedi, le 27 janvier à compter de 9 h 00, dans tous les comptoirs du réseau de billetterie Admission ainsi qu'aux comptoirs du réseau Billetech pour les résidents de la région de Québec.

L'achat téléphonique de billets peut être effectué en composant le (514) 522-1245, pour les résidents de la région de Montréal ou sans frais, le 1-800-361-4595 pour tout le Québec.

HORAIRE DES SPECTACLES

Du mardi au jeudi inclusivement:	20 h 00
Vendredi, le 11 mai:	20 h 00
Vendredi, le 18 mai et 25 mai:	21 h 30
Samedi:	16 h 30 et 20 h 30
Dimanche:	13 h 00 et 16 h 30

PRIX DES BILLETS

Semaine + matinées

Enfant moins de 12 ans:	5,50 $ — 8,50 $ — 12,50 $ — 16,50 $ — 18,50 $
Adulte:	11,50 $ — 15,50 $ — 23,50 $ — 27,50 $ — 29,50 $

Vend. + sam. soir

Enfant moins de 12 ans:	6,50 $ — 9,50 $ — 13,50 $ — 17,50 $ — 19,50 $
Adulte:	12,50 $ — 16,50 $ — 25,50 $ — 29,50 $ — 31,50 $

Source:	XXX YYY
	Directeur aux communications
	Montréal
	Tél.: (514) 522-2324

-30-   Date: 90/01/25   Heure: 06:02:18

L'événement annoncé n'aura lieu que quatre mois plus tard. Aussi l'attaque souligne-t-elle fortement l'aspect journalistique de l'affaire: «après deux ans d'absence», «nouveau spectacle», «primeur américaine».
À noter: l'ordre décroissant d'importance (à ce moment) des informations: l'événement, l'achat de billets, puis l'horaire et le prix.

TELBEC... TELBEC... TELBEC... TELBEC... TELBEC... TELBEC... TELBEC... TELBEC... TELBEC...

Gouvernement du Québec
Ministère des Affaires culturelles

INITIATION À LA GÉNÉALOGIE

Québec, le 25 janvier 1990 — Le Centre de Québec des Archives nationales et la Société de généalogie de Québec organisent des rencontres d'information qui permettront à la population de s'initier à la généalogie.

Ces activités auront lieu les premiers samedis de chaque mois, de 10 h à 12 h, du 3 février au 2 juin 1990, à la salle Pierre-Georges-Roy, 3e étage du Pavillon Casault, 1210, avenue du Séminaire, Cité universitaire, Sainte-Foy.

Un document vidéo, intitulé «De branche en branche — Comment faire son arbre généalogique», une visite commentée du secteur de la généalogie au Centre de Québec et une assistance personnelle de l'animateur, Michel Simard de la Société de généalogie du Québec, permettront aux profanes de partir du bon pied à la recherche de leurs ancêtres.

Le nombre de personnes admises à chaque rencontre est limité à 25; les intéressés doivent réserver en communiquant avec Ginette Fournier, Archives nationales du Québec, (418) 644-4795.

SOURCE: XXX YYY
      Direction des communications
      Ministère des Affaires culturelles
      Tél.: (418) 643-6335

-30-   Date: 90/01/25   Heure: 15:50:19

TELBEC... TELBEC... TELBEC... TELBEC... TELBEC... TELBEC... TELBEC... TELBEC... TELBEC...

Gouvernement du Québec
Ministère des Affaires culturelles

MUSIQUE DE CHAMBRE À L'INSTITUT CANADIEN

Québec, le 22 janvier 1990 — Le Conservatoire de musique du Québec présentera un concert de musique de chambre à l'Institut canadien, le mercredi 31 janvier 1990, à 20 heures.

Le programme de la soirée comporte quatre oeuvres interprétées par des élèves du Conservatoire. On entendra d'abord une pièce intitulée Five Pieces for Brass Trio de Beckwith, puis suivront Quatuor pour cordes n° 6 en fa mineur op. 80 de Mendelssohn et deux Quintettes pour flûte, hautbois, clarinette, cor et basson dont le premier de Hétu et l'autre de Nielsen.

L'institut canadien est situé au 42, rue Saint-Stanislas. L'entrée est libre; les laissez-passer sont disponibles au Conservatoire de musique, 270, rue Saint-Amable ou à l'Institut canadien.

Source: XXX YYY
      Direction des communications
      Ministère des Affaires culturelles
      Tél.: (418) 643-6335

-30-   Date: 90/01/24   Heure: 16:20:35

**Généalogie, musique, montée aux flambeaux, cirque...
Le communiqué réclame peut tout annoncer.**

Le communiqué de contextualisation

Le communiqué de contextualisation ou communiqué *background* s'adresse aux journalistes, parfois exclusivement aux journalistes spécialisés dans le domaine concerné. On s'en sert surtout pour expliquer une situation complexe, difficile à comprendre et donc à couvrir. On incite ainsi les journalistes à couvrir davantage, et mieux, telle ou telle dimension de l'actualité. Plus rarement, on donne des arguments ou des exemples qui justifient ses prises de position ou ses actions. Comme les journalistes se méfient des textes apologétiques, un tel communiqué n'a souvent qu'un impact réduit. Il convient, en tout cas, de s'assurer que l'argumentation soit convaincante et fondée sur des informations précises.

TELBEC... TELBEC... TELBEC... TELBEC... TELBEC... TELBEC... TELBEC... TELBEC... TELBEC...

Message: 025107   Loisirs   texte: 025098
Université de Montréal
Direction des communications

ATT.: Aux Chroniqueurs à l'environnement, aux loisirs.
       Services à la communauté.

CENTRE DE LA MONTAGNE
CENTRE D'ÉDUCATION À L'ENVIRONNEMENT

Dans le cadre de «LA FÊTE DES NEIGES»

UNE MONTÉE AUX FLAMBEAUX AU MONT-ROYAL
SAMEDI 27 JANVIER 20 HEURES

Le 25 janvier 1990 — Le Centre de la montagne invite les Montréalais et Montréalaises à participer à une montée aux flambeaux dans le parc du Mont-Royal.

Le départ aura lieu le samedi 27 janvier, à 20 heures, au monument Georges-Étienne-Cartier près de l'avenue du Parc (axe de la rue Rachel).

Des flambeaux seront distribués gratuitement et les participants monteront à pied jusqu'au chalet, le long du chemin Olmsted (durée approximative: 1 h 15). Le tout se terminera vers 22 heures 30. Le service d'autobus de la STCUM (circuit 11) sera exceptionnellement en opération jusqu'à 23 heures dans le parc du Mont-Royal.

L'activité sera annulée en cas de pluie.

Pour plus d'informations: INFO-FÊTE (1-800-361-2261)
                           Centre de la montagne: 844-4928

-30-   Date: 90/01/25   Heure: 14:58:08

Dans la plupart des salles de rédaction, une personne est chargée de répartir les communiqués reçus entre rédacteurs et journalistes. En indiquant, lorsqu'il y a lieu, les secteurs visés – ici, environnement, loisirs, services à la collectivité –, on s'assure que son communiqué atteindra les personnes les plus à même de l'utiliser.

TELBEC...TELBEC...TELBEC...TELBEC...TELBEC...TELBEC...TELBEC...TELBEC...TELBEC...

Message: 024160   Transports   Municipalités   texte: 024144
Ville de Québec

Québec, le 24 janvier 1990

STATIONNEMENT DE NUIT INTERDIT À QUÉBEC

La ville de Québec désire informer la population que des travaux de déneigement et d'entretien de la voie publique sont prévus pour cette nuit sur son territoire. Le stationnement sera donc interdit de minuit à six heures du matin dans toutes les rues de la ville.

Dans les secteurs où les feux clignotent, les contrevenants auront à payer une amende de 75 dollars. Si en plus leur véhicule doit être remorqué, des frais de 25 dollars viendront s'ajouter.

Dans les secteurs où le stationnement de nuit est interdit en tout temps entre le 15 novembre et le 31 mars, l'amende pour les contrevenants est fixée à 25 dollars. Ces secteurs sont facilement identifiables du fait qu'aucun feu clignotant n'y a été installé.

Pour connaître l'emplacement d'un véhicule qui serait remorqué au cours de cette opération de déneigement, il suffit de téléphoner au 691-7128.

Les automobiles garées dans la rue constituent un obstacle majeur à la bonne marche des opérations de déneigement. La ville de Québec compte sur la collaboration de tous les automobilistes afin que ses travaux d'entretien se déroulent dans les meilleures conditions possibles.

Source: XXX YYY
          Service des communications
          Ville de Québec
          (418) 691-6136

BULLETIN RADIO

Des travaux de déneigement auront lieu aujourd'hui dans la ville de Québec. Le stationnement dans la rue sera donc interdit de minuit à 6 heures du matin. Les contrevenants s'exposent à une amende et risquent de voir leur véhicule remorqué. La ville de Québec demande la collaboration de tous les automobilistes afin que cette opération de déneigement se déroule sans embûche.

-30-   Date: 90/01/24   Heure: 17:49:09

Un texte à mi-chemin entre le communiqué nouvelle et l'avis public.
Les administrations publiques utilisent souvent ainsi les médias pour communiquer, sans frais ou presque, avec la population. De leur côté, les médias voient dans le service qu'ils rendent, en diffusant ces informations, un attrait pour leur clientèle.
À noter : l'ajout d'une version radio du communiqué.

Ainsi, la CEQ a déjà émis un communiqué-fleuve (plusieurs centaines de lignes!), qui citait le ministre de l'Éducation – «On ne m'a pas apporté un seul exemple concret de perturbations liées aux décrets dans les écoles» –, puis énumérait des dizaines et des dizaines de cas particuliers de telles perturbations. On peut supposer qu'il y avait là de quoi convaincre les journalistes que tout n'allait pas pour le mieux dans le monde scolaire, ou du moins de quoi les inciter à aller voir de plus près.

On n'espère pas voir publié intégralement un communiqué de contextualisation, qui sera en général traité comme un document et non comme de la matière journalistique. Il convient de soigner quand même sa rédaction, ne serait-ce que pour le rendre intéressant. Il arrive aussi que des journalistes en utilisent des extraits; cela se produira plus souvent si sa forme se rapproche de celle du communiqué nouvelle.

Le communiqué nouvelle

Le communiqué nouvelle est un texte qui, on l'espère, finira en nouvelle, de préférence tel quel, ou à défaut comme matériau d'une ou de plusieurs nouvelles.

Lorsque l'objet du communiqué est complexe, on fait souvent **plusieurs communiqués**: un texte synthèse, accompagné d'un communiqué pour chacun des éléments importants. Par exemple, on émettra un communiqué sur l'ensemble du Livre vert sur l'habitation, et cinq ou six communiqués sur autant d'aspects particuliers de la politique proposée ou encore, un communiqué global sur l'assemblée annuelle du Mouvement Desjardins et deux communiqués qui exposent plus en détail l'un, le bilan financier de l'organisation, l'autre, telle nouvelle orientation qu'il se donne.

S'ils veulent faire vite et bref, les médias recourront au seul communiqué synthèse; s'ils veulent approfondir un ou deux aspects, ils utiliseront aussi les autres.

Il en va de même lorsque les informations concernent différentes régions ou différents secteurs. On fait alors un communiqué synthèse et, pour chaque région ou secteur, des communiqués plus détaillés sur ce qui se passe sur le plan local. Les médias régionaux ou spécialisés pourront ainsi diffuser des informations qui n'auraient pas leur place dans un texte qui s'adresserait à tous les médias de la province, ou du pays. On enverra, par exemple, un communiqué qui annonce globalement le montant des subventions accordées dans le cadre de tel programme gouvernemental ainsi que leur répartition géographique ou sectorielle, et plusieurs communiqués qui donnent, pour chaque région ou secteur, la liste des bénéficiaires et le montant de leurs subventions.

Lorsqu'il s'agit de communiqués saucissons (qui découpent l'événement en rondelles), les communiqués «régionaux» ont habituellement la même structure. Tous rédigés sur le même modèle, les communiqués régionaux ne se distinguent que par des informations ponctuelles: noms des personnes ou organismes concernés, montants, etc.

Lorsqu'on envoie plusieurs communiqués simultanément, il faut s'assurer de leur indépendance. Chaque média, national ou régional, général ou spécialisé, doit pouvoir produire sa nouvelle avec un seul communiqué. Les gens des médias sont souvent pressés et l'espace est toujours compté.

LA FABRICATION DU COMMUNIQUÉ

La présentation matérielle

Souvent, le journaliste qui reçoit un communiqué présenté de façon non conventionnelle se doute qu'il s'agit là d'un «truc d'amateur»: un texte qu'il faudra triturer ou réécrire. De là à ce que le journaliste aborde le communiqué avec un préjugé négatif ou l'écarte sans même le lire, il n'y a qu'un pas.

Il existe bien des variantes dans la présentation du communiqué, mais si on respecte les indications suivantes, on ne risque guère de se tromper.

On prend d'ordinaire des feuilles de 8½ po sur 11 po. Pour attirer l'attention, certains optent pour du papier plus grand. Malheureusement, les feuilles de grand format s'insèrent mal dans les pochettes de presse conventionnelles, que les journalistes utilisent beaucoup comme système de rangement.

Pour la première page (seulement), on prend, de préférence, du papier à en-tête, qui donne le nom et l'adresse de l'émetteur, et souvent aussi son sigle et son logo. Les médias, écrits comme électroniques, reproduiront parfois le logo, élément important d'une stratégie de marketing. Les grandes organisations ont souvent du papier à en-tête qui porte en plus, en gros caractères, la mention **COMMUNIQUÉ** ou **COMMUNIQUÉ DE PRESSE**.

À défaut de papier à en-tête, on inscrit en haut, à gauche, le nom et l'adresse de l'émetteur; à droite, à la même hauteur (ou quelques lignes plus bas au centre), la mention **COMMUNIQUÉ**.

Sous **COMMUNIQUÉ**, le moment où il doit être diffusé: *Pour diffusion immédiate* ou *Embargo telle date, à telle heure* ou encore *Pour diffusion immédiate, avec embargo telle date, à telle heure*. Cette dernière mention signifie que le distributeur (TELBEC, par exemple) expédie immédiatement le communiqué aux médias mais que ceux-ci sont priés de ne pas diffuser la nouvelle avant le moment indiqué. À défaut d'une indication quelconque, on présume qu'il faut émettre le communiqué immédiatement.

Les médias respectent souvent l'embargo, ne serait-ce que pour ne pas annoncer la tenue d'un événement annulé *in extremis* ou diffuser une fausse nouvelle – la position prise par le conférencier est aux antipodes de celle qu'on avait annoncée... Ils ne sont toutefois pas tenus de le faire et, en général, ne le feront pas s'ils arrivent à faire confirmer la nouvelle par une autre source avant le moment de l'embargo. Exclusivité oblige!

À l'émetteur de juger de ses priorités. S'il est essentiel pour lui que la nouvelle ne soit pas diffusée avant le moment M, il évitera l'embargo. Ainsi, le ministre des Finances n'émettra pas de communiqué avec embargo avant de dévoiler son budget! De même pour les entreprises qui négocient une fusion, un transfert de propriété, etc. Ou veut-on d'abord s'assurer que les journaux du lendemain traiteront de la nouvelle? Dans ce cas, si l'événement se produit après l'heure de tombée des médias écrits, ou trop tard dans la journée pour qu'ils puissent produire de la bonne nouvelle sans information préalable, on recourra à l'embargo.

On inscrit ensuite le **TITRE**, en capitales, souligné et mis en évidence par quelques lignes laissées en blanc au-dessus et autant en dessous.

Vient ensuite le texte du communiqué. À la première ligne: le **LIEU** de l'émission (la ville et, si nécessaire, la province ou l'État), le quantième, le mois (en lettres), l'année et un tiret. On enchaîne immédiatement, sur la même ligne,

Communiqué
de presse

■ ■ ■ ■ Gouvernement
■ ■ ■ ■ du Québec

Ministre délégué à l'Administration et
à la Fonction publique
Président du Conseil du trésor

TELBEC: 01
POUR DIFFUSION IMMÉDIATE

Daniel Johnson précise le mandat
du comité ministériel permanent de
développement du Grand Montréal

Québec, le 27 février 1990 - Le président du comité ministériel
permanent de développement du Grand Montréal, monsieur Daniel Johnson,
a précisé aujourd'hui la nature du mandat de ce nouveau comité dont
la formation vient d'être annoncée par le Premier ministre.

Le mandat général du comité étant d'assurer la cohére⌐
ques et activités gouvernementales en vue de pro⌐
ment du Grand Montréal, monsieur Johnson ⌐
chargé: ⌐éral

⌐lectorale.

• de formuler, à l'int⌐
  ses comités, d⌐   ⌐ qu'il s'intéresse de
  un impac⌐   ⌐e la région métropolitaine
  d'é⌐   ⌐portants pour contribuer à ce que
                              ⌐dent sur des objectifs communs", a

⌐ Johnson a indiqué que monsieur Jacques Chagnon, député
⌐Louis, **agira comme** adjoint auprès du comité, afin d'assurer
⌐ien additionnel avec les milieux politiques et socio-économiques
montréalais.

- 30 -

Source: XXX YYY   XXX YYY
                (418) 643-5926   (514) 873-6182

avec le début du texte. Ainsi : *MONTRÉAL, le 4 novembre 1990 — La présidente...* ou : *ST-JEAN (Nouveau-Brunswick), le 4 novembre 1990 — La présidente...*

S'il y a lieu, on indique au bas de la page, à droite, qu'une autre page suit : *...2 ou ...3*, etc. En haut des pages 2 et suivantes, au centre, entre tirets, on numérote les pages : *– 2 –, – 3 ...* On indique parfois, sur la même ligne, à gauche un mot code et à droite, la date, en chiffres :

PROVIGO   – 2 –   4.11.90

On rédige les pages suivantes sur du papier sans en-tête.

À la fin du texte, après un espace blanc, le chiffre 30, au centre, entre tirets : *– 30 –*.

Sous le *– 30 –*, la mention *Source* : personne, titre, numéro de téléphone (y compris le code régional). Au lieu de *Source*, on écrit parfois *Pour renseignements supplémentaires* ou, tout simplement, *Renseignements*.

Les médias peuvent rejoindre la personne ainsi désignée pour obtenir un complément d'information, une entrevue avec un dirigeant, etc.

Beaucoup d'organisations ou de groupes ont pour principe de confier à une seule personne ce rôle de lien avec la presse. D'autres indiquent le nom de deux personnes, par exemple deux «communicateurs» ou un «communicateur» et un «politique», c'est-à-dire un membre assez haut placé. Dans ce cas, on place *Source* à gauche et *Renseignements* à droite. Cette pratique ne plaît pas à tous, tant chez les sources que chez les journalistes, car deux porte-parole, si bien préparés soient-ils, donneront en général deux sons de cloche différents : ils créeront de la confusion.

Si on veut que le communiqué soit distribué par TELBEC, on peut l'apporter tel quel à un bureau de l'agence. Si on l'expédie par téléscripteur, on commence par le nom de l'émetteur (qui remplace l'en-tête) ; par exemple : *Gouvernement du Québec, ministère du Revenu*. La pagination disparaît. Le *– 30 –* vient tout à la fin, après la mention de la source.

La rédaction du communiqué

Les lignes qui suivent portent surtout sur le **communiqué nouvelle**. On a vu en effet que le communiqué de contextualisation offre une certaine liberté en matière de rédaction. Quant au communiqué invitation et au communiqué réclame, ils sont si simples qu'il suffit d'en avoir vu deux ou trois pour savoir comment les tourner.

Qu'on présente la nouvelle en un seul communiqué ou qu'on la «saucissonne», il faut d'abord s'assurer qu'il y a matière à nouvelle. Tout communiqué doit offrir un minimum d'intérêt journalistique pour les médias visés. Dans le cas contraire, il n'est que gaspillage de temps et d'énergie. Les organismes ou organisations qui y recourent régulièrement risquent en plus, s'ils inondent les médias de communiqués sans intérêt, de se voir discrédités comme sources. Après quelque temps, plus personne ne prendra la peine de lire leur prose.

En amont de la rédaction, il y a donc des décisions à prendre : y a-t-il lieu de faire un communiqué ? Sur quoi faut-il le centrer ? Quel est le noyau de l'information à transmettre ? Encore qu'il y participe, le rédacteur du communiqué ne prendra pas ces décisions seul. Les dirigeants de son groupe ou de son organisation doivent d'abord se prononcer et définir les objectifs de l'opération, tout comme ils devront discuter des versions préliminaires et autoriser la version finale du communiqué.

Au moment même de rédiger, il faut évaluer ses chances, *a priori*, de voir le communiqué retenu. Cela dépend de bien des choses, dont le jour de la semaine et la densité de l'actualité. Parmi les facteurs constants, retenons les suivants.

Tout d'abord, à **quels médias** s'adresse le communiqué? Tous les médias régionaux, voire nationaux, ou seulement les médias locaux? Dans le premier cas, le texte devra avoir le contenu d'une vraie nouvelle et être bien fait à tous les points de vue.

Si, au contraire, vous voulez faire passer votre information dans le seul hebdomadaire local, qui emploie douze vendeurs de publicité mais un seul journaliste - reporter - photographe - rédacteur - metteur-en-pages - maquettiste, votre marge de manœuvre augmente. Évitez le ton ouvertement publicitaire, la grossière indécence, le gauchisme et les risques de libelle diffamatoire, et votre communiqué sera probablement retenu. S'il est concis, vous avez de bonnes chances de le voir publié tel quel. (Cela dit, il ne suffit pas d'être publié; un texte bien fait et d'allure journalistique aura un meilleur impact qu'un autre.)

Le **poids social de l'émetteur** joue évidemment. Même avec du génie, Jos Chose (Joséphine Chose) devrait essayer la page des lecteurs plutôt que le communiqué pour protester contre les pluies acides. Pour une vedette, politique ou autre, ou pour une grande organisation, le choix du communiqué peut se défendre.

L'importance de l'information à transmettre, souvent liée à celle de l'émetteur, compte aussi. Les médias reprendront l'information contenue même dans le plus infect des communiqués, s'il annonce la démission du premier ministre!

Si ces facteurs jouent contre vous, rappelez-vous que seul le communiqué modèle a des chances d'être retenu. S'ils vous sont favorables, appliquez-vous tout autant! En effet, l'idéal, pour l'émetteur, est que le communiqué soit publié tel quel: il contrôle alors la façon dont son information est présentée au public.

Évidemment, si on fabrique une vraie nouvelle, elle passera sans doute comme une lettre à la poste. En général cependant, on ne veut pas seulement informer! On veut aussi convaincre, faire mousser son image, etc. Il faut donc arriver à quelque chose qui se situe entre le genre rédactionnel de la nouvelle (pour l'apparence) et le discours qui défend une personne, une institution ou une idée (pour le fond).

L'astuce consiste alors à choisir **des éléments d'information et un plan** (on sait que le plan traduit un ordre de priorité) qui servent les objectifs de l'émetteur, tout en rédigeant dans un **style journalistique** et avec la plus grande **concision**. On maximise ainsi ses chances de voir son communiqué publié plus ou moins intégralement, tout en minimisant les risques qu'il ne soit éliminé comme «pure propagande» ou texte-mal-fichu-qu'on-n'a-pas-le-temps-de-remanier.

Même si l'objet du communiqué relève ouvertement de la persuasion – une prise de position, par exemple –, on l'écrit comme le ferait un journaliste qui rendrait compte d'un discours. On cite la personne qui prend position, on ne commente pas, on donne des marques de désengagement, etc. La différence entre un tel communiqué et une nouvelle réside en ce qu'un journaliste, qui déciderait lui-même de la valeur journalistique des divers éléments, ne retiendrait sans doute pas les mêmes choses, ne leur accorderait pas la même priorité, ne ferait pas les mêmes citations...

Plus particulièrement, le communiqué nouvelle obéit aux règles suivantes.

Écrire pour servir l'émetteur   Écrire pour servir l'émetteur du communiqué nouvelle, c'est mettre cet émetteur en valeur – discrètement, par la sélection des informations. Ainsi, en annonçant que telle décision a été prise, on expose aussi (sans les qualifier!) les louables motifs qui ont conduit à cette décision, les retombées positives qu'on peut en espérer, notamment pour le public, les bons coups passés, etc. Si la décision risque d'être mal vue (grève, fermeture d'une entreprise...), on fait ressortir que les décideurs sont sensibles aux inconvénients causés, on donne des informations quant à la nécessité du geste, etc.

Dans un communiqué, à moins que cela n'aille à l'encontre des principes d'information de l'émetteur, on n'hésite pas à personnaliser l'information. Après tout, c'est le ministre qui dirige le ministère, le président qui représente l'association; c'est lui qui est le plus connu, qui, donc, a le plus de valeur journalistique – sans compter que c'est peut-être aussi lui le patron du rédacteur! Autant de raisons pour le faire agir: *il a fait ceci... déclaré cela... annoncé autre chose... rappelé que... affirmé que...*

Par conséquent, le bon communiqué, contrairement à la bonne nouvelle, commence souvent par une formule comme *Mme Truc, telle fonction dans tel organisme, a annoncé aujourd'hui que...* (On évitera toutefois les mondanités du genre ... *est heureuse d'annoncer que...*, plus proches du faire-part que d'un article de presse.)

Bien écrire   Un texte informatif, rédigé selon un ordre logique et dans une langue correcte, claire et vivante, a énormément plus de chances qu'un autre de finir en nouvelle et d'être bien reçu du public.

Adopter un style neutre   Pour rester crédible, il faut être prudent dans ses propos. Ainsi, on évite de prophétiser, d'affirmer, par exemple, que tant d'emplois indirects seront créés. On dit plutôt que tel expert ou tel organisme *estime*, *prévoit* ou *espère* que tant d'emplois seront créés, et on reste dans les limites du raisonnable.

On rejette aussi le style ouvertement partisan. Au lieu d'injurier ses adversaires, on leur oppose des «faits». Si injure il doit y avoir – tel adversaire *agit en irresponsable* –, on y va d'une citation, comme le ferait un journaliste.

En un mot comme en mille, en ce qui a trait à la formulation, un bon communiqué ressemble à une bonne nouvelle.

Faire des paragraphes indépendants   Comme dans une nouvelle, mais encore plus systématiquement, les paragraphes du communiqué nouvelle sont indépendants les uns des autres. Les médias qui voudront abréger le communiqué, ou n'en retenir que des extraits, n'auront pas à le retoucher. Le texte publié en sera d'autant plus proche de la version originale.

Soigner le titre   Lors du premier tri dans la masse des textes reçus, le titre est la première et parfois la seule chose dont on tienne compte dans les salles de rédaction. C'est à partir du titre qu'on décidera de lire ou non le communiqué.

Le titre doit donc répondre aux critères de sélection de la nouvelle. On y trouvera de la nouveauté plutôt que des rappels, des actions et des décisions plutôt que des intentions, opinions ou émotions, les qui et les quoi essentiels de l'événement plutôt que les éléments secondaires, les choses pertinentes pour le public des médias visés, les enjeux, etc.

En somme, le titre du communiqué devrait ressembler aux (bons) titres que les médias donneront à la nouvelle. À une différence près: il est en général plus long – concis, certes, mais aussi long que nécessaire pour donner l'essentiel de l'information. Il peut comporter deux ou trois lignes, plus un exergue. Comme il ne sera presque jamais repris par les médias, on n'a pas à se soucier de la mise en pages mais uniquement du processus de sélection des médias.

S'il est bon, et si les informations transmises ont quelque valeur journalistique, le titre pourra même à l'occasion sauver un communiqué médiocre. À défaut de publier ce communiqué intégralement, tel ou tel média diffusera au moins l'information qu'il contient dans sa propre prose.

Tenir compte des médias électroniques La radio et la télévision disposent de très peu de temps pour chaque nouvelle. Plusieurs n'ont droit qu'à dix secondes, les plus importantes dépassent rarement quatre-vingt-dix secondes – et ces dernières sont rarement tirées de communiqués de presse!

On doit donc concentrer l'information essentielle dans le début du communiqué, en deux ou trois courts paragraphes hyper-concis, que les médias électroniques pourront transformer en topo qui se tienne, ou alors faire deux communiqués: un pour la presse écrite, l'autre pour la presse électronique.

Des exceptions

Il existe un certain nombre de cas où les émetteurs de communiqués ne cherchent nullement à les rendre présentables comme nouvelles. Certaines personnes ou certains groupes, par exemple, savent bien que, venant d'eux, un communiqué d'allure journalistique risque de faire boomerang. Tel journaliste qui n'hésite pas à reprendre tels quels les textes de diverses sources – de l'association de bienfaisance au Conseil du patronat – criera parfois à l'atteinte à son autonomie professionnelle si d'autres sources, par exemple des sources politiques, essaient «de faire son travail pour lui», de «manipuler l'information».

La politique partisane est le domaine par excellence de la méfiance journalistique. Beaucoup de politiciens tiennent d'autre part à ce que leurs messages soient de type persuasif. Il n'est donc pas étonnant que, dans certains ministères, les agents d'information produisent des communiqués nouvelles classiques sur les activités du ministère et l'attaché de presse, des communiqués plus partisans sur les positions et décisions du ministre. (L'efficacité de cette stratégie reste à prouver.)

Parfois, au contraire, c'est pour souligner le caractère officiel et sérieux de l'information que l'émetteur d'un communiqué s'éloigne du style de la nouvelle. Ainsi, lorsqu'une commission d'enquête remet son rapport, le ministère concerné publiera d'habitude un communiqué qui rappelle d'abord l'origine de la commission, son mandat et sa composition, pour ne livrer la nouvelle – les conclusions de la commission – qu'à la fin.

Dans de tels cas, on s'adresse à un public journalistique captif: de toute façon, les journalistes liront tout le communiqué! Il n'y a donc guère d'inconvénients à s'écarter du communiqué nouvelle toute faite, à condition d'avoir un titre bien fait, qui dévoile l'essentiel de la nouvelle! Dans tout communiqué, donc, le titre est im-por-tant.

TELBEC... TELBEC... TELBEC... TELBEC... TELBEC... TELBEC... TELBEC... TELBEC... TELBEC...

Message: 025152   Culture   Gouvernement   texte: 025057
Office de la langue française

CERTIFICATS DE FRANCISATION REMIS
AUX INDUSTRIES JAMES MACLAREN INC.

Le jeudi 25 janvier 1990 — Masson, le 25 janvier 1990 — M. Pierre-Etienne Laporte, président de l'Office de la langue française, a procédé à la remise officielle de deux certificats de francisation à M. Bruce W. Little, président des Industries James Maclaren inc., l'un pour l'usine de papier journal de Masson, l'usine de pâte Kraft et la scierie de Thurso, l'autre pour la division Maniwaki. Les Industries James Maclaren, qui font partie du groupe Noranda, détiennent depuis trois ans un certificat pour leur siège social et leur division forestière.

Le programme de francisation aux usines de Masson et de Thurso, qui emploient 1200 personnes, a débuté par la création au siège social d'un service de coordination et de traduction. Ce programme s'est échelonné sur une période de neuf ans. Les résultats sont remarquables: conception d'un lexique interne, formation linguistique dispensée pendant les heures ouvrables, francisation de 18 000 étiquettes pour l'identification des pièces du magasin, l'utilisation d'une politique d'embauche qui tient compte de la connaissance du français.

Aux usines de Maniwaki, où travaillent environ 275 personnes, les responsables du programme de francisation ont également su créer des conditions qui incitent le personnel à utiliser la terminologie française et à apporter des modifications notamment à l'affichage et aux bons de commande.

M. Norman Chenail est président du comité de francisation des usines de la région de Masson. Les autres membres du comité sont MM. Serge Farrand, Raynald Hotte, Roland Pagé et Jean-Claude Prévost, représentants de la direction, et MM. Yvon Dubé, Maurice Lalonde et Rolland Vallée, représentants du personnel.

À la division de Maniwaki, c'est Mme Christine Marenger qui agit comme présidente, tandis que M. Fernand Ledoux représente la direction et que Mme Ruth Cousineau et M. Louis Morin représentent le personnel.

Source: XXX YYY
               (514) 873-0291

-30-   Date: 90/01/25   Heure: 17:01:21

Les administrations publiques utilisent systématiquement le communiqué pour faire connaître à la population leurs activités et les résultats de ces activités. Les thèmes sont innombrables: francisation d'entreprises, enquêtes du coroner, procès de contrevenants à la loi sur l'Environnement...

TELBEC... TELBEC... TELBEC... TELBEC... TELBEC... TELBEC... TELBEC... TELBEC... TELBEC...

Message: 025068   Environnement   Gouvernement   texte: 025055
Gouvernement du Québec
Ministère de l'Environnement
Direction régionale de l'Estrie

Pour avoir enfreint la Loi sur la qualité de l'environnement

LA COMPAGNIE: «LES ENTREPRISES JARBEC INC.» PLAIDE COUPABLE

(Sherbrooke, le 25 janvier 1990) – Le ministère de l'Environnement informe que la compagnie «Les Entreprises Jarbec inc.» s'est reconnue coupable à l'accusation d'avoir illégalement déposé des boues de fosses septiques dans un endroit non autorisé par le sous-ministre de l'Environnement.

L'infraction a été commise le 1er octobre 1988, à un dépôt de matériaux secs à St-Denis-de-Brompton. Les Entreprises Jarbec inc. contrevenaient ainsi à l'article 22 de la Loi sur la qualité de l'Environnement qui stipule qu'il est nécessaire d'obtenir un certificat d'autorisation du sous-ministre de l'Environnement en ce qui a trait à la pratique de cette activité, à savoir la disposition de boues de fosses septiques.

Le procès a eu lieu lundi le 22 janvier 1990 au Palais de Justice de Sherbrooke et le Juge Gabriel Lassonde a imposé une amende de 500 $ à la compagnie fautive.

Source: XXX YYY
           agent d'information
           tél.: 566-5882

-30-   Date: 90/01/25   Heure: 11:43:18

TELBEC... TELBEC... TELBEC... TELBEC... TELBEC... TELBEC... TELBEC... TELBEC... TELBEC...

Message: 024069   Justice   Gouvernement   texte: 024050
Gouvernement du Québec
Bureau du coroner en chef

Enquête du coroner concernant le décès de
Gaston Roberge survenu le 9 septembre 1989 sur
l'autoroute 40, suite à une collision
entre son véhicule et un camion

Le 24 janvier 1990 – Le docteur Jean Grenier, coroner en chef, ordonne la tenue d'une enquête publique concernant le décès de Gaston Roberge âgé de 51 ans du Cap de la Madeleine, survenu le 9 septembre 1989 sur l'autoroute 40, suite à une collision entre son véhicule et un camion.

Cette enquête vise à préciser les causes et les circonstances de ce décès, en aviser le public et, s'il y a lieu, formuler des recommandations pour une meilleure protection de la vie humaine.

Cette enquête sera présidée par Me Gabriel Garneau, coroner, qui avisera, dès que possible, de la date et du lieu de ladite enquête.

Source: XXX YYY
           Coroner en chef
           (418) 643-1845

-30-   Date: 90/01/24   Heure: 11:37:46

TELBEC... TELBEC... TELBEC... TELBEC... TELBEC... TELBEC... TELBEC... TELBEC... TELBEC...

Message: 040057   Syndicalisme   texte: 040055
LIGUE DES DROITS ET LIBERTÉS

Propos violents contre les femmes en cour
Que le juge Dionne démissionne

Montréal, le 9 février 1990 — La Ligue des droits et libertés se joint aux protestations actuelles et dénonce vigoureusement le juge Denis Dionne pour les propos haineux et injurieux qu'il a émis à l'égard des femmes au cours d'une audience tenue au Palais de justice de Longueuil.

De telles paroles: «Toute règle est faite, comme une femme, pour être violée», révèlent un état d'esprit que l'on ne saurait tolérer chez un magistrat. Elles constituent de plus un outrage à tous ceux et celles qui combattent quotidiennement la discrimination et la violence dans notre société.

Il est douteux que le juge Dionne puisse s'acquitter de ses fonctions avec dignité et humanité, et avoir un point de vue impartial dans les causes impliquant les femmes ou portant sur les crimes sexuels.

En conséquence, la Ligue des droits et libertés demande la démission immédiate du juge Denis Dionne et appuie toute action allant dans ce sens.

Source: XXX YYY
                 Responsable des communications
                 527-8551

-30-   Date: 90/02/09   Heure: 12:10:32

**Un groupe ou une organisation qui prend position dans un débat recourt presque toujours au communiqué (seul ou associé à d'autres moyens de communication).
Ici, le nom de l'expéditeur (Ligue des droits et libertés), associé à un titre qui condense bien l'information:**
Propos violents contre les femmes en cour, Que le juge Dionne démissionne, **compensera une indexation douteuse de TELBEC («Syndicalisme»).**

TELBEC... TELBEC... TELBEC... TELBEC... TELBEC... TELBEC... TELBEC... TELBEC... TELBEC... TELBEC...

Message: 024093   Écon./Consomm.   texte: 024077
Bulletin radio-tv

(Message 024087 — 12 h 48)

Contrôle des armes

(TELBEC) — Montréal / Les recteurs des universités du Québec dénoncent la facilité avec laquelle les citoyens canadiens peuvent se procurer une arme automatique, semi-automatique ou de type semblable. C'est ce qu'a fait savoir aujourd'hui le président de la Conférence des recteurs et des principaux des universités du Québec, Patrick Kenniff, recteur de l'Université Concordia. Dans des lettres qu'il vient d'adresser aux Premiers Ministres Mulroney et Bourassa, monsieur Kenniff prie les deux chefs de gouvernement de légiférer afin d'interdire à quiconque de détenir à titre personnel et privé une arme automatique, semi-automatique ou de type semblable. Par ailleurs, la CREPUQ a fait savoir à l'Association des étudiants de Polytechnique qu'elle appuyait la pétition que fait circuler le Comité canadien pour le contrôle des armes. Soulignons qu'en moins d'un mois au Québec, le Comité a déjà recueilli plus de 100 mille signatures. (L.G.)

— 30 —   Date: 90/01/24   Heure: 13:28:32

Tout le monde peut prendre position sur tout! Ici, la direction des universités réclame le contrôle des armes. (Version radio-télé d'un communiqué de 39 lignes)

TELBEC... TELBEC... TELBEC... TELBEC... TELBEC... TELBEC... TELBEC... TELBEC... TELBEC...

Message: 025056   Syndicalisme   texte: 025048
Fédération des travailleurs et
des travailleuses du Québec (FTQ)

ASSURANCE-CHÔMAGE
UNE RÉFORME ODIEUSE QUI DOIT ÊTRE RETIRÉE
— FTQ

Le 25 janvier 1990 — Le secrétaire général de la Fédération des travailleurs et travailleuses du Québec (FTQ), monsieur Fernand Daoust, se présentera ce matin à Ottawa devant le Comité spécial du Sénat sur le projet de loi C-21 pour dénoncer le projet gouvernemental de réforme de l'assurance-chômage.

À de multiples reprises au cours des derniers mois et, en particulier, lors des audiences d'un Comité législatif des communes tenues à Montréal, la FTQ a fait valoir le tort considérable que le projet de loi C-21 du gouvernement fédéral fera aux travailleurs et aux travailleuses du Québec et du Canada.

Le projet de loi C-21 introduit des règles plus sévères d'admissibilité au régime d'assurance-chômage et réduit la durée des prestations aux chômeurs et aux chômeuses. Mais ces nouvelles conditions auront pour effet d'exclure du régime des milliers et des milliers de personnes, principalement chez les travailleurs et travailleuses à temps partiel et à statut précaire. Certains secteurs de l'économie, comme celui de la construction, seront plus touchés que d'autres. Plusieurs régions du Québec, où le chômage est particulièrement élevé, subiront aussi les effets néfastes de la réforme.

La FTQ presse, pendant qu'il en est encore temps, le gouvernement Mulroney de revenir sur ses intentions et de renoncer à aller de l'avant avec le projet de loi C-21. «Cette réforme est carrément odieuse, a affirmé monsieur Daoust, car elle se fera sur le dos des prestataires. Elle demande aux chômeurs, aux chômeuses et aux gagne-petit de supporter, par une compression de leurs prestations, des programmes, comme celui de la formation de la main-d'oeuvre, dont le coût devrait être plutôt assumé par le gouvernement lui-même.»

Monsieur Daoust sera disponible en fin de matinée, à l'ajournement des travaux du Comité sénatorial, à la salle 250 de l'édifice de l'est, sur la colline parlementaire à Ottawa, pour rencontrer les membres de la presse.

Pour information: XXX YYY
                    (514) 527-8533

-30-   Date: 90/01/25   Heure: 11:20:04

Un hybride de communiqué nouvelle (position que défendra la FTQ) et de communiqué invitation (voir le dernier paragraphe). Demain, un autre communiqué annoncera que cela a été fait.
L'émetteur espère que des médias reprendront l'information, ce qui accroîtra la portée de son intervention. Étant donné l'importance de l'information, et celle du débat, cet espoir est raisonnable.

TELBEC… TELBEC… TELBEC… TELBEC… TELBEC… TELBEC… TELBEC… TELBEC… TELBEC…

Message: 024065
Le Groupe SNC

Social   Santé   texte: 024044

LA FONDATION DU QUÉBEC DES MALADIES DU COEUR
LE PRÉSIDENT HONORAIRE POURSUIT
LA TRADITION SNC

Montréal, le 24 janvier 1990 — Guy Saint-Pierre, président et chef de la direction du Groupe SNC, et président d'honneur de la campagne de levée de fonds de la Fondation des maladies du coeur, a donné le coup d'envoi aujourd'hui à la campagne dont l'objectif se chiffre à 3,8 millions $. L'annonce a été faite à la Place Félix-Martin, siège social du Groupe SNC situé au centre-ville de Montréal.

«Je suis fier de rendre un tel service à la communauté, d'autant plus que c'est une cause très méritoire», a déclaré monsieur Saint-Pierre. «De participer activement aux objectifs des organismes voués au bien de notre communauté est une tradition de longue date chez SNC», a-t-il ajouté.

L'entreprise encourage la participation de ses employés à ce genre d'effort collectif. «Je puis vous dire avec fierté que leur réponse à notre appel est extraordinaire en tout temps», a affirmé monsieur Saint-Pierre.

Non seulement l'entreprise peut-elle compter sur la générosité de ses employés, mais elle distribue également des sommes charitables chaque année à des causes aussi variées que les équipes sportives de jeunes, les grands orchestres, les organismes de santé tels la Fondation des maladies du coeur et les universités. La société est commanditaire d'événements corporatifs, professionnels, sportifs et culturels. «Ce rôle incombe à toute entreprise vouée au bien-être de la communauté», de poursuivre monsieur Saint-Pierre.

Le Groupe SNC est une société canadienne cotée aux bourses de Montréal et Toronto, dont les activités englobent l'ingénierie-construction et la fabrication de produits de défense.

Source: XXX YYY
              Directeur, Affaires publiques
              Le Groupe SNC
              (514) 866-1000

-30-   Date: 90/01/24   Heure: 11:27:16

Un communiqué d'entreprise, tout centré sur la promotion d'une image de «bon citoyen corporatif».

TELBEC... TELBEC... TELBEC... TELBEC... TELBEC... TELBEC... TELBEC... TELBEC... TELBEC...

Message: 024169   Écon. / Consomm.   texte: 024145
POMERLEAU-BOUYGUES INC.

POMERLEAU-BOUYGUES INC. amorce
la phase II de la Baie James

Le 24 janvier 1990 — Dans son optique de développement à moyen et long terme, le leader de la construction au Québec, Pomerleau, a choisi de s'associer à une firme ayant une expertise internationale en prévision des travaux d'envergure qui seront exécutés au Québec au cours des prochaines années.

C'est ainsi qu'en 1986, afin de relever les grands défis qu'il anticipait, Pomerleau a formé une compagnie à charte québécoise avec le leader mondial du bâtiment et du génie civil, la firme française Bouygues.

La Société d'Énergie de la Baie James a accordé le 23 janvier 1990, à Pomerleau-Bouygues Inc. un contrat d'une valeur de 186 165 014,72 $ pour la construction de la centrale hydroélectrique LG-1 sur la Rivière La Grande.

Le président de cette nouvelle compagnie, M. Hervé Pomerleau, a expliqué que Bouygues, par le biais de ses experts, élaborera les méthodes de travail et d'ingénierie et que Pomerleau, grâce à l'expertise tant administrative que technique de son personnel compétent, exécutera les travaux.

Pomerleau-Bouygues Inc. procurera du travail à plus de 800 ouvriers québécois qui seront recrutés par le service des ressources humaines de Pomerleau à St-Georges de Beauce, Québec et Montréal. Les travailleurs seront mobilisés dès le mois de février pour une période de 32 mois.

La compagnie Bouygues, encore peu connue au Québec, jouit d'une réputation internationale. Très active depuis plusieurs années en Amérique du Nord, elle travaille actuellement, entre autres, à la construction du tunnel sous la Manche.

Source: XXX YYY
                 (418) 228-6688

-30-   Date: 90/01/24   Heure: 18:51:20

Cet autre texte d'une entreprise fait surtout valoir la puissance et la bonne santé économique de la firme.

TELBEC... TELBEC... TELBEC... TELBEC... TELBEC... TELBEC... TELBEC... TELBEC... TELBEC... TELBEC...

Message: 024164   Écon./Consomm.   texte: 024129
Bulletin radio-tv

(Message 024133 — 16 h 05)

Commentaire du PDG de Glaverbec

(TELBEC) — St-Augustin-de-Desmaures / Le PDG de l'usine de verre Glaverbec, Arthur Ulens, a tenu aujour-d'hui à rassurer la population environnante de St-Augustin-de-Desmaures, dans le comté de Portneuf. Ce dernier a fait observer que la population ne subira aucun effet secondaire significatif lorsque le four de Glaverbec, qui fabriquera du verre plat, sera en activité. Monsieur Ulens a précisé qu'aucune poussière de silice, qui est la matière de base pour fabriquer le verre, n'a été décelée lors des analyses des fumées dans les usines déjà existantes de Glaverbec à travers le monde. Le PDG de l'entreprise a ajouté que l'usine de St-Augustin sera dotée de tout l'équipement technologique à la fine pointe de l'industrie verrière. Par ailleurs, monsieur Ulens a rappelé que le Groupe Glaverbec s'efforce de remplir son rôle de bon citoyen corporatif dans l'ensemble de ses installations à travers le monde. (L.G.)

L'organisme désireux de rectifier des informations ou des rumeurs qui ne lui semblent pas fondées ou qui peuvent lui nuire recourt aussi au communiqué. (Version radio-télé d'un texte de 40 lignes intitulé: « L'industrie du verre est une industrie propre » – Arthur Ulens, P.D.G. de Glaverbec)

TELBEC... TELBEC... TELBEC... TELBEC... TELBEC... TELBEC... TELBEC... TELBEC... TELBEC... TELBEC...

Message: 025088   Syndicalisme   texte: 025072
Bulletin Radio-TV

(Message 025063 — 11 h 34)

La colère gronde à la Garde Côtière à Québec

(TELBEC) — Québec / Les membres des Équipages de navires de la Garde Côtière à Québec sont exaspérés par le comportement du Conseil du Trésor, qu'ils jugent provocateur. Selon ces travailleurs, qui sont affiliés à l'Alliance de la Fonction Publique du Canada, le Conseil leur refuserait des droits dont bénéficient les autres fonctionnaires fédéraux au chapitre notamment de la rémunération. Ces travailleurs ne comprennent pas également certains autres gestes du Conseil, tel son refus de leur accorder le dépôt direct des salaires qui était pourtant assuré avant la grève. Ce geste causerait plusieurs ennuis à ces employés car ils travaillent souvent à l'extérieur du Québec et ils comptent sur ce système pour assurer la subsistance de leur famille et l'acquittement de leurs obligations financières. Le porte-parole syndical de ces travailleurs, Alain Guimont, a donc mis en garde le Conseil de se montrer plus conciliant car la patience a ses limites. (LT)

— 30 —   Date: 90/01/25   Heure: 13:03:29

Dans un conflit, chacune des parties peut recourir au communiqué pour présenter son point de vue au public mais aussi pour s'adresser, en contournant les hiérarchies officielles, à l'autre partie. (Ce bulletin radio-télé résume un communiqué de plus de 80 lignes.)

HYDRO-QUÉBEC

ACTES DE VANDALISME À LA CENTRALE MANIC 2

Le 25 janvier 1990 — Le matin du 23 janvier, un des huit alternateurs de la centrale Manic 2 a subi des dégâts. La valve d'un boyau d'arrosage situé à proximité aurait été délibérément ouverte, et les composantes électriques ont été aspergées. Il faudra quatre ou cinq jours pour remettre en fonction cet alternateur d'une puissance de 125 mégawatts, capable de répondre à la demande de consommation d'une ville de 40 000 habitants. Précisons que l'alternateur n'était pas en service au moment de l'incident sinon les conséquences auraient été encore plus graves.

Cet incident fait suite à une série de bris survenus à Manic 2 depuis une dizaine de jours. Quelques-uns de ces bris sont manifestement attribuables à des actes de vandalisme. Aussi, la semaine dernière, la direction d'Hydro-Québec a avisé les employés de la centrale, de même que leurs représentants syndicaux, que si de tels événements se reproduisaient, des mesures disciplinaires seraient prises.

Face à l'incident de mardi, et devant l'escalade et l'ampleur des actes perpétrés, la direction de l'entreprise a appliqué les sanctions administratives prévues. Quatorze employés de métiers ont été suspendus pour un jour. L'officier syndical du groupe a, pour sa part, été suspendu pour trois jours. Aucune accusation n'a été portée. Une enquête sera ouverte sur ces événements.

La direction d'Hydro-Québec déplore que de telles situations viennent envenimer un climat de travail déjà fort tendu. Il faut souhaiter que chacun fasse preuve de retenue, et que tous sauront respecter la propriété collective des Québécois.

Pour information:

XXX YYY
(418) 294-3463

-30-   Date: 90/01/25   Heure: 11:45:11

Message: 025092   Justice   texte: 025073
Bulletin Radio-TV
                          (Message 025070 — 11h45)

Actes de vandalisme à la Centrale Manic 2

(Telbec)/Hydro-Québec rapporte que mardi dernier un alternateur de la Centrale Manic 2 a été endommagé par ce qui semblerait être un acte de vandalisme. Cet incident fait suite à une série de bris survenus à Manic 2 depuis une dizaine de jours dont certains seraient aussi, selon Hydro-Québec, attribuables à des actes de vandalisme. Devant l'escalade et l'ampleur des actes perpétrés, la compagnie a décidé d'appliquer des mesures disciplinaires. Dans le cadre de ces mesures, 14 employés de métiers ont donc été suspendus pour un jour alors que l'officier syndical du groupe a, pour sa part, été suspendu pour trois jours. Notons qu'une enquête sera ouverte sur ces événements.
(LT)

-30-   Date: 90/01/25   Heure: 13:37:13

**Comme le précédent, ce communiqué s'adresse autant à
l'autre partie qu'au public.**

Éléments de bibliographie

Pierre ALBERT, *La presse*, Paris, PUF, «Que sais-je?», 1973

Colette BEAUCHAMP, *Le silence des médias. Les femmes, les hommes et l'information*, Montréal, Les Éditions du remue-ménage, 1987

Pierre BERTHIAUME, *Le journal piégé ou l'art de trafiquer l'information*, Montréal, vlb éditeur, 1981

C.H. BROWN, *Informing the People. A Basic Text in Reporting and Writing the News*, 1962

Jean DE BONVILLE, *Le journaliste et sa documentation*, Québec, ÉDI-GRIC, Université Laval, 1977

—————— *La presse québécoise de 1884 à 1914. Genèse d'un média de masse*, Québec, Presses de l'université Laval, 1988

Blair CHARNLEY, Mitchell V. CHARNLEY, *Reporting*, New York (etc.), Holt, Rinehart and Winston, 1979 (4ᵉ éd.)

Bernard DAGENAIS, *Le communiqué ou l'art de faire parler de soi*, Montréal, vlb éditeur, 1990

François DEMERS, «Le ‹mauvais esprit›, outil professionnel des journalistes?», *Communication information*, IV-3, été 1982, p. 63-76

—————— «Les sources journalistiques comme matériaux d'une stratégie de satisfaction du client», *Communication information*, VI-1, aut. 1983

Edward Jay EPSTEIN, *News from Nowhere: Television and the News*, New York, Random House, 1973

Robert ESCARPIT, «La diffusion de l'information scientifique», *Perspectives universitaires*, I-1, octobre 1982, p. 138-150

Fred FEDLER, *Reporting for the Print Media*, San Diego, N.Y., Harcourt Brace Jovanovich Publishers, 1984 (3ᵉ éd.)

René FLORIO, *Initiation à la pratique du journalisme*, Lille, École supérieure de journalisme, «J comme Journalisme», 1985

—————— *L'écriture de presse. Écrire plus vite des textes clairs*, Lille, Centre national de la communication sociale/Trimédia, 1984

Philippe GAILLARD, *Technique du journalisme*, Paris, PUF, «Que sais-je? nᵒ 1429», 1980 (3ᵉ éd.)

Herbert J. GANS, *Deciding What's News. A Study of CBS Evening News, NBC Nightly News, Newsweek and Time*, New York, Vintage Books, 1980

Pierre GODIN, *La lutte pour l'information. Histoire de la presse écrite au Québec*, Montréal, le jour éditeur, 1981

Julian HARRISS, B. Kelly LEITER, Stanley JOHNSON, *The Complete Reporter. Fundamentals of News Gathering, Writing, and Editing, Complete with*

Exercises, New York, Macmillan Publishing Co. & London, Collier Macmillan Publishers, 1985 (5ᵉ éd.)

Loïc HERVOUET, *Écrire pour son lecteur. Guide de l'écriture journalistique*, Lille, École supérieure de journalisme, «J comme Journalisme», 1979

Patrick IMBERT, *L'objectivité de la presse. Le 4ᵉ pouvoir en otage*, Montréal, Hurtubise HMH, 1989

Jacques KEABLE, *L'information sous influence. Comment s'en sortir*, Montréal, vlb éditeur & Jacques Keable, 1985

Albert KIENTZ, *Pour analyser les médias. L'analyse de contenu*, Montréal, Hurtubise HMH, «Aujourd'hui», 1975

Laurent LAPLANTE, *Le vingt-quatre octobre*, Montréal, Les éditions du Beffroi, 1988

Jacques LARUE-LANGLOIS, *Manuel de Journalisme radio-télé*, Montréal, Éditions Saint-Martin, 1989

Pierre LEPAPE, *La presse*, Paris, E.P. Denoël, «Le point de la question», 1972

LES QUOTIDIENS DU QUÉBEC INC., *Le journal en classe*, Montréal, Les Quotidiens du Québec inc., 1981

Andrew MACFARLANE, «Newspapers and Periodicals», *Transactions of the Royal Society of Canada*, Series IV, Vol. XIX, 1981

Jean-Luc MARTIN-LAGARDETTE, *Les secrets de l'écriture journalistique. Informer, convaincre*, Paris, Syros, «Alternatives», 1987 (2ᵉ éd.)

James M. NEAL, Suzanne S. BROWN, *Newswriting and Reporting*, Ames, Iowa, Iowa State University Press, 1976

Nathalie PETROWSKI, *Notes de la salle de rédaction*, Montréal, Albert Saint-Martin, 1983

PRESSE CANADIENNE/CANADIAN PRESS, *Guide du journaliste*, Montréal, P.C., 1986 (éd. revue)

Alain PRUJINER, Florian SAUVAGEAU (sous la dir. de), *Qu'est-ce que la liberté de presse?*, Montréal, Boréal, 1986

Marc RABOY, *Libérer la communication. Médias et mouvements sociaux au Québec*, 1960-1980, Montréal, Nouvelle Optique, 1983

Marc RABOY, Peter A. BRUCK (éd.), *Communication for and against Democracy*, Montreal-New York, Black Rose Books, 1989

François RICHAUDEAU, *Le langage efficace*, Paris, Denoël, «Médiations Gonthier», 1973

————— *La lisibilité*, Paris, Denoël, «Médiations Gonthier», 1969

Florian SAUVAGEAU, Gilles LESAGE, Jean DE BONVILLE et al., *Les journalistes. Dans les coulisses de l'information*, s.l., Québec/Amérique, 1980

Gaëtan TREMBLAY, «La lisibilité des quotidiens montréalais», *Revue canadienne de science politique*, XVII: 3 sept., 1984

Gaye TUCHMAN, *Making News. A Study in the Construction of Reality*, London, Collier Macmillan Publishers, New York, The Free Press, 1978

————— «Objectivity as Strategic Ritual», *American Journal of Sociology*, 77, January 1972, p. 660-679

Jeremy TUNSTALL, *Journalists at Work: Specialist Correspondents, their News Organizations, News Sources, and Competitor-Colleagues*, London, Constable Books, 1971

Bernard VOYENNE, *L'information aujourd'hui*, Paris, Armand Collin, Collection U, 1979

————— *Glossaire des termes de presse*, Paris, Centre de formation des journalistes, 1967

Cet ouvrage
a été achevé d'imprimer
sur les presses numériques
de Copiegraphie Pro
à Saint-Hubert

Imprimé au Québec (Canada)